Kieselbach

BMW 501/502
Barockengel

Ralf J.F. Kieselbach

BMW 501/502

Barockengel

Schrader Verlag Stuttgart

Einbandgestaltung: Anita Ament
unter Verwendung einer Aufnahme aus dem Archiv des Autors

ISBN 3-613-87143-2

1. Auflage 1996

Ein Unternehmen der Paul Pietsch Verlage GmbH + Co.

Lektorat: Mila Schrader.
Druck und Bindung: MILANOSTAMPA S.P.A., I-12056 Farigliano (CN).
Printed in Italy.

Inhalt

TAXI

Vorwort

Ohne Zögern komme ich gern der Bitte von Herrn Ralf J. F. Kieselbach nach, für seine ambitionierte Arbeit über den BMW 501 ein Vorwort zu schreiben. Längst Vergessenes wurde in den Gesprächen mit dem Autor in meinem Gedächtnis wieder lebendig. War es mir doch möglich gewesen, das zu erleben, wovon viele Jugendliche träumen, nämlich Zeuge der Entstehung eines neuen Automobils zu sein.

Vorwiegend in den Schulferien zwischen 1949 und 1954 durfte ich meinen Großvater Peter Szymanowski in das BMW Werk begleiten. Ich erlebte seinen unermüdlichen Arbeitseinsatz, auch seine autoritäre Strenge. Ich erlebte aber auch die Ergebenheit und das große Engagement seiner Mitarbeiter, die mich mal im Konstruktionsbüro, mal in der Modelltischlerei, mal in der Produktion oder auch bei Versuchsfahrten betreuten. Als Begleiter bei Dienstfahrten nach Ravensburg und Stuttgart habe ich weitere Eindrücke sammeln dürfen. Fast hätten diese vielen Kontakte meinen beruflichen Lebensweg geprägt.

Während der letzten zwei Jahre habe ich nun mit großem Interesse verfolgen können, wie der Autor dieses Buches die Fakten zu dem ersten Nachkriegswagen von BMW zusammentrug, um die Schöpfer, Paten und Erschaffer dieses Automobils lebendig werden zu lassen. Dies ist ihm ausgezeichnet gelungen.

Mein Wunsch ist es, daß dieses Buch dazu beitragen möge, für die Männer »hinter dem Auto«, also für die menschliche Seite des Umgangs mit der Technik, Verständnis zu wecken. In diesem Sinne wünsche ich dem Autor und dem Verlag viel Erfolg mit diesem Buch, das dem Leser eine Fülle neuer und interessanter Informationen vermittelt.

München, im Sommer 1995

Dr. Hans-Peter Szymanowski

Einleitung

Über den BMW 501, die erste Nachkriegsschöpfung der Bayerischen Motoren Werke, ist viel geschrieben und berichtet worden. Wir glauben, alles über den populären »Barockengel« zu wissen, obwohl seine Entstehungsgeschichte bisher kaum jemals ausreichend erhellt wurde.

Jeder BMW-Liebhaber kennt die Typen der Modellreihe 501 und 502. Aber diese Wagen oder doch viele ihrer Details hätten auch ganz anders aussehen können: Grund genug für den Autor, den Legenden um den 501/502 auf den Grund zu gehen, Archive zu sichten und nach alten Aufzeichnungen zu forschen. Doch nachdem seit der offiziellen Präsentation dieses Autos mehr als vierzig Jahre vergangen sind, war es selbst für einen Münchner nicht leicht, Zeitzeugen und Dokumente aus der frühen BMW-Nachkriegs-Ära zu finden. Ich lade Sie also zu einer retrospektiven Reise in jene Zeit ein...

Daß die Recherchen zu einem solchen Buch Schwierigkeiten bereiten können, bedarf sicher keiner Herausstellung. Einige langgesuchte Dokumente, von deren Existenz man einen heißen Tip bekam, waren bei genauer Nachprüfung »vor kurzem leider weggeworfen worden«, Fotos fanden sich absolut nicht dort, wo sie sein sollten – und so weiter. Einige Mitmenschen, deren Aufgabe es eigentlich wäre, dem Historiker zur Seite zu stehen, zeigten nicht gerade übermäßiges Engagement, während andere trotz knapper Zeit oder hohen Alters sich geradezu rührend um die Beschaffung wichtiger Informationen bemühten. Oftmals bedurfte es nur eines Anrufes, und schon kurz darauf konnte der Chronist in einem Karton voller interessanter Unterlagen stöbern.

Zahlreiche Fahrten, Telefonate und Briefe, das Sichten und Auswerten jeder Menge Papier, die Anfertigung von Reproduktionen, mit viel Geduld geführte Interviews und immer wieder unerwartete Glücksfälle: Als Resultat aus alldem kann ich Ihnen ein Buch vorlegen, das zwar manche Lücke offenläßt und in dem die eine oder andere Einzelheit nicht präzise angegeben werden kann, das aber dennoch -- so hoffe ich -- für den engagierten BMW-Freund viel Neues enthält, womit die Dokumentation der BMW-Geschichte vielleicht wieder ein Stück Vervollkommnung findet.

München, im Sommer 1995

Ralf J. F. Kieselbach

Kapitel I

Vorgeschichte

Versetzen wir uns zurück in den September des Jahres 1938. Die Bayerischen Motoren Werke haben einen gewissen Wilhelm Meyerhuber als »Künstlerischen Leiter« für die BMW Entwurfsabteilung in München verpflichtet. Diese Abteilung ist in München neu eingerichtet worden; in den Jahren zuvor war die automobile Formgestaltung in der BMW-Zweigniederlassung Eisenach (Thüringen) angesiedelt. Der Vorstand hat beschlossen, alle wichtigen Abteilungen künftig in München zu konzentrieren.

Wilhelm Meyerhuber, nicht mehr ganz jung (sein Geburtsjahr ist im Vertrag mit 1884 angegeben), ist von Opel in Rüsselsheim nach München gewechselt. Bei Opel hat er vier Jahre im Styling gearbeitet. Erfahrungen hat er außerdem aus den USA mitgebracht, wo er zwölf Jahre lang als Designer tätig war. Fisher-Body und die Art and Color Section von General Motors waren seine Arbeitgeber, und bei GM hat er den Dynamiker Harley Earl kennengelernt, ebenso die Methode, Entwurfsmodelle nicht mehr aus Holz, sondern aus Ton herzustellen. Bekanntlich war dies Earls Stärke: Durch die Verwendung von Ton vermittelte er seinen Designern eine sehr viel »flüssigere« Formensprache. Auch Opel-Automobile wiesen ein für die damalige Zeit recht progressives Styling auf.

Meyerhubers Erfahrungen bestimmen nun auch seine Arbeit bei BMW. Allerdings geht Meyerhuber nicht allein nach München: Nach drei Monaten holt er seinen Assistenten Karl Schmuck aus Rüsselsheim nach, der nach Meyerhubers Entwürfen die Modelleurarbeit vornehmen soll. Beide bemühen sich, den Automobilen der Marke BMW künftig ihre Handschrift zu verleihen -- keine leichte Aufgabe, nachdem die Modelle der laufenden Reihen 326, 327, 328 sowie der in Vorbereitung befindliche große 3,5-Liter-Wagen bereits ihre zeitgemäß-rundlichen Linien zeigen. Die Karosserien zu deren Nachfolger zu entwickeln, ist Meyerhubers Hauptaufgabe.

Es geht zunächst um einen neuen 2-Liter-Wagen auf Basis der bisherigen Limousine vom Typ 326 sowie um neue Variationen des Sportwagen-Themas 328; auch die Coupéreihe soll ein neues Gesicht erhalten. Der große Autobahn-Reisewagen wird ebenfalls weiterentwickelt: Der Automobilhersteller BMW möchte seine Marktposition im oberen Bereich festigen.

Für die Technik zeichnen in München so fähige Leute wie Karl Schäfer und Werner Strobel (Ex-Auto Union) verantwortlich, hinter denen die Graue

Aus dem 1939 vorgestellten Typ 335...

…und der für 1940 geplanten 2-Liter-Limousine 332 mit dem typischen BMW-Gesicht destillierte sich nach dem Kriege die Frontpartie des neuen Typs 501 heraus.
Die Abteilungssekretärin darf das 1:1-Ton-Mockup, aufgebaut von Karl Schmuck, präsentieren. Ein Meyerhuber-Entwurf.

Eminenz Rudolf Schleicher und der Konstruktionschef Fritz Fiedler stehen. Meyerhuber richtet sich im Werk ohne Verzug ein. Er hat auch mit den Versuchen zu tun, die mit dem Stromlinienwagen von Professor Kamm in Stuttgart laufen. Dieser K-1 genannte Wagen auf Basis des beinahe produktionsreifen 335 brilliert mit einer schlichten, aerodynamisch perfekten Linie, wenn die Heckpartie auch eher einem Schuhkarton gleicht. Dieses Kamm-Heck, wie es genannt wird, soll auch die neue 2-Liter-Limousine erhalten, an der Meyerhuber seine Arbeit aufnimmt. Bald liegen die ersten Entwurfszeichnungen vor -- Renderings, wie man sie bei General Motors genannt hat. In Rekordzeit wird dieses Auto bis zum 1:1-Tonmodell fertiggestellt. Der Vorstand genehmigt den Entwurf, schließlich ist vorgesehen, den neuen Viertürer schon 1940 auf der Autoausstellung in Berlin zu präsentieren. Als Typenbezeichnung wählt man die Chiffre 332, und als Antriebsaggregat soll die bewährte 2-Liter-Maschine aus dem 326 zum Einbau kommen.

Meyerhubers moderne Linienführung am intern mit 385 betitelten Aufbau findet in der Technik eine kongeniale Entsprechung. Nach wie vor gibt es zwar die klassische BMW-Hinterachse mit den längsliegenden Drehstabfedern, für vorne aber haben die BMW-Ingenieure eine Einzelradaufhängung mit Dreieckslenkern plus Schraubenfedern entwickelt, wie sie auch die neuesten Konkurrenzmodelle aufweisen. Und mit der Lenkradschaltung ist man völlig

Und hier ist die Seitenlinie des 501 schon vorgedacht, wenn auch der ganze Aufbau eher an Kamm'sche Ideen gemahnt. Typ 337, im Kriege in München entwickelt. Das kleine Team um Wilhelm Meyerhuber herum gestaltete diesen Aufbau, einen von vielen Vorschlägen.

auf der amerikanischen Linie. Auf eine zwangsweise Luftzuführung durch einen Dachschacht ist BMW ebenfalls sehr stolz; diese Errungenschaft der inneren Aerodynamik gab es bisher nur bei einigen Versuchswagen. Die Gestaltung der Karosserie lehnt sich in der Gesamtlinie einerseits stark an Wunibald Kamms Versuchswagen an, andererseits zeigt der Wagen das klassische BMW-Gesicht mit dem Doppelnieren-Grill und den Scheinwerfern zwischen den Kotflügeln. Und diese Linie ist es, die nach dem Kriege bei den Fahrzeugen unseres Themas wieder auftaucht, eine Mischung aus 332 und 335.

Bei Ausbruch des Krieges sieht es so aus, als sei die Arbeit am 332 vergebens. Doch BMW-Generaldirektor Franz-Joseph Popp erteilt die Anordnung, das Projekt weiterzuverfolgen, ohne daß viel davon nach außen dringt. Die Arbeiten gehen noch bis 1942 weiter, in deren Verlauf auch ein Nachfolger des 335 mit verlängertem Radstand entsteht. Dieser erhält eine für BMW ganz untypische, dem amerikanischen Cord nachempfundene Optik. Auch Karosserieentwicklungen mit Scheinwerfern in den äußeren Rändern der nur noch angedeuteten Kotflügel gibt es.

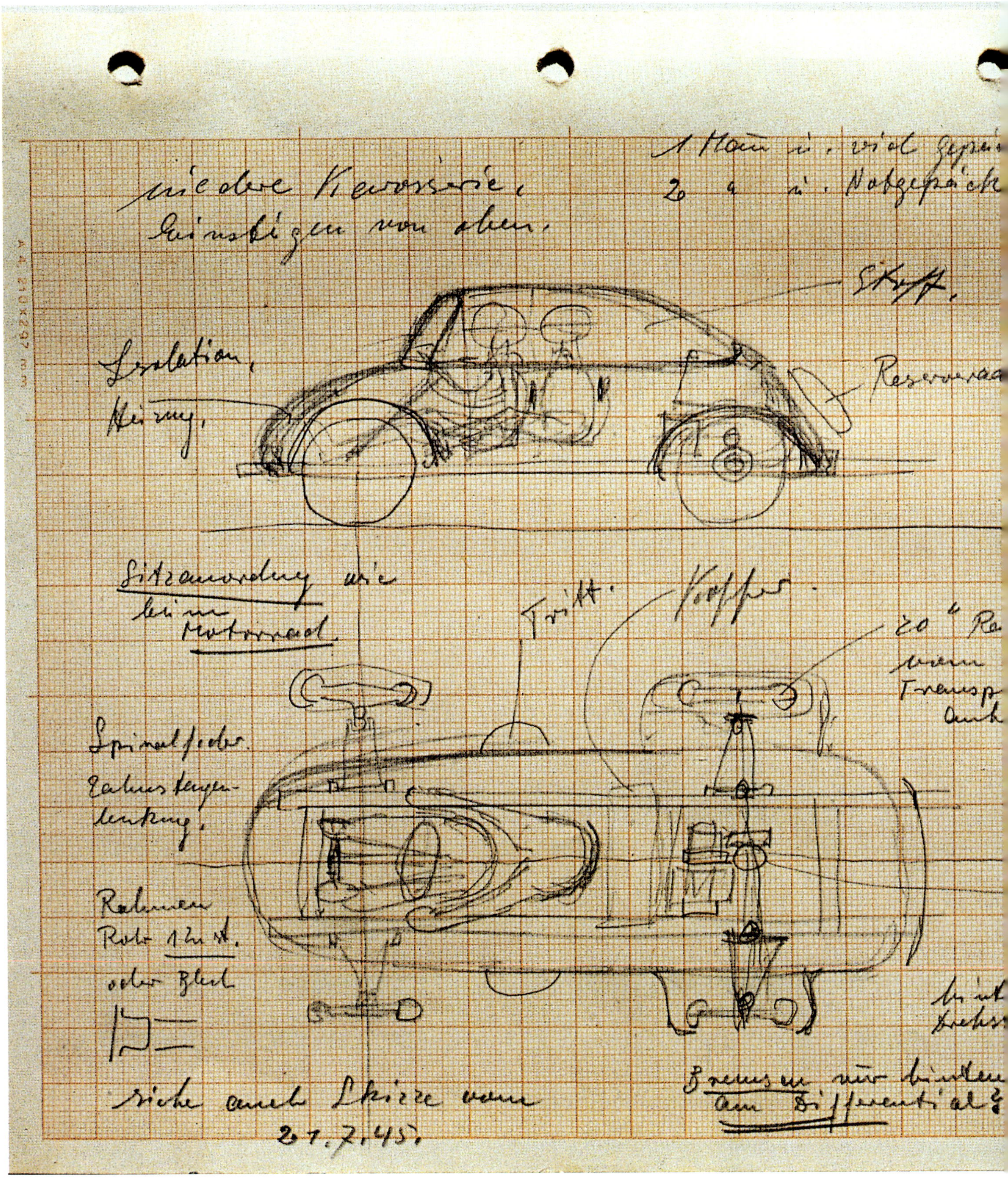

Kleinstfahrzeug, zwei Sitze hintereinander.

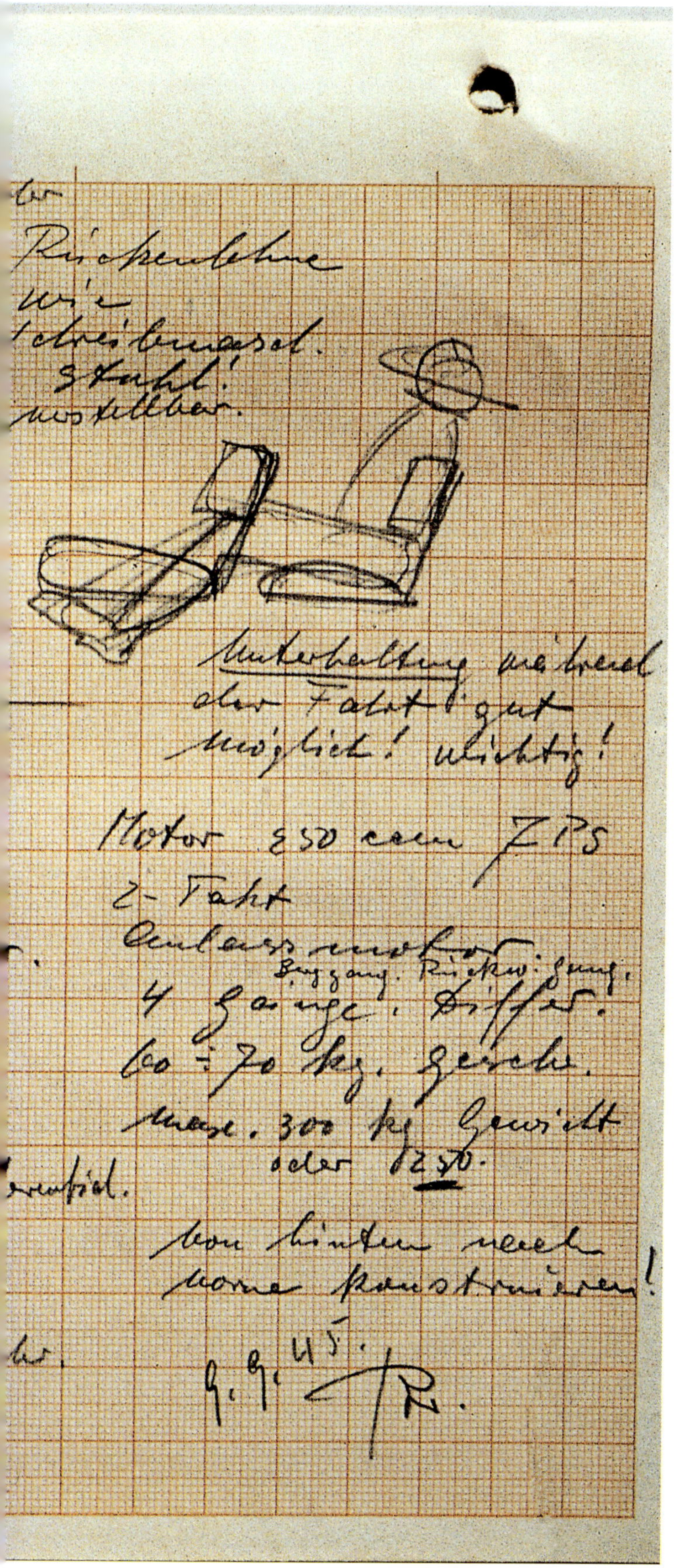

Kapitel II

BMW nach dem Kriege

Im Morgenthau

Wir schreiben 1946. Schutt und Trümmer werden beiseite geräumt: Das Münchner BMW Werk hat durch Kriegseinwirkungen fast noch mehr gelitten als der Eisenacher Produktionsbetrieb; die Luftaufnahmen des Werksgeländes sehen deprimierend aus. An eine Autoproduktion ist nicht zu

Trümmer, nichts als Trümmer: Das Münchner BMW-Werk nach Kriegsende.
Wer käme auf die Idee, aus diesem Schutthaufen eine Automobilfabrik zu machen ?!

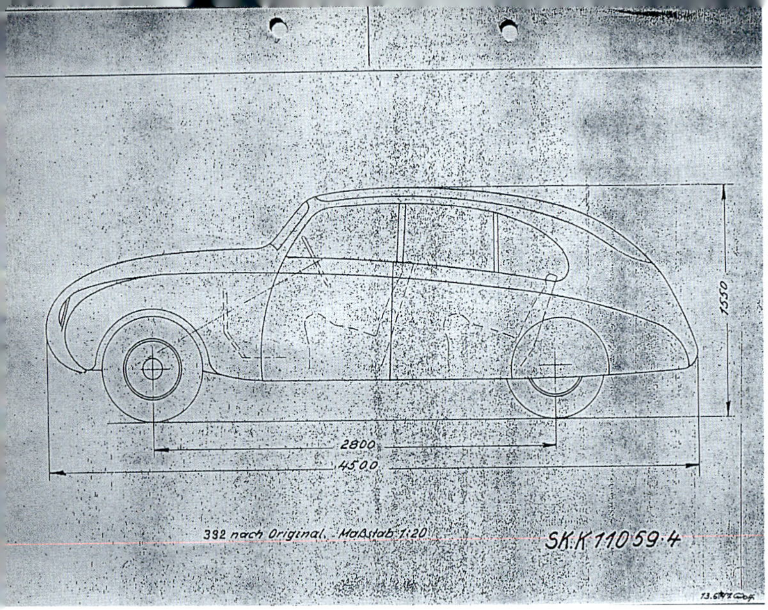

Der alte 332 in der Rekonstruktionszeichnung von 1947...

denken, zumal die amerikanische Besatzungsmacht im Hause ist. Und die Amerikaner haben nichts eiligeres zu tun, als das Werk – oder was davon übriggeblieben ist – zu demontieren. BMW war schließlich ein Rüstungsbetrieb, ebenso wie das Zweigwerk im Münchner Vorort Allach, in welchem Flugmotoren produziert wurden.
Schon bald kristallisieren sich neue Hierarchien heraus, denn Verhandlungspartner braucht das Land – irgend jemand muß ja mit den Besatzungsbehörden reden, bevor nichts mehr da ist. Der erste Kontaktmann für die Amerikaner ist Kurt Donath, der seit 1942 als Technischer Geschäftsführer zu BMW gehört. Sein Metier war der Flugmotorenbau, er kam von der Firma Bramo. Vielleicht sollte BMW wieder Traktoren und Motorpflüge herstellen, wie nach dem Ersten Weltkrieg? Das würde zu den Überlegungen des amerikanischen Politikers Morgenthau passen, dessen Pläne vorsehen, Deutschland zu einem reinen Agrarland zu machen. Nun, daraus wurde bekanntlich nichts.
Zwar lassen die Amerikaner güterwaggonweise technische Anlagen des BMW-Werkes abtransportieren, andererseits brauchen die Amerikaner aber einen leistungsfähigen Reparaturbetrieb für ihre Militärfahrzeuge. Allach bietet sich an: Dort sind noch genügend Maschinen zur Bearbeitung von Motoren- und anderen Teilen vorhanden, und so wird dieser Betrieb zum offiziellen Reparaturwerk für die Fahrzeuge der Amerikaner erklärt. Die Miete bringt auch etwas Geld in die Kasse, mit dem BMW die ersten Kriegsheimkehrer wieder einstellen und entlohnen kann.
Der wenig realistische Gedanke an die Aufnahme einer Automobilfertigung wird immer wieder diskutiert, vor allem, nachdem man zufällig die Reste eines Prototyps vom 332 auf dem Werksgelände gefunden hat. Auf das Fertigungswerk in Eisenach kann man indes nicht mehr zählen, denn dieses befindet sich in der sowjetischen Besatzungzone. In München-Milbertshofen hat es nur Einrichtungen für die Produktion von Motorrädern gegeben, und

... und nach der Restaurierung.

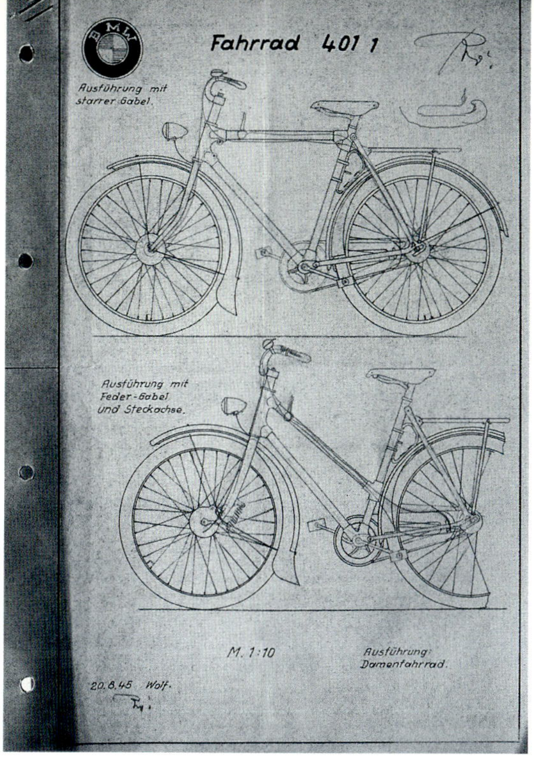

Ein Beispiel aus der Notproduktion: Fahrrad-Entwicklung anno 1945 !

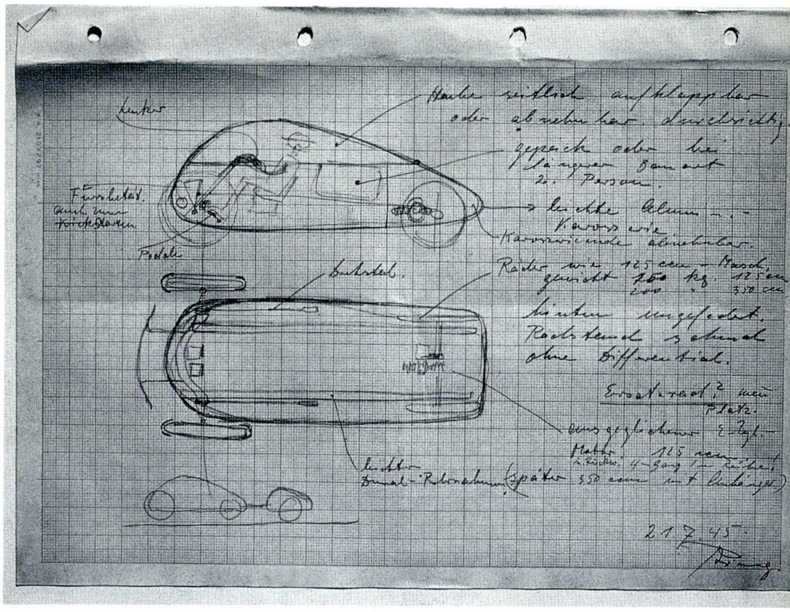

Aus der Not geboren: Skizze für ein motorradartiges Kleinfahrzeug mit Heckmotor. Sogar ein Anhänger ist angedacht!

deren Herstelllung wieder aufzunehmen, ist ohnedies geplant. Der 332 von 1939 oder 1940 kommt einigen Leuten bei BMW sehr gelegen. Denn er macht möglicherweise die Aufnahme einer Kooperation mit Unternehmen wie Adler, Mercedes-Benz oder jener Firma, die sich in Ingolstadt als neue Auto Union formiert, entbehrlich...

Kontakte zur Auto Union

Es liegt nahe, über die Möglichkeiten einer Zusammenarbeit zunächst mit Nachbarn zu reden. Also führen im Frühsommer 1947 Auto Union-Mitarbeiter Gespräche mit dem BMW-Treuhänder Hans-Karl von Mangoldt-Reiboldt. »Die Amerikaner hatten, wie uns Herr Szymanowski mitteilte, bei BMW über das Wiederanlaufen der Fabrikation gesprochen... so daß, wenn auch zunächst in bescheidenem Umfange, mit der Wiederaufnahme der Produktion gerechnet werden muß...«, sagt ein Protokoll aus. »Wenn die Auto Union hier im Westen, sei es mit oder ohne BMW, ihre Inthronisierung würde begehen können..«

Die Protokolle verzeichnen weiterhin, daß es im Frühjahr 1948 in Bad Godesberg zu Gesprächen gekommen ist, an denen die Herren von Mangoldt-Reiboldt und Donath von BMW ebenfalls teilnahmen: »Im Sommer 1948, in den Tagen der Währungsreform, wurden die Gespräche... fortgesetzt, wobei es bald offenbar wurde, daß es zu einer Ehe BMW-Auto Union wohl nicht kommen würde.« Immerhin hat es Vorschläge für ein Auto Union-Emblem mit den vier Ringen plus einem hinzugefügten BMW-Logo, sozusagen als fünften Ring, gegeben, an das sich Hans-Peter Szymanowski erinnert. Mit seinem Großvater wurde er 1948 öfters in die hochgeheimen Entwicklungsräume mitgenommen, und er hat sich dort gründlich umgeschaut.

Der BMW 332

Kurt Deby, provisorischer Betriebsleiter bei BMW und später auch als Rennleiter aktiv, läßt von den wenigen verbliebenen und wieder eingestellten Technikern den alten Wagen vorsorglich herrichten. Eigentlich ist es nur ein ausgeglühtes und ausgebeintes Wrack, was man da im Werksgelände ausgegraben hat, aber die Fortschrittlichkeit der Wagenkonstruktion kann es leicht mit der neuen Zeit aufnehmen. Meister wie Otto Poppitz bauen das Wrack also wieder auf. Ein fahrfähiges Auto entsteht -- ein klassischer BMW und doch etwas ganz Modernes - könnte so der neue Wagen von 1947 oder 1948 aussehen?

Dieser Wagen wird nach seiner Fertigstellung von oben bis unten vermessen, denn aus Eisenach sind keinerlei Konstruktionszeichnungen zu erhalten. Auch Fertigungsvorrichtungen für die um 1940 geplante Serienfertigung sind -- wenn überhaupt -- nur bei den Thüringern vorhanden. Der einstige Hersteller für die Preßteile der Karosserie, die Firma Ambi-Budd in Berlin-Johannisthal, befindet sich ebenfalls im sowjetisch besetzten Teil Deutschlands, von dort ist also auch nichts zu erwarten. Der schon produktionsreife Typ 337, Nachfolger des 3,5-Liter-Wagens von 1939, sollte ebenfalls bei Ambi-Budd entstehen. Indes, die Sowjets haben, wie es heißt, alle Konstruktionsunterlagen aus Johannisthal requiriert. Ähnlich geht es übrigens vielen deutschen Autoherstellern zu dieser Zeit, die mangels einer eigenen Karosseriefertigung Serienteile bei großen Preßwerken herstellen ließen. Und die meisten der alten Karosseriebaubetriebe mit ihrer veralteten technischen Ausstattung haben nicht die Kapazität, große Serien zu produzieren.

Zunächst wird der 332 in München-Milbertshofen als Dienstfahrzeug eingesetzt, und Kurt Deby, der in der Nähe des Werkes wohnt, fährt auch schon mal seine Familie mit dem schwarzen Viertürer spazieren, wie sich sein Sohn Patrick im Gespräch mit dem Autor erinnert. Doch der Standard der

Modernisierter 326 in Stromform mit Heckmotor. Man fühlt sich an eine Mischung aus Tatra und KdF-Wagen erinnert.

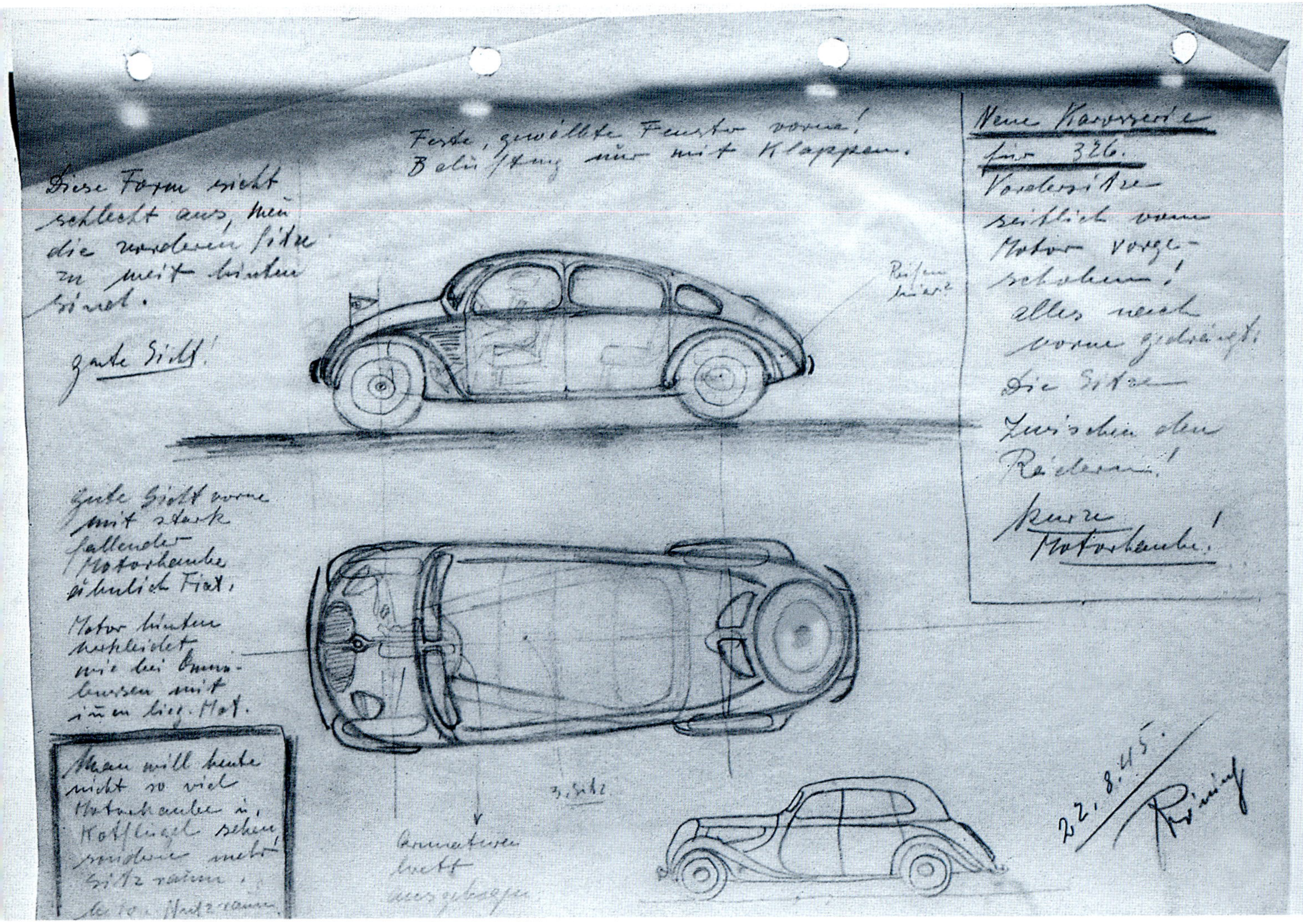

Wagenkonstruktion oder der Restaurierung war wohl nicht allzu hoch, denn Patrick Deby erinnert sich auch an undichte Türspalte, so daß sich die Insassen mit einigen Tricks gegen das eindringende Regenwasser schützen mußten. Ludwig Kermer und einige andere treue BMW-Männer sorgen für die Erhaltung des Fahrzeuges, und wir finden diese Limousine bei Ausfahrten des alten BMW-Clans, zu dem auch Schorsch Meier gehörte, zu den ersten großen Rennveranstaltungen im Nachkriegsdeutschland wieder.

Diesen getreuen BMW 332 mit seinem 2-Liter-Motor aus der 326er Limousine ereilt dann eines Tages das Schicksal vieler einst berühmter Automobile: Er kommt in die Auto-Pathologie und wird fachgerecht zerstückelt. Denn es entstehen neue Rennwagen, und Willi Huber auf der Fraueninsel im Chiemsee benötigt nun einmal dringend Teile, um Wettbewerbsfahrzeuge für Piloten wie Hermann Holbein anfertigen zu können.

Damit sind die Pläne für die Aufnahme einer Serienherstellung des 332 zu den Akten gelegt. Doch die Demontage der Betriebsanlagen durch die Amerikaner wird abgebrochen, und BMW erhält die Genehmigung, in Milbertshofen wieder Motorräder herzustellen -- der Bedarf ist riesig. Bei der Jubelfeier zur Eröffnung der Motorradproduktion sitzt alles, was in München Rang und Namen hat, in der ersten Reihe, und auch die Presse freut sich über den aussichtsreichen Neubeginn bei BMW.

Notproduktion

Geld verdienen kann man in dieser schweren Zeit aber eher mit Gegenständen des täglichen Bedarfs. Bei BMW erinnert man sich an die große metallverarbeitende Tradition: Schon im ersten Weltkrieg besaßen die Münchner eine qualifizierte Gießerei, eine Schmiede und alles, was sonst zur Metallbearbeitung nötig ist. Diese noch existierende Gießerei sollte jetzt wieder nützlich sein. Als erstes fertigt man bei BMW Kochtöpfe an, sinnigerweise aus dem Metall alter Stahlhelme. Und da auch Leichtmetall aus der Allacher Flugmotorenproduktion noch vorhanden ist, können aus diesem edlen Material weitere Dinge hergestellt werden. Nach und nach entsteht ein kleines Lieferprogramm nützlicher Gerätschaften wie Heuwender, Milchzentrifugen, Gußteile aller Art für Fremdfirmen und sogar Fahrräder. Diese erhalten einen Rahmen aus teuersten Leichtmetallen, und um die BMW-eigene Technikleistung zu demonstrieren, wird auch ein ingeniöses Getriebe entwickelt. Man experimentiert sogar mit Guß-Rädern. Immerhin: Etwa elf solcher Fahrräder werden hergestellt, dann wird aus heute nicht mehr erkennbarem Grund die Fahrradproduktion gestoppt. Auch ein Fahrradanhänger war geplant. Alles kommt aus dem gleichen Konstruktionsbüro, das später auch Motorräder und Autos entwickeln wird. Leiter des Büros ist Alfred Böning, über den wir noch Näheres erfahren werden.

Die anderen Produkte sind Massenware und bringen sogar Geld ein. Daß zur gleichen Zeit in der Eisenacher Zweigniederlassung ein ähnlicher Prozeß abläuft, weiß man in München nicht. Auch dort sind vom nahegelegenen Flugmotorenwerk Dürerhof viele Leichtmetallteile übriggeblieben, und man stellt in der Eisenacher Notproduktion fast die gleichen Dinge wie in München her, sogar Handwagen aus Karosserieholz, verschämt als »motorlose Fahrzeuge« bezeichnet.

Das Werk in Berlin-Spandau wird nach Zerstörung und Demontage 1948 wieder an die BMW AG zurückgegeben. Auch hier setzt eine Notproduktion ein, wenn auch völlig anderer Art: Im Auftrage der Firma Siemens & Halske nimmt man hier die Fertigung von Tischexzenterpressen auf. Und im selben Jahr fragt die Firma Lanova in München an, ob BMW interessiert sei, einen neu entwickelten Lanova/Henschel-Dieselmotor als Austauschaggregat für den 3,6-Liter-Standardmotor amerikanischer Dreiachs-Militärlastwagen zu produzieren. Viel lieber würde man bei BMW aber wieder Autos bauen.

Das Werk Eisenach in der von den Sowjets besetzten Zone steht den Münchnern als Produktionsstätte nicht zur Verfügung. Wie in Milbertshofen, kämpft man in Eisenach ums Überleben, und eine Demontage der verbliebenen Anlagen läßt sich nur durch spontane Leistungsbeweise verhindern: Albert Siedler, der sich eigentlich gerade in Richtung Westzone absetzen will, muß den Sowjets innerhalb kürzester Frist eine Autoproduktion aufbauen, was ihm tatsächlich gelingt. Die Demontage wird gestoppt.

Die ohne den Segen aus München und in Handarbeit von den wenigen in Eisenach verbliebenen Mitarbeitern auf die Räder gestellten Fahrzeuge nach dem Vorkriegs-Baumuster 321 werden mit Erlaubnis der Russen auch exportiert: Plötzlich, so scheint es, ist BMW doch wieder auf dem Markt!

Die BMW AG in München kann nicht zulassen, daß unter fremder Regie produzierte Autos ihr Markenzeichen tragen, denn dessen Nutzungsrechte liegen ausschließlich bei der Bayerischen Motoren Werke AG. Eisenach ist beschlagnahmt und anschließend zum »Volkseigenen Betrieb« erklärt worden, für München jetzt also eine Fremdfirma. Sie steht unter Verwaltung des sowjetischen Awtowelo-Konzerns.

In einem Prozeß gegen Awtowelo wird den Russen untersagt, die unter ihrer Ägide gebauten Autos als »BMW« zu bezeichnen, und sie akzeptieren das Urteil auch. Die in Eisenach hergestellten Fahrzeuge werden deshalb künftig unter dem Markenzeichen EMW (Eisenacher Motoren Werke) mit den Emblemfarben Rot und Weiß verkauft -- doch die Münchner bestärkt die Auseinandersetzung nur noch mehr in dem Willen, eigene Autos zu bauen.

Erste Überlegungen

Konkrete Möglichkeiten hierzu zeichnen sich allmählich ab, nachdem ein ehemaliger Mitarbeiter nach dem anderen der alten Produktionsgarde in München eintrifft. Auch Albert Siedler, wie Meyerhuber bei Opel ausgebildet und seit 1934 in Eisenach, ist inzwischen in München eingetroffen.

Der altgediente BMW-Konstrukteur Alfred Böning erhält den Auftrag, sich erste Gedanken zu einem neuen Modell zu machen, und man richtet ihm auch ein kleines Konstruktionsbüro in Werksnähe ein. Der in Italien geborene Böning ist seit 1931 für BMW tätig, nachdem er seine ersten Erfahrungen bei NSU gesammelt hat (und vorher drei Jahre lang die Maschinenbauschule in Esslingen besuchte). Der etwas unnahbar und von sich überzeugt wirkende Böning, dem man andererseits durchaus Temperament attestiert, gilt zwar als Motorradmann, wird dennoch zum Chefkonstrukteur des neuen Autoprojekts ernannt.

Die Flügelkämpfe um Ausführung, Größe und Stil des neuen BMW toben heftig. Da der 332 keine Chancen hat, weil BMW für seine Herstellung über keine Produktionseinrichtungen verfügt, bleibt die Frage: Wie soll eine alternative, in München herzustellende Konstruktion aussehen? Böning, der als einer der ersten Mitarbeiter schon am 15. Mai 1945, rund 14 Tage nach dem Einmarsch der Amerikaner in München, wieder eingestellt wurde, hat sich im Auftrag Kurt Donaths aber nicht nur um die Notproduktion zu kümmern, für die er unermüdlich ein Produkt nach dem anderen entwirft (von denen viele mangels Herstellungsmöglichkeiten oder wegen Absatzschwierigkeiten gar nicht erst realisiert werden). Sein Hauptaufgabe ist die Vorbereitung einer neuen Motorradfertigung -- und das Ausarbeiten von Plänen für ein neues Auto.

Alfred Bönings früheste noch erhalten gebliebene Skizzen, angefertigt im Herbst 1945, zeigen eine Gegenüberstellung des alten 326, der für ihn BMW-Standard verkörpert, mit einem zeitgemäßeren Wagen, der wie eine Mischung aus Volkswagen und Tatra aussieht. Böning schließt auch einen Heckmotor nicht aus, so wie er in den nächsten Jahren auch an Zwei- und Viertakt-Schiebermotoren denkt, Überlegungen zu Einspritzmotoren notiert und völlig neuartige Antriebskonzepte von freien Erfindern vorführen läßt. Böning skizziert auch Klein- und Kleinstwagen in Stromlinienform, bei denen der Kenner nicht nur an Karl Schlörs Tropfenwagen von 1938 erinnert wird, sondern die Grundform der Isetta wiedererkennt -- diese Stromlinienformen gehören in der Nachkriegszeit einfach zum allgemeinen Gedankengut.

Als Leiter des Konstruktionsbüros macht sich Alfred Böning also schon frühzeitig Gedanken zum Thema »Wagenentwicklung«. In einer Aktennotiz vom 21. April 1947 hält er alles fest, was ihm für einen Neuanfang in dieser Richtung wichtig erscheint. Er baut dabei auf einem Protokoll der Besprechung »BMW-Wagenentwicklung« vom 6. November 1946 auf.

Nachdem er auf vermeintliche Konstruktionstendenzen in Eisenach eingeht (3,5-Liter-Wagen, luft/ölgekühlter Motor), schreibt er:

»Demgegenüber erscheint es bei uns richtiger, einen leichteren Wagen anzustreben... Die für uns möglichen Wagenklassen kann man wie folgt einteilen:

Typ	max.Sitze	Motor-Ltr.	Gewicht	PS	Grundlage
Großer Wagen	6	2-3,5	900-1300	50-90	326-335
Mittlerer Wagen	4	0,8-2	700-900	30-50	319-327
Kleiner Wagen	2-4	0,5-0,8	500-700	15-30	AM1, Topolino, Dixi
Kleinstwagen	2	0,125-0,5	-500	-15	Goliath 3-Rad

Die Klasse des mittleren Wagens scheint für uns am besten geeignet zu sein, zumal wir hierin die hauptsächlichsten Erfahrungen haben und sie die Verwendung vorhandener Teile gestattet... eine Deutung des Qualitätsprinzips (ist) notwendig, wie es bei BMW zur Tradition wurde und weiter unter allen Umständen eingehalten werden muß. Voraussetzung ist eine wirkliche Qualitätsware, welche der Zeit vorauseilt und doch zeitlos schön erscheint, weil sie technisch richtig ist, gepaart mit einer guten Fertigung. Momentane modische Einflüsse können dabei nicht berücksichtigt werden... Eine solide, immer gleichbleibende Reklame gehört ebenfalls dazu...«

Das neue BMW-Grundmodell

Der BMW-Tradition entsprechend, soll dieser Wagen nach Böning etwa 800 bis 900 kg wiegen und einen möglichst kleinen Sechszylinder-Motor von etwa 45 PS haben. Böning plädiert für einen kleinen, stromlinienförmigen Wagen mit 1100-ccm-Motor etwa nach Art der BMW-Rennlimousine (Mille Miglia) mit Kamm-Heck.

»Es wird eine Karosserie ähnlich der großen Rennlimousine vorgeschlagen... mit kürzerer Motorhaube, niederem Rahmen, auch für Sportwagen passend, bequemer Sitzordnung, welche bei Mercedes studiert werden sollte, gutem Einstieg, guter Be- und Entlüftung und guten Sichtverhältnissen auch nach hinten, 2 Türen, Unterseite ganz glatt ohne vorstehende Teile.

Es ist zu klären, ob auf der Vorderbank 2 oder 2 1/2 Sitze sein sollen. Der Innenraum soll bequemer sein als beim 326. Da bei der Stromlinie die Karosseriemaße die äußersten Maße sind, wird der Wagen dann sowieso kleiner, die Gesamtmaße sollten sich an den BMW 319 anlehnen. Die aerodynamischen Erfahrungen sollen auf das Äußerste ausgenützt werden, aufgrund der noch vorhandenen großen Rennlimousine und dem vorhandenen Aufbau 332.

Als Konstruktionsart erscheint die 326-Konstruktion am günstigsten, da sie doch noch einen Rahmen hat, der wenn notwendig, andere Aufbauten zuläßt, was zur Beurteilung der Investitionen wichtig ist...

Sollte es nicht möglich sein, eine Karosserie-Werkstätte zu gründen, so wäre eine Vergebung nach auswärts möglich (Autenrieth, Mercedes) wo schon immer viele BMW-Karosserien gemacht wurden...«

Zum Fahrgestell schreibt er: »Vorderachse mit Querfeder unten... Rahmen tief, gerade, System 326... Hinterachse 326, vereinfacht und verbessert... Lenkung alt... Kardan alt... Fahreigenschaften mindestens alt...«

Er setzt sich für einen kleinen, leichten Motor mit einer obenliegende Nockenwelle ein, entsprechend dem vor dem Kriege entwickelten Doppelnockenwellen-Rennmotor vom Typ 318, lehnt aber sowohl die seinerzeit ebenfalls entwickelten Stoßstangenmotoren der Typen 317 und 332 als auch die Weiterentwicklung des 326-Motors zum 326-4 ab. »Herr Schäfer hat jedoch so einen Kopf in Arbeit und glaubt, das Problem gelöst zu haben... Geht man vom Qualitätsprinzip aus, so muß man feststellen, daß das Fahren in einem 4-Zylinderwagen einem immer das Gefühl eines billigen Wagens gibt. Schon deswegen sollte man diese Klasse vermeiden, wenn man aus wirtschaftlichen Gründen nicht dazu gezwungen wird... Das Getriebe wäre am besten in der Mitte zur Erreichung kurzer Kardanwellen und besserer Gewichtsverteilung...«

Böning erwähnt auch die Möglichkeit von Schalterleichterungen und einer Fernschaltung ähnlich wie beim 332 (Lenkradschaltung) sowie einer sogenannten Heißkühlung: »Zur Entwicklung eines solchen Kühlers könnten die bei BMW-Flugmotoren gemachten Erfahrungen weitestgehend verwendet werden...«

Zur Produktionsmöglichkeit schreibt Böning: »Das beschriebene Fahrzeug... sollte vergleichsweise billiger sein als 326... 20 Fahrzeuge pro Tag; dies sind 500 Wagen im Monat und 6000 im Jahr. Werden etwa insgesamt 20.000 Wagen gebaut bei Anlaufkosten von 1.000.000.- RM, so wären dies pro Wagen 50.- RM.«

Spätere Entwicklungsmöglichkeiten sieht Böning bis zum Sportwagen und zum billigeren Gebrauchswagen.

Als conclusio schlägt er vor: »Die Anfertigung eines Musterwagens des Grundmodelles sollte nach den neuen Zeichnungen so schnell wie möglich erfolgen... Die Arbeiten im Konstruktionsbüro könnten mit folgendem Personal begonnen werden:

Motor- und Fahrgestell-Konstruktion:

3 selbständige Konstrukteure und 2 Detail-Konstrukteure

Karosserie-Konstruktion:

2-3 Karosserie-Konstrukteure

Theoretische Grundlagen:

1 zuverlässiger früherer Versuchsingenieur des BMW-Autobaus...

Eine Entwicklung nach diesen Vorschlägen würde eine Garantie dafür geben, daß die alten BMW-Grundsätze, welche zur BMW-Geltung führten, beibehalten und weiter verfolgt werden.«

Böning sieht also klar die Zeichen der Zeit und plädiert für ein sparsames, nach modernsten Überlegungen entwickeltes Fahrzeug von geringen Ausmaßen, bei dem dank niedrigen Gewichts und erstklassiger Aerodynamik nur mäßige Motorleistung nötig wäre. Damit entsprechen seine Gedankengänge denen der französischen Firma Panhard & Levassor, die als eine der ältesten Hersteller in Europa von ihren Vorkriegs-Luxusfahrzeugen der oberen Klasse nach dem Kriege schlagartig auf kleine, leichte Automobile mit geringstem Verbrauch dank eher schwacher Motorisierung und guter Aerodynamik umsteigt -- und sich damit auf Jahrzehnte Erfolge sichert.

Ungeachtet der progressiven Überlegungen des Chefkonstrukteurs sind sich alle Herren offensichtlich nur darin einig, daß ein neuer BMW die klassische

Vorschlag für ein BMW-Grundmodell, Entwurf von Alfred Böning 1947.

Linie des Hauses zu vertreten habe, wie sie sich vor dem Kriege gebildet hat, und daß ein neuer BMW dementsprechend auch kein kleiner BMW sein könne. Man denkt an eine Hubraumklasse im Bereich 2,5 Liter, auch der Exportchancen wegen. Im Kriege war bereits ein 2,5-Liter-Motor für die (nicht produzierte) Zwischentyp-Limousine 330 entwickelt worden, und ein Nachkriegs-BMW muß erst recht Klasse haben und darf kein kleines Auto sein...

Mit diesem Selbstverständnis geht der Vorstand ernsthaft an die Sache heran. Mittlerweile hat man auch Kontakt zu dem nach England emigrierten BMW-Ingenieur Fritz Fiedler aufgenommen. 1948 ist er offenbar kurzzeitig in München, erhält auch einen Sitz im Vorstand, doch noch aus dem Jahre 1949 gibt es Korrespondenz unter seinem Briefkopf mit der Adresse Amulree, Norwood Lane, Iver, Bucks. Zu dieser Zeit arbeitet er bei der Flugzeugfirma Bristol (und ist auch unter der Frazer-Nash-Adresse zu erreichen). Ab 1951 ist Fiedler wieder permanent in München. Er arbeitete vor dem Kriege bei Stoewer und Horch und ist seit 1932 BMW-Mann. Der neue technische Leiter ist also schon avisiert, fehlt nur noch ein Mann wie Rudolf Schleicher als Motorenentwickler, Versuchsleiter und Allround-Genie.

Schleicher wäre zwar verfügbar, macht sich aber, wie viele ehemalige BMW-Leute in den kargen Nachkriegsjahren, selbständig, weil die Besatzungsmacht ihm wie vielen seiner Kollegen -- meist aufgrund ihrer Zugehörigkeit zu NS-Organisationen -- den Wiedereintritt in die frühere Firma verwehrt. Schleicher erhält aber einen Beratungsvertrag, der vorsieht, daß er seine Kenntnisse BMW zur Verfügung stellt.

Glücklicherweise gibt es noch den 2-Liter-Motorblock aus dem BMW 326; er stellt die Grundlage für fortführende Arbeiten dar. Für die Aufbereitung dieses Sechszylinders nach dem Entwicklungsstand 326-4 sind Karl Rech und Karl Schäfer zuständig. Der engagierte Motoreningenieur Alexander von Falkenhausen steht nach seinem privaten Ausflug als Hersteller seines AFM Sportwagens ebenfalls parat.

1 Lenkgetriebe mit leichtgängiger, zielsicherer Präzisions-Lenkung. Unübertroffene Len
aus starkwandigen, stählernen Kasten- und Rohrprofilen von höchster Festigkeit. 3
stabfederung und Teleskop-Stoßdämpfern. Keine Spur- und Sturzveränderung.

4 Leistungsstarker, hochelastischer 72 PS-Sechszylinder-Viertaktmotor von größter Wi
Drehstäbe für besonders anpassungsfähige Federungs-Charakteristik. Grundlage für ü
6 Geräuschloses, vollsynchronisiertes Vierganggetriebe mit hydraulisch betätigter Kupp

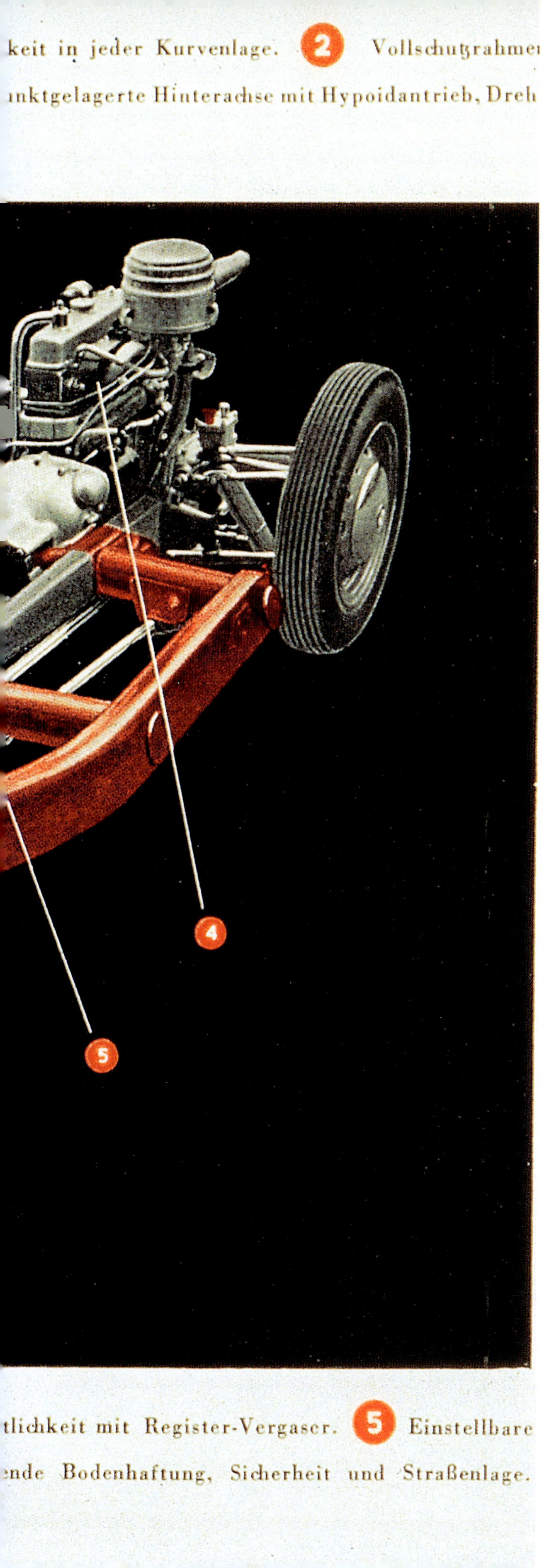

Kapitel III

Der neue Wagen

Peter Szymanowski

Ein weiterer Mann betritt die Szene: Er heißt Peter Szymanowski. 1938 bei BMW Eisenach als Leiter der Karosseriefertigung im Werk 4 eingetreten, macht er schnell Karriere; schon 1942 erhält er Handlungsvollmacht. Als Betriebsdirektor leitet er ab 1943 die Fertigung im Kriege.

Szymanowski, dessen Familie aus der Provinz Posen stammt, bringt Führungsqualitäten in der Automobilbranche mit. Als gelernter Stellmacher hat er -- wie sein späterer Adlatus Wilhelm Hofmeister -- ein Studium an der heute noch existierenden Wagenbauschule in Hamburg absolviert und war danach einige Jahre in Berlin bei der AEG-Automobiltochter NAG tätig. Szymanowskis Metier ist der Karosseriebau, und nach Meinung vieler seiner ehemaligen Mitarbeiter gilt er darin als Fachmann. Bei der NAG wurden hochklassige Automobile bis zum großen Achtzylinder mit automatischer Kupplung hergestellt, die das Werk beinahe ruinierten, weshalb man sich -- leider viel zu spät -- die »Voran«-Frontantriebspatente sicherte und einen modernen Kleinwagen auf die Räder stellte. Dieser blieb jedoch erfolglos und und brachte die Autoherstellung im AEG-Konzern vollends zum Erliegen. 1931, kurz vor der Einstellung der NAG-Produktion, verließ Peter Szymanowski Berlin und ging als Leiter der Karosseriefertigung zu Horch nach Zwickau.

Bei Kriegsende befindet er sich noch in Eisenach. Die ersten Befreier, die in das kleine Städtchen unter der Wartburg einmarschieren, sind amerikanische Truppen. Da Gerüchte über die Beschäftigung von Zwangsarbeitern in der BMW-Produktion kursieren, nehmen ihn die Amerikaner (oder auch Briten, das läßt sich heute nicht mehr hundertprozentig klären) in Arrest. Diese Spezialtruppen sind auf der Suche nach wichtigen Unterlagen und Männern mit dem »Gewußt, wo«. Peter Szymanowski, offiziell am 30. Juni 1945 von BMW in Eisenach ausgeschieden, muß sein dortiges Haus sehr schnell verlassen, doch unterwegs auf dem Weg gen Westen wird er dann ebenso plötzlich aus dem Militärlastwagen komplimentiert, nachdem die Befrager offenbar alles Nötige erfahren haben.

Szymanowski verschlägt es im Laufe des Jahres 1946 nach München. Seine Haare sind fast weiß geworden, aber seine Kraft ist ungebrochen: Es muß und wird doch bei der Stammfirma BMW weitergehen! Vorerst aber geht nichts,

Auf diesem Chassis sollt Ihr bauen – der solide und doch althergebrachte Rahmen des neuen Wagens. Konstruktion von Alfred Böning, zum Patent angemeldet.

Mit diesem Schreiben begann es: Offizieller Auftrag an Reutter über Lieferung »3 Stck. Versuchs-Aufbauten«.

Skizzenblatt aus den Reutter- Unterlagen.

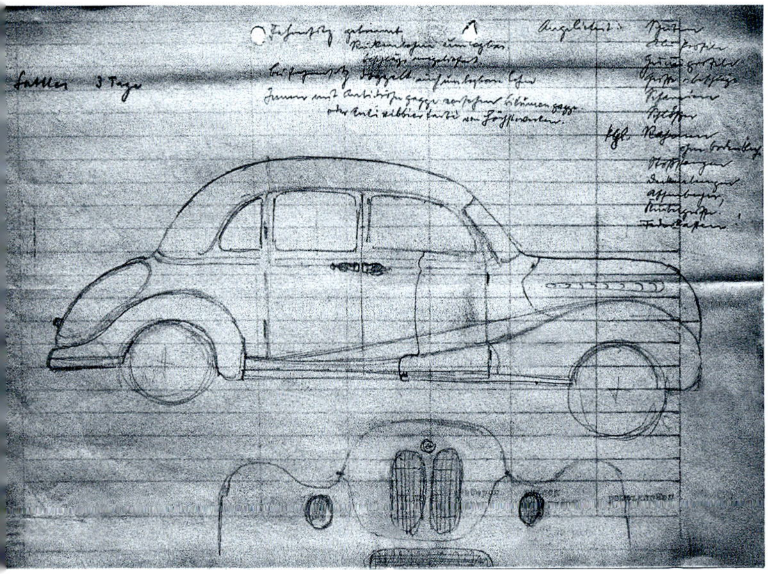

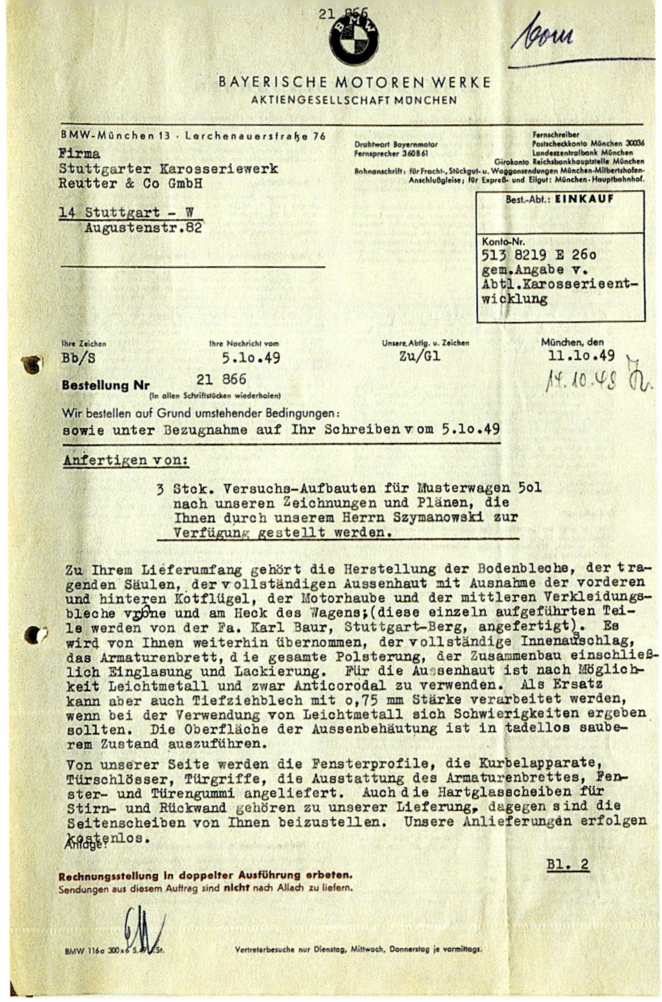

21 866

BAYERISCHE MOTOREN WERKE
AKTIENGESELLSCHAFT MÜNCHEN

BMW-München 13 · Lerchenauerstraße 76

Drahtwort Bayernmotor
Fernsprecher 360861

Fernschreiber
Postscheckkonto München 30036
Landeszentralbank München
Girokonto Reichsbankhauptstelle München
Bahnanschrift: für Fracht-, Stückgut- u. Waggonsendungen München-Milbertshofen-Anschlußgleise; für Expreß- und Eilgut: München-Hauptbahnhof.

Firma
Stuttgarter Karosseriewerk
Reutter & Co GmbH

14 Stuttgart - W
Augustenstr.82

Best.-Abt.: EINKAUF

Konto-Nr.
513 8219 E 26o
gem.Angabe v.
Abtl.Karosserieentwicklung

Ihre Zeichen	Ihre Nachricht vom	Unsere Abtlg. u. Zeichen	München, den
Bb/S	5.1o.49	Zu/Gl	11.1o.49

14.10.49

Bestellung Nr 21 866
(In allen Schriftstücken wiederholen)

Wir bestellen auf Grund umstehender Bedingungen:
sowie unter Bezugnahme auf Ihr Schreiben vom 5.1o.49

Anfertigen von:

3 Stck. Versuchs-Aufbauten für Musterwagen 5o1 nach unseren Zeichnungen und Plänen, die Ihnen durch unserem Herrn Szymanowski zur Verfügung gestellt werden.

Zu Ihrem Lieferumfang gehört die Herstellung der Bodenbleche, der tragenden Säulen, der vollständigen Aussenhaut mit Ausnahme der vorderen und hinteren Kotflügel, der Motorhaube und der mittleren Verkleidungsbleche vorne und am Heck des Wagens;(diese einzeln aufgeführten Teile werden von der Fa. Karl Baur, Stuttgart-Berg, angefertigt). Es wird von Ihnen weiterhin übernommen, der vollständige Innenausschlag, das Armaturenbrett, die gesamte Polsterung, der Zusammenbau einschließlich Einglasung und Lackierung. Für die Aussenhaut ist nach Möglichkeit Leichtmetall und zwar Anticorodal zu verwenden. Als Ersatz kann aber auch Tiefziehblech mit o,75 mm Stärke verarbeitet werden, wenn bei der Verwendung von Leichtmetall sich Schwierigkeiten ergeben sollten. Die Oberfläche der Aussenbehäutung ist in tadellos sauberem Zustand auszuführen.

Von unserer Seite werden die Fensterprofile, die Kurbelapparate, Türschlösser, Türgriffe, die Ausstattung des Armaturenbrettes, Fenster- und Türengummi angeliefert. Auch die Hartglasscheiben für Stirn- und Rückwand gehören zu unserer Lieferung, dagegen sind die Seitenscheiben von Ihnen beizustellen. Unsere Anlieferungen erfolgen kostenlos.

Anlage:

Bl. 2

Rechnungsstellung in doppelter Ausführung erbeten.
Sendungen aus diesem Auftrag sind **nicht** nach Allach zu liefern.

BMW 116a 300x6 5.49 St.

Vertreterbesuche nur Dienstag, Mittwoch, Donnerstag je vormittags.

wie Peter Szymanowski von seinem Zwischendomizil in Wilhelmsdorf bei Fürth aus feststellen muß, wo er kurzfristig untergekommen ist. Im zertrümmerten München sucht er Arbeit. Doch in seinem Alter -- er ist Jahrgang 1889 -- muß er vorerst mit einer ganz anderen Tätigkeit vorliebnehmen, bis man sich im Münchner BMW-Werk möglicherweise an den Bau von Automobilen wagt, und so erhält er durch die Vermittlung eines Bekannten eine Anstellung in einer Behörde. Sie ist der Vorläufer des späteren Bayerischen Landwirtschaftsministeriums, wo er Bezugscheine für Holzlieferungen auszustellen hat. Das kommentiert er so: »Ich schreib' hier solche blöden Zettel aus...«

Die Unterlagen der Familie verzeichnen diese Tätigkeit vom 24. September 1946 bis zum 30. September 1948. Vielleicht ein tiefer Absturz, aber immerhin ein Job und die Möglichkeit zu Überleben. Zur gleichen Zeit bemüht sich Alfred Böning in seinem Arbeits-Provisorium um Wilhelm Meyerhuber, der seit Kriegsende ja ebenfalls ohne Anstellung ist. Meyerhuber könnte für das angedachte neue BMW Automobil den Aufbau entwerfen... Doch es kommt anders, denn in diesem Moment taucht Peter Szymanowski auf. Er hat endlich den Kontakt zu Kurt Donath gefunden, der ihm unter dem Datum des 5. Juli 1948 bestätigt:

»Wir hatten am 3. Juni 48 eine grundsätzliche Aussprache über Ihren eventuellen Eintritt in das Münchener Werk. Ich kann Ihnen nun heute mitteilen, daß wir uns hier entschlossen haben, die Entwicklung von Automobilen weiter zu betreiben... Um den Zusammenhang und das Fortschreiten der Arbeiten garantieren zu können, wollten Sie nicht nur die Konstruktion der Karosserien, sondern auch die des Rahmens übernehmen. Außerdem hielten Sie es für notwendig, gleichzeitig die Fertigungsplanung durchzuführen und die Planung einer Karosseriewerkstatt vorzubereiten.«

Der Text läßt nicht nur erkennen, daß Szymanowski also wieder für BMW tätig sein soll, sondern daß man ihn auch sogleich mit verantwortungsvollen Aufgaben betrauen möchte. Zugleich wird deutlich, daß Szymanowskis Ambitionen nicht in Richtung eines modernen Wagens gehen, denn hier wird nach guter alter Vorkriegssitte von einem Rahmen gesprochen -- niemand scheint an selbsttragende Karosserien zu denken, von Opel in Deutschland bereits Mitte der dreißiger Jahre eingeführt und beim 1,3 l Hanomag von 1939 perfektioniert.

Maßgebende Männer blicken Dich an: V.l.Kurt Deby, Hans Glas (!), Alfred Böning, Kurt Bredschneider, r. Herr Zuchs vom Einkauf. Aufnahme von 1955.

Karl Rech, der langjährige Motoren-Mann, hier auf einer späteren Aufnahme von 1963.

Fritz Fiedler und Dr. Suppe, Foto wohl von 1952 oder früher.

Kurt Donath. Wohl 1952 oder früher.

Die Ein-Mann-Entwicklungsabteilung

Szymanowski wird zum 1. Oktober 1948 bei BMW eingestellt, sozusagen als Ein-Mann-Entwicklungsabteilung, denn zu seinen Zuständigkeiten gehört sowohl die Entwicklung und die Formgestaltung als auch später die Fertigung. Ebenso obliegt ihm die Einstellung von weiterem Fachpersonal, das früher in Eisenach tätig war. Denn in München müssen sämtliche Bereiche aus dem Nichts geschaffen werden. Das bedeutet, daß Peter Szymanowski erst einmal überhaupt Arbeitsbedingungen für Personal schaffen muß, das noch gar nicht vorhanden ist. Er nimmt Kontakte zu einer Gruppe von Facharbeitern aus dem Versuch in Eisenach auf (es sind die berühmten »vier Spengler« Hossfeld, Gorf, Schwanz und Beck) und schafft es mit seiner Energie, sie wie auch seinen früheren Assistenten Wilhelm Hofmeister in die amerikanisch besetzte Zone zu bekommen.

Szymanowski, der eigentlich kein Designer ist, akzeptiert dankbar die Mitarbeit von Karl Schmuck, der seit 1938 als Formgestalter für Wilhelm Meyerhuber gearbeitet hat. Dieser verläßt München 1953 jedoch mit Verbitterung, um nach einem kurzen Zwischenspiel in Regensburg seinen Lebensabend in Karlsruhe zu verbringen. Szymanowski möchte keine Zeit verlieren, arbeitet Tag und Nacht -- vielleicht ahnt er, daß ihm nicht mehr viel Zeit in seinem Leben verbleibt. Schließlich ist er ein kranker Mann, dem man das vermeintliche Magenleiden ansieht. Viel zu spät wird man ihm, dessen Sohn Hans wie sein Enkel Hans-Peter selber Ärzte sind, eine andere schwere Krankheit attestieren, die sich trotz mehrerer Kuraufenthalte in Bad Kissingen als nicht heilbar erweist und von der erst viel später bekannt wird, daß es sich um eine seltene Stoffwechselerkrankung handelt.

Reutter

Ein Schreiben von der Stuttgarter Karosseriefirma Reutter und Co., unter dem Datum vom 12. Oktober 1948 abgesandt, beeinflußt den Fortgang der Dinge bei BMW. Dipl.-Ing. Walter Beierbach, Technischer Leiter und Prokurist bei Reutter, schreibt:

»Wie wir von befreundeter Seite erfahren haben, wollen Sie in München die Herstellung Ihrer bekannten Personenwagen wieder aufnehmen und suchen z. Zt. noch nach einer für Sie günstigen Karosserie-Werkstätte... daß wir bereits vor dem Kriege mit Ihnen verschiedentlich zusammengearbeitet haben... Wir haben uns in der Serien-Fabrikation noch nicht endgültig festgelegt, Entscheidungen über den künftigen Einsatz unseres Betriebes zu treffen... wir verfügen über langjährige und gründliche Erfahrung.«

Der Einkauf in München schreibt zurück, daß »...wir wohl technische Vorbereitungsarbeiten zur Aufnahme des Automobilbaues treffen, jedoch steht die Fertigung aufgrund der herrschenden Verhältnisse für die allernächste Zeit noch nicht in Ausssicht... voraussichtlich kann die Lieferfrage für Aufbauten günstigenfalls erst für das Jahr 1950 in Erwägung gezogen werden.«

Mit Szymanowski als treibende Kraft gehen die Dinge dann aber doch sehr viel schneller voran, und schon im September 1949 einigen sich Reutter und BMW auf die Herstellung von drei Musterkarosserien. Der Vorstand hat hierzu grünes Licht gegeben: Bereits zur Automobilausstellung 1951 soll BMW mit neuen Wagen präsent sein.

Nach Entwürfen von Szymanowski sind eine Limousine mit keilförmiger und eine weitere mit gerundeter Frontscheibe sowie ein Cabriolet geplant. Sein Vorschlag lehnt sich an die Vorkriegslinie nach Art des 326 an, nur mit einer weiter nach vorn gezogenen Kühlerpartie und integrierten Scheinwerfern wie beim 335. Die Kotflügelkontur ist nur noch angedeutet, doch die Dimensionen des Wagens haben gewaltig zugenommen.

Die Technik - das Kobü

Der Konstrukteur Alfred Böning, Vater der gesamten Nachkriegsentwicklung bei BMW, hat inzwischen eine Synthese aus dem typischen Vorkriegsrahmen nach Art des Hauses und aus Ansätzen des Prototyps 332 geschaffen. Er übernimmt die Lenkradschaltung, mit welcher 1940 der progressive 332 erscheinen sollte, verlegt aber das von ZF eingekaufte Getriebe unter die Vordersitzbank, um mehr Fußraum zu schaffen und wohl auch zur Minimierung von Schwingungen. Auch eine hydraulische Kupplung gehört dazu. Ebenso entwickelt Böning eine ingeniöse Heiz- und Belüftungsanlage, die nach seinen Zeichnungen bei der Firma Eberspächer angefertigt wird. Ein Auto serienmäßig mit einer Heizung auszurüsten, ist ungewöhnlich; im allgemeinen wird eine Wagenheizung nur als Zubehör gegen Aufpreis geliefert. Bönings Heizung erhält im übrigen einen Frischluftfilter, der noch vierzig Jahre später längst nicht Standard im Automobilbau ist. Zur optimalen (und schnellen) Temperierung von Kühlwasser und Motoröl ist ein Wärmetauscher eingeplant.

Eine aufwendige Lenkanlage soll unangenehme Rückmeldungen vom Straßenzustand auf ein notwendiges Minimum beschränken. Statt der früheren, wenngleich fortschrittlichen Zahnradlenkung ist eine Kegelradlenkung vorgesehen. Der Tank findet seine Position oberhalb der Hinterachse, ein progressiver Sicherheitsfaktor bei Unfällen. Die neuentwickelte Federung basiert auf BMW-typischen Drehstäben für alle vier Räder; vorne gibt es mit Querlenkern einzeln abgefederte Räder, hinten eine Starrachse mit aufwendiger Führung. Fritz Fiedler hatte schon 1934 beim Entwurf des 326 an eine vordere Drehstabfederung gedacht, sie aber aus technischen Gründen (und offenbar auch wegen der Patentlage) aufgeben müssen. Erprobt wurde sie damals in einem BMW vom Typ 315.

Im Konstruktionsbüro »stehen also 20 Herren am Brett 11 Personen für organisatorische Fragen und Stückliste gegenüber,« wie Alfred Böning es 1948 in einer Stellungnahme zu einer ersten Sparwelle in der Firma formulierte.

Weitere ehemalige, erfahrene BMW-Mitarbeiter sind inzwischen zu Böning zurückgekehrt, und es kommen sowohl ältere als auch frischabsolvierte Konstrukteure dazu. Unter den ersten Gruppenleitern stößt man auf die Namen Rümler (ex- BMW-Flugmotorenwerk Bramo, ab 1951 wieder dabei)

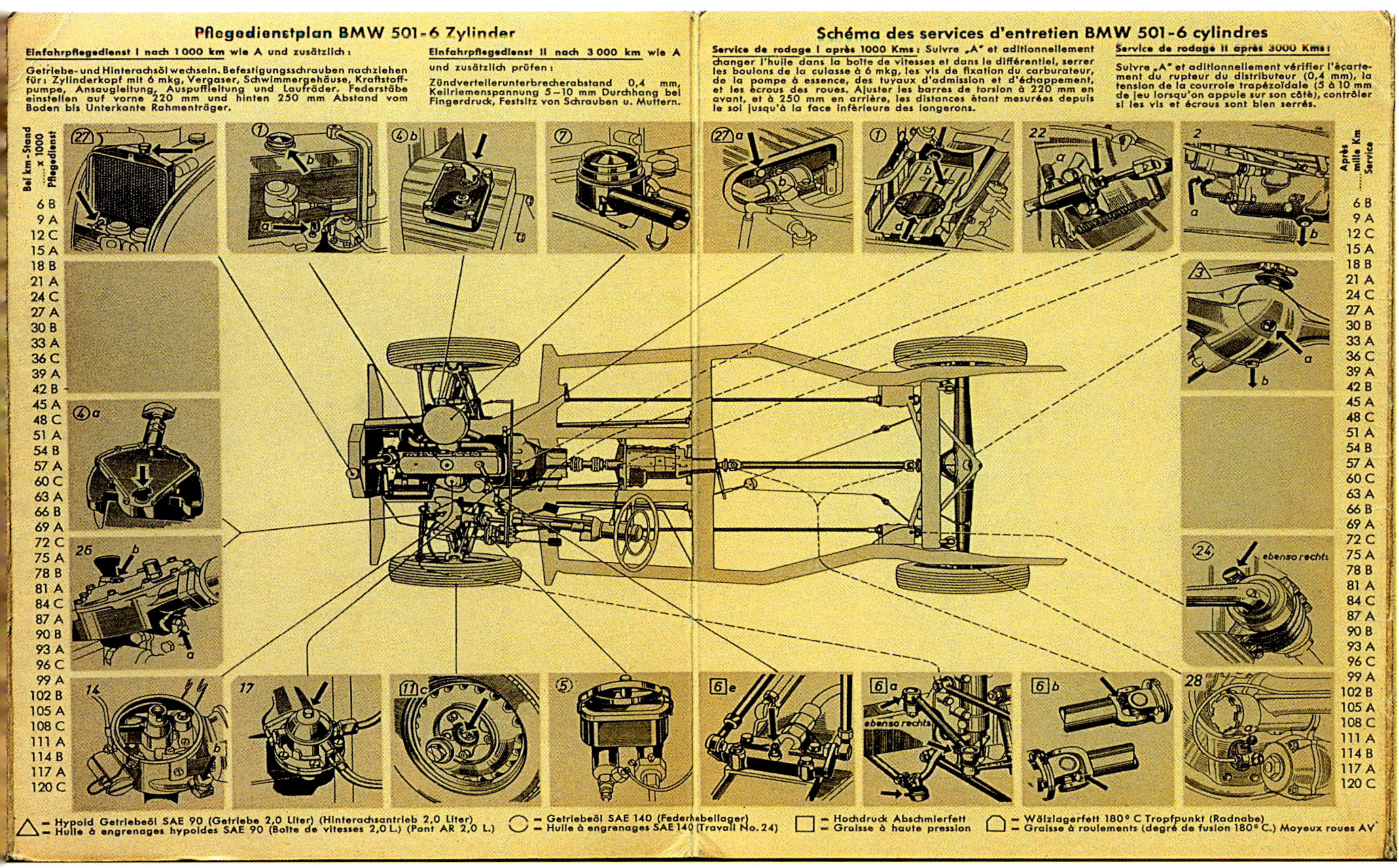

Und so stellt sich das 501-Chassis von oben dar.

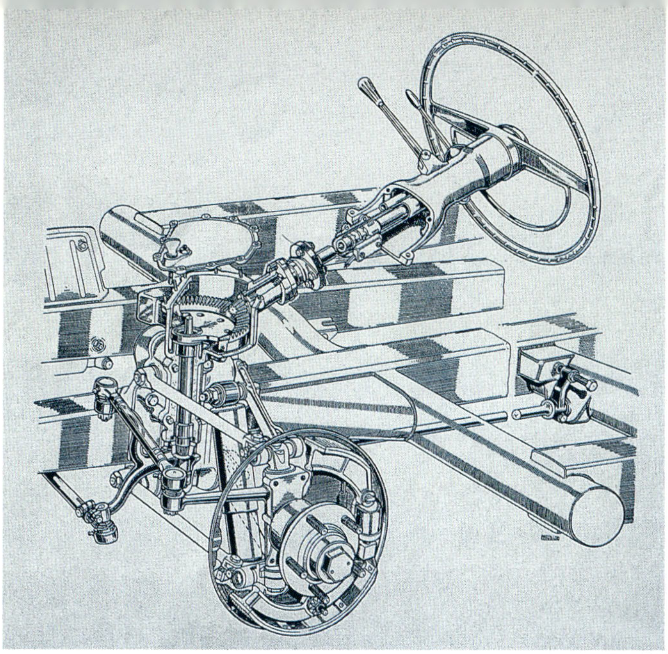

Die überaus präzise Kegelradlenkung mit ihrer günstigen Kinematik, hier zusammen mit der Vorderradfederung zu sehen. In guter alter BMW-Tradition sind hier erstmals in der Serie auch vorne Federstäbe angewandt.

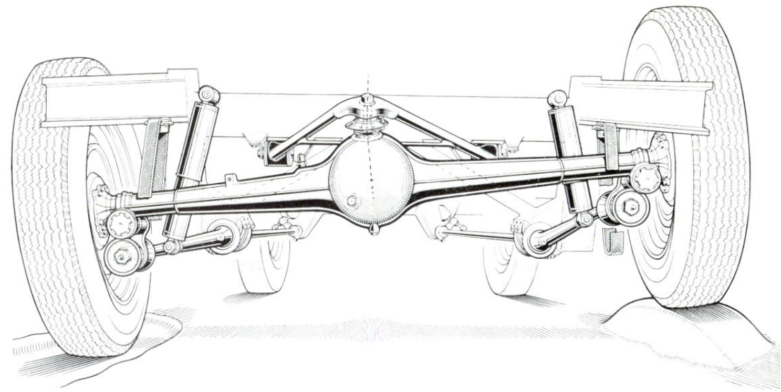

Die aufwendige Konstruktion der starren Hinterachse mit ihrer sorgfältigen Führung. Torsionsstäbe auch hier.

und Behringer. Andreas Haller, der zusammen mit Alfred Böning und später Fritz Fiedler Patente anmelden wird, ist 1948 noch nicht beim »Kobü«, wie das Konstruktionsbüro kurz bezeichnet wird. Später erklärt Böning in einem Interview dem Schriftsteller Horst Mönnich, Autor der BMW-Geschichte, daß er an dem Wagen »eigentlich alles« gemacht habe außer der Karosserie, die viel zu schwer und zu wuchtig geworden sei und seinem konstruktiven Verständnis überhaupt nicht entspreche, wie man Bönings Skizzen von 1945 durchaus entnehmen kann.

Für die Entwicklung der elektrischen Anlage sowie für erste Meß- und Versuchsaufgaben ist Dr. Franz Suppe zuständig, der wie so viele BMW-Leute aus dem Flugmotorenbau kommt. Ihm assistieren später Manfred Huber (der an den Belüftungsschächten für den 501 mitarbeitet) sowie Kurt Peter Grohmann, während Anton Oberschmid als alter Praktiker für die »Elektro-Tüftelei« zuständig ist.

Gegenüber der Rahmenbodenanlage des Vorkriegsprototyps 332 stellt das von der Werbeagentur des Hauses später »Vollschutzrahmen« getaufte Chassis eigentlich einen Rückschritt dar. Allerdings bietet ein solcher Rahmen den Vorteil, Karosserievarianten aufnehmen können, und Szymanowski hat ja von vornherein ein Cabriolet geplant. Später wird man den Bericht des Werksarztes von BMW zur Kenntnis nehmen, der darauf schwört, daß der Vollschutzrahmen seines 502 ihm bei einem schweren Unfall das Leben gerettet habe. Die Längsträger dieses Rahmens schließen bündig mit der Außenlinie der Karosserie ab und wirken somit wie die späteren Seitenaufprallschutz-Systeme. Allerdings wird dieser von Böning entwickelte Rahmen, auf den BMW ein Patent hält, in der 501/502-Fertigung im Gegensatz zu der in der Vorkriegszeit geübten Praxis mit dem Aufbau verschweißt.

Der Motor des neuen BMW kann nur auf dem alten 2-Liter-Block basieren, denn ausschließlich für diesen sind in München Produktionsmöglichkeiten gegeben. Dieser Sechszylinder aus dem alten Typ 326 gilt jedoch als kultiviert und ausgereift. Dank seiner niedrigen Verdichtung und der relativ geringen Leistung von 50 PS ist er als langlebig bekannt, wenngleich beim Typ 327 auch 55 PS, beim 328 sogar 80 und mehr PS erreicht wurden.

Nun ist trotz der geplanten Verwendung von Aluminium (»Anti-Corrodal« von Alu-Suisse, ein Szymanowski schon aus seiner Karosseriebauerzeit bei der Auto Union bekanntes Material) beim Aufbau bald abzusehen, daß der neue BMW bei seinen üppigen Ausmaßen mehr wiegen wird als die Limousine 326. Mehr Leistung ist also erforderlich, um eine gute Spitzengeschwindigkeit zu erzielen. Feinarbeit am Motor erbringt dann auch im ersten Anlauf 60 (laut Prospekt von 1951), später für die Serie 65 PS, macht den soliden 2-Liter-Block bei höheren Dauerdrehzahlen allerdings auch anfälliger, wie sich herausstellt.

Auf Basis der seinerzeitigen Weiterentwicklung zum 326-4 (die laut Diagramm etwa 56 statt 50 PS brachte) wenden sich die Motorenfachleute deshalb dem neuen Typ 337 zu, wie der 501-Motor intern codiert wird. Altgediente Experten wie der Eisenacher Konstrukteur Karl Schäfer und sein enger Mitarbeiter und Büroleiter Karl Rech, der seine Karriere bei Steiger in Burgrieden begonnen hat, stehen nach dem Kriege noch nicht wieder zur Verfügung; sie betreiben im Tessin gemeinsam mit dem ex-BMW-Direktor Ernst Zipprich ein kleines Entwicklungsbüro und arbeiten dort, wie es heißt, außer an der Veritas-Serienvorbereitung an einer Triebwerksentwicklung für ägyptische Auftraggeber. Deshalb wird das Entwicklungsinstitut für Motorenbau (EFMO), bei BMW in München gleich um die Ecke in der Dostlerstraße 1 angesiedelt, zur Feinarbeit mit herangezogen.

Das EFMO wurde 1948 von Professor Dr. H. List für angewandte Forschung

Da hilft nur noch ein Eis: Kurt P.Grohmann und Manfred Huber nach heißen Testfahrten.

und Vorentwicklung im Motorenbau gegründet. Leiter dieses unabhängigen und privaten Instituts ist der Regierungsbaurat Dr.-Ing. Eugen W. Huber von der Technischen Hochschule München.
Auch der bekannte ehemalige Auto Union-Konstrukteur Professor Robert Eberan von Eberhorst, der sich in den Allgäu zurückgezogen hat, war von Donath bereits 1946 kontaktiert worden. Direktor Donath wollte ihm sogar einen Beratungsvertrag anbieten. Eberan sollte Nockenberechnungen für die Weiterentwicklung des Sportwagenmotors 328, für eine Rennsportversion (»max. Drehzahlen 7000-7500«) sowie für Rennmotorräder erstellen. Eberan von Eberhorst geht dann jedoch zu E.R.A. nach England, also muß Donath nach anderen Spezialisten Ausschau halten.
Zu ihnen zählt der bereits erwähnte Karl Schäfer, der sich 1946 sowohl mit dem 328-Motor als auch dem Zwischentyp-Motor 336 beschäftigt. 1952, nach seiner Rückkehr aus dem Tessin, wird Schäfer zunächst freiberuflich von BMW für die komplizierten Nockenberechnungen des Motors 337/1 engagiert: »...erteilen wir Ihnen hiermit den Auftrag, eine Neuauslegung der Ventilsteuerung bei unserem Motor 337/1 nach folgenden Gesichtspunkten vorzunehmen.
Die Steuerung ist in der Weise zu verbessern, daß das maximale Drehmoment des Motors schon bei n = 1000-1500 U/min beginnt, auch wenn dadurch die Höchstleistung bei einem Zylinderinhalt von 1971 ccm um einige Prozente, jedoch höchstens bis auf 65 PS red. sinkt... Die Ventilsteuerung soll... möglichst geräuschlos arbeiten... Der Wunsch dabei ist, das Fahrzeug unter günstigen Umständen aus geringer Geschwindigkeit heraus (ca 15 km/h) noch

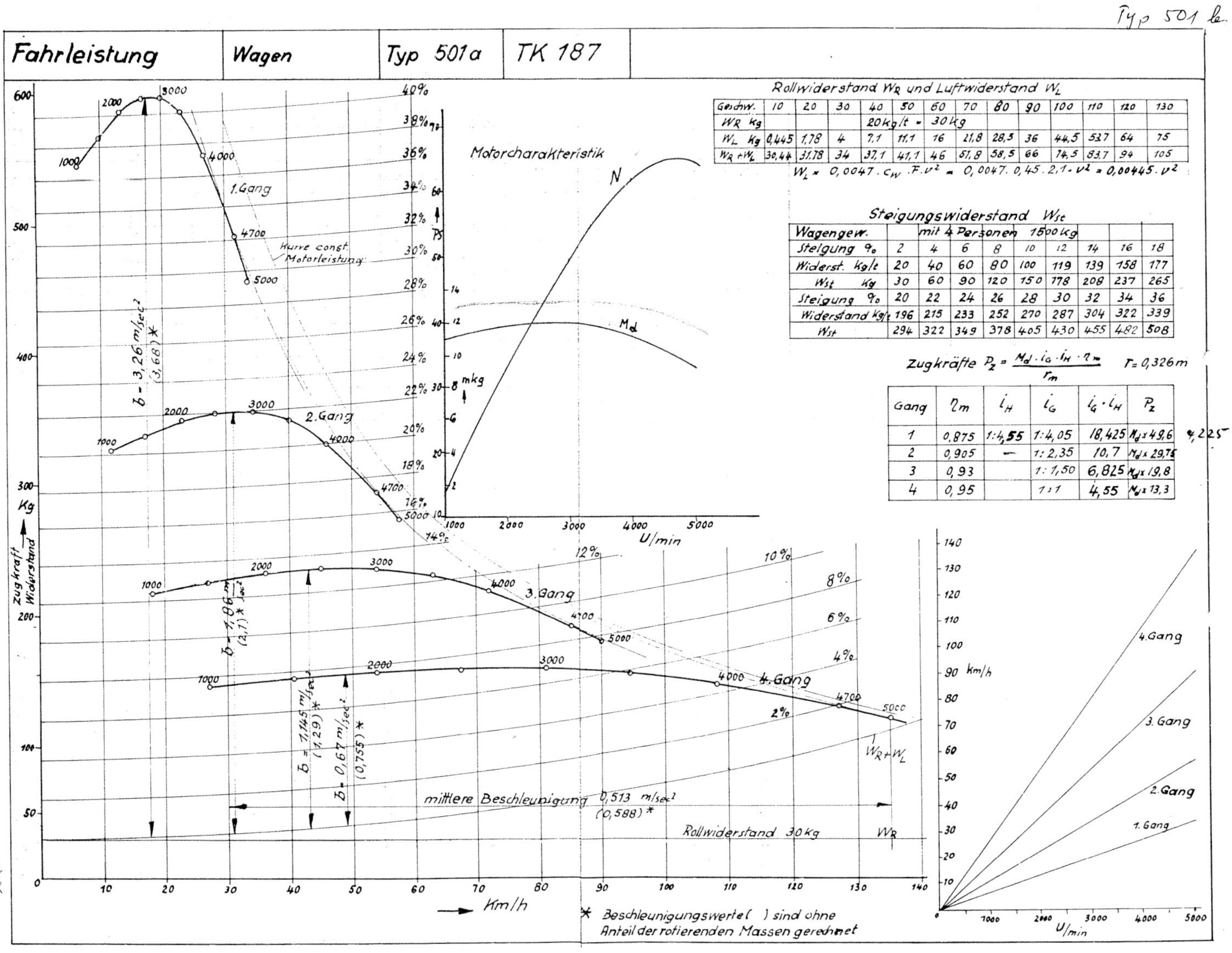

Rudolf Flemming testet den ersten 501-Prototypen (1952?). Gut zu erkennen die Blinker in Pfeilform und die Ur-Rückleuchten, beides Szymanowski-Entwürfe.

im direkten Gang zu beschleunigen.« Die Aufgabe lautet also, ein leistungsstarkes, gleichzeitig laufruhiges und möglichst schaltfrei zu fahrendes Aggregat für ein Repräsentationsauto nach höchsten Vorkriegsmaßstäben zu entwickeln.
Karl Schäfer akzeptiert den Auftrag vom 21. November 1952, wobei ihn Fritz Fiedler durch einen nicht abgesprochenen Nachtrag schockt. »Zu unserem Auftrag möchten wir noch bemerken, daß der Motor 5000 Umdrehungen pro Minute macht, der Ventiltrieb also für eine Drehzahl von n = 5500 U/min betriebssicher auszulegen ist.«
Schäfer antwortet, daß »Ihre jetzige Steuerung bei 5000 Umdr. hart an der Grenze ist, wahrscheinlich sogar unter ungünstigen Umständen am Wendepunkt kurz abhebt.«
Wie aus den Diagrammblättern im Entwicklungsordner hervorgeht, war 1949 bei der alten Hinterachsuntersetzung von 1:4,55 bei 5000 Touren eine Geschwindigkeit von 135 km/h zu erwarten. Hohe Drehzahlen waren indes nicht gerade die Stärke des 326-Motors, weshalb man für das Serienfahrzeug die für diesen Langhuber geradezu üppigen Drehzahlen wieder reduzieren muß. Das ermöglicht man durch eine andere Hinterachsuntersetzung. So setzt man 1951 bei dem Versuchswagen 501/3 eine Hinterachsuntersetzung von 1:4,1 ein, die laut Diagramm zwar eine Spitzengeschwindigkeit von 140 km/h bei etwas weniger als 65 PS ergibt, aber eine schwächere Beschleunigung als beim 326 mit seiner Achsuntersetzung von 1:4,55. Als Kompromiß findet man in der Pressemitteilung zur Vorstellung des BMW 501 -- die Sperrfrist galt bis zum 17. April 1951 -- für den nunmehr 60 PS bei 4000 U/min leistenden Motor eine Untersetzungsangabe von 4,11, gut für 135 km/h. In der Serie werden dann 1953 65 PS bei 4400 U/min genannt, die bei einer Achsuntersetzung von 1: 4,225 für 138 km/h reichen.
De facto müssen also, als der Wunsch nach mehr Leistung vorgetragen wird, die Drehzahlen doch wieder angehoben werden, was dann andere Probleme nach sich zieht.
Schäfer liefert die gewünschten Berechnungen innerhalb von nur vier Wochen. In gemeinsamer Arbeit wird der Motor 337/1 auf das gewünschte Entwicklungsziel, eben den BMW-typischen Motorlauf bei höchster Qualität, hin optimiert.
Schäfers Kostenvoranschlag für diesen Auftrag beläuft sich auf 794 Mark und enthält verschiedene Stundensätze von DM 12 bis DM 4,50, je nach Tätigkeit. Mit seiner Faktura vom 3. Januar 1953 rechnet er dann die kalkulierten DM 794 für den Arbeitsaufwand plus DM 32,10 Umsatzsteuer und DM 4,75 für Material ab.
Als weitere Konstrukteure finden sich neben dem schon erwähnten Erich Rümler die altgedienten BMW-Mitarbeiter Jardin und Maurer ein; sie kommen wie fast alle BMW-Motorenleute von der Flugmotorenentwicklung. Maurer, seit 1936 dabei, stößt 1952 wieder dazu. Er ist Spezialist für Kurbeltriebe. Der Konstrukteur Leonhard Ischinger, der beim V8 eine Rolle spielen wird, ist allerdings 1948 noch nicht im Hause. Später wird die Mannschaft durch die Herren Stab und ab 1957 Eppelein ergänzt. Im gleichen Jahr kommt auch Paul Rosche hinzu, der später beim Bau von Rennfahrzeugen eine große Rolle spielen wird. Ferdinand Jardin und Heinz Eppelein werden hauptsächlich für luftgekühlte Kleinmotoren tätig, so daß die wesentliche Arbeit für den 501-Motor mangels anderer Motorenfachleute eindeutig bei Schäfer und seinem Adlatus Rech (der 1931 übrigens Alfred Böning eingestellt hat -- so schließt sich der Kreis!) liegt. Rech sollte später Schäfers Position einnehmen.

Frontpartie des Prototypen Kommission 2233, mit seinen Belüftungslöchern an der Seite. An der A-Säule die Blinker nach einem Szymanowski-Patent.

Ansicht des 501-Hecks mit Rückleuchten und Blinkerpfeilen, die nicht in die Serie übernommen wurden.

Vorschlag von Klotz & Kühnast in München für eine neue Karosserie, wohl um 1939. Hier taucht zum erstenmal die Idee der quergelegten BMW-Niere auf

Die Aerodynamik

Auf Fragen der Aerodynamik des Wagens geht Szymanowski bei der Entwicklung überhaupt nicht ein, obwohl BMW vor dem Kriege intensiv mit dem Stuttgarter Forschungsinstitut (FKFS) des Aerodynamikers Wunibald Kamm zusammengearbeitet hat. Kamm kann BMW jetzt allerdings nicht beraten; er hat beruflich in den USA zu tun. Auch der vor dem Kriege von Dr. Hermann Beissbarth geleitete BMW-eigene Modellwindkanal auf dem Werksgelände existiert nicht mehr. Szymanowski gehört auch nicht zu jener kleinen Gruppe, die vor dem Kriege schon mit Kamm und dessen Versuchswagen zu tun hatte. Er nimmt seine Formgestaltung sowieso eher intuitiv vor, wobei frühe Planungsunterlagen von 1949 von einem realistischen Luftwiderstandsbeiwert von c_W 0,45 ausgehen, der eher dezent in einer Unterzeile versteckt ist. Ein später angefertigtes Diagrammblatt von 1951 verzeichnet den nunmehr schon wohlmeinender angesetzten c_W-Wert mit 0,40. Dieser wird bei einer späteren Untersuchung, als Szymanowski schon nicht mehr bei BMW ist, aber nicht bestätigt.

Das Institut für Strömungsmechanik der Technischen Hochschule München veröffentlicht am 11. Juni 1956 einen Bericht über Windkanalversuche an BMW-Personenkraftwagen. Bearbeiter sind die Herren Frimberger und Rohne. Anhand von 1:5-Modellen wird unter anderem der BMW 501 vermessen. Dabei wird ihm ein Luftwiderstandsbeiwert von c_W 0,51 attestiert, hochgerechnet vom Modell auf die Großausführung. Dieser Wert ergibt sich allerdings nur ohne Kühlluftdurchfluß, bei Kühlluftdurchfluß verschlechtert er sich auf 0,598. Die gemessenen Abtriebswerte ergeben einen recht hohen Gesamtauftrieb, der an der Hinterachse erheblich höher liegt als vorne. Auch das Giermoment wird gemessen, es deutet auf einen instabilen Wagenkörper hin.

Das Werk begegnet diesem Problem später durch einen dezenten Hinweis in der Betriebsanleitung der V8-Typen: »Achtung! Bei schneller Autobahnfahrt und böigem Seitenwind ist durch gleichmäßig geöffnete hintere Ausstellfenster eine weitere Verbesserung der Stabilisierung des Wagens zu erzielen.«

Da Modellwerte bekanntlich nicht unbedingt für die 1:1-Ausführung gültig sind, hat man bei dieser Untersuchung die Zahlen rechnerisch auf die 1:1-Ausführung umgelegt.

Daraus könnten Ungenauigkeiten resultieren, ebenso wie die Messungen von Windkanal zu Windkanal differieren können. Überraschenderweise bestätigen die Modellmessungen die allgemein angenommene Ansicht über die luftwiderstandsparende Formqualität des Wagens nicht, man kann die Aerodynamik des Wagens diesen Zahlen nach eher als ungünstig beurteilen. Dennoch wirbt noch der Prospekt von 1957 mit der fiktiven Zahl von 0,38.

Zum Vergleich: Der als Vorbild dienende BMW Typ 326 ergab bei Auslaufversuchen des FKFS einen c_W von 0,52, den man nach heutigen Erkenntnissen etwas nach oben korrigieren müßte. Das 1:10-Modell (allerdings ohne Kühlluftdurchfluß) ergab 0,458, verglichen mit 0,47 des Originalwagens ebenfalls ohne Kühlluftdurchfluß (für die Spezialisten: Frühere Messungen durch das FKFS ergaben etwas abweichende Werte).

Szymanowskis intuitive Gestaltungsarbeit hat sich auf jeden Fall gelohnt, wie die Geschwindigkeitsvergleiche zeigen. Der große 3,5-Liter-Wagen der Vorkriegszeit vom Typ 335 mit seiner 90-PS-Maschine erreichte eine

Bleistift-Rendering von Peter Szymanowski für sein neues Kind. Einerseits traditionell mit der klassischen BMW-Niere, andererseits im modischen Look der 50er durch den querliegenden Lufteinlass. Bemerkenswert auch die Belüftungs-Pfeifen an der Haubenseite, gedacht für die Heizungsanlage.

Zulassungen fabrikneuer Pkw 1952
nach Größenklassen und Ländern

	insges. Stück	bis 999 ccm Stück	%	1000–1499 ccm Stück	%	1500–1999 ccm Stück	%	2000–2499 ccm Stück	%	2500 u. mehr ccm Stück	%
Schleswig-Holstein	6965	1866	26,6	4156	59.9	556	8	357	5,1	30	0,4
Hamburg	9128	1218	13,3	6096	66,9	727	7,9	906	9,9	181	2
Niedersachsen	23 276	5911	25,4	14 058	60,4	1787	7,7	1374	5,9	146	0,6
Nordrhein-Westf.	57 726	13 433	23,3	32 514	56,3	6015	10.4	4912	8,5	852	1.5
Bremen	3009	800	36,6	1486	49,4	432	14,4	254	8,4	37	1,2
Hessen	19 070	4285	22,4	11 609	61	1559	8,2	1428	7,4	189	1
Rheinland-Pfalz	11 321	2341	20,7	7105	62,9	978	8,5	810	7,1	87	0,8
Bayern	34 808	7844	22,6	21 624	61,9	2844	6,4	301	8.2	2195	0,9
Wttbg.-Bad. einschl. Wttbg.-Hohenzollern	24 026	4507	18,8	14 348	59,7	3073	12,8	1831	7,6	267	1,1
Südbaden	6163	1169	19	3967	64,1	566	9,3	414	6,8	47	0,8
	195 492	43 374	22,2	116 963	59,5	18 537	9,4	14 481	7,4	2137	1,1

Spitzengeschwindigkeit von 148 km/h bei Testfahrten, die Ernst Loof durchführte, während der 501 bei vergleichbarem Gewicht und nur 65 PS auf 142 km/h zu bringen ist. Der 326 schafft mit seinen 50 PS sogar nur etwa 115 km/h Spitze.

Reutter und Baur

Mittlerweile arbeitet man bei der Karosseriefirma Reutter am ersten Prototyp, zu dem laut Auftrag Teile von der Stuttgarter Konkurrenz Karl Baur bezogen werden. Baur wird von BMW mit dem Hinweis geködert, später Sonderaufbauten in Serie fertigen zu dürfen, eine Aussicht, die auch Reutters Geschäftsführer Ernst Körner erfreut und ihn so manchen Temperamentsausbruch Szymanowskis ertragen läßt. Immer wieder übt München bei der mühseligen Handfertigung der Prototypen massiven Termindruck aus; die Zusammenarbeit mit dem doch eigentlich dringend benötigten Aufbaulieferanten leidet sehr unter dem Mangel an Verständnis seitens einiger Münchner Geschäftspartner. Die Kommissionsunterlagen Reutters (»Komm. 2232- 4-sitzige Limusine-Karosserie mit runder Führerscheibe, Komm. 2233 4-sitzige Limusine Karosserie mit keilförmiger Führerscheibe, Komm. 2234 Type Rheinland 4türige, 4sitzige Cabriolet-Karosserie«) enthalten dann auch deutliche Hinweise auf fehlende Zeichnungen oder Pläne. Ständig werden Detailzeichnungen nachgereicht, und oft stockt die Arbeit wegen mangelnder Kommunikation.

Peter Szymanowski und sein Assistent Wilhelm (»Willi«) Hofmeister, der an der Hamburger Wagenbauschule als Karosseriekonstrukteur ausgebildet ist und seit 1939 bei BMW Eisenach arbeitete, tun dennoch ihr bestes, um den Prototypenbau voranzutreiben, und die Stellmacher, Spengler, Schlosser und Sattler unter Leitung ihres Meisters Sturm sind bei Reutter Tag und Nacht am Werk. »Die Arbeiten... werden von uns mit allen Kräften weitergeführt, obwohl es für unsere Mitarbeiter eine große Belastung ist, nun schon wochenlang rund 70 Stunden zu arbeiten... Ihr Herr Hofmeister hat uns nahegelegt, auch sonntags unsere Leute an dem Wagen arbeiten zu lassen.« Und das bei einem Stundenlohn von durchschnittlich DM 1,51!

Probleme gibt es auch durch die strikte Materialvorgabe von seiten Szymanowskis. »Die Verwendung von Leichtmetall für die Außenhaut war ein Wagnis und hat zu erheblichen zusätzlichen Kosten Anlaß gegeben. Ganz entscheidend wurde der Kostenaufwand dadurch beeinflußt, daß das verwendete Anti-Corodal sich an verschiedenen Stellen nicht bewährt hat, weshalb der Wagen nach seiner ersten Fertigstellung Einrisse und Deformationen aufgewiesen hat, die eine fast vollständige Überarbeitung und Neulackierung notwendig machten.«

Bei Reutter wird man nervös; der neue BMW soll immerhin auf der kommenden Automobilausstellung in Frankfurt zu sehen sein. Viel Zeit bleibt bis dahin nicht mehr.

Typ Rheinland

Intern bezeichnet man den neuen Karosserie-Typ mit der Arbeitschiffre 541, während der Wagen im Verkauf als BMW 501 angeboten werden soll. Damit die wachsame Konkurrenz nichts vorzeitig erfährt, erhält der neue BMW

Kraftfahrzeugbestand verschiedener Produktionsländer
(in 1000 Stück)

Länder	Kraftwagen 1951	1952	Davon 1952 Pkw	Lkw u. Omnibusse
USA	48 283	31 426	45 571	8855
Großbritannien	3 307	3 398	2 394	1 004
Kanada	2 528	2 809	2 100	709
Frankreich	2 422	2 626	1 671	965
Australien	1 353	1 523	994	529
Westdeutschland	999	1 216	748	468
Italien	581	676	427	249
Südafrikanische Union	597	637	496	141
Brasilien	413	530	277	252
Belgien	419	475	324	151
Schweden	345	409	310	99
Argentinien	351	361	221	140
Neuseeland	324	359	254	105
Mexiko	297	339	193	146
Indien	275	274	163	112
Holland	235	246	157	89
Schweiz	189	212	168	44

Kraftfahrzeugbestand im Bundesgebiet

Fahrzeugart	Bundesgebiet Januar 1953	Januar 1952	West-Berlin Januar 1953
Krafträder	1 743 114	1 382 190	18 276
Personenkraftwagen (einschließlich Krankenkraftwagen)	1 009 790	798 815	33 786
Kraftomnibusse	20 624	18 104	562
Lastkraftwagen	525 951	465 473	24 826
davon mit einerNutzlast bis 999 kg	242 887	212 667	15 057
von 1000 bis 1999 kg	85 966	75 227	3 586
von 2000 bis 3999 kg	137 612	125 784	4 452
von 4000 bis 4999 kg	27 077	24 347	886
von 5000 und mehr kg	32 409	27 448	845
Zugmaschinen	282 563	229 354	1 724
davon in der Landwirtschaft	244 964	184 548	
Sonderfahrzeuge	22 464	18 836	1 028
Kraftfahrzeuge insgesamt:	3 604 506	2 903 772	80 202
Kraftfahrzeug-Anhänger	285 604	259 214	13 047

Alfred Böning in konstruktive Gedanken versunken an Bord des Atlantik-Dampfers, der die BMW-Gruppe in die USA brachte. Herbst 1952

jedoch einen Decknamen: »Rheinland«. Ihn benutzt auch Reutter, und für die Anfertigung der nächsten Prototypen besteht BMW sogar auf einem abgeschlossenen Raum. Ihr Aufbau erfolgt deshalb im Reutter-Werk II in Stuttgart-Zuffenhausen, Schwieberdinger. Straße 130, wo später Porsche-Sportwagen gebaut werden. Zur Überwachung der Karosseriefertigung sowohl bei Reutter als auch bei Baur wird neben Wilhelm Hofmeister der Karosseriebauer Fritz Ullrich eingesetzt. Als Meister in der Münchner Versuchswerkstätte verbringt Ullrich fast ein ganzes Jahr in Stuttgart, teils bei Reutter in der Augustenstraße 80-82, teils bei Baur in der Poststraße 40. Dort entstehen zu jener Zeit neben den Teilen für den BMW-Prototyp Zirkuswagen aus ehemaligen Armeelastwagen und -anhängern, deren Fahrgestelle aus Baurs Kriegsproduktion stammen. Einer dieser Wagen dient als provisorisches Quartier der BMW-Leute, nachdem sich ein regelmäßiger Aufenthalt in Stuttgart als notwendig erweist und die nahegelegene Pension immerhin fünf Mark für eine Übernachtung berechnet. So beziehen Hofmeister und Ullrich des öfteren ihr Nachtquartier in einem der provisorisch eingerichteten Zirkuswagen, eine bizarre Facette aus jenen Tagen der Improvisation.
Auch Ingenieur Rudolf Flemming, dessen Chef der Versuchsleiter Eberhard Wolff ist, unternimmt häufig Dienstreisen nach Stuttgart. Flemming gehört ebenfalls zu den langgedienten BMW-Mitarbeitern; bereits auf Fotos von 1931 sieht man ihn neben seinem Reißbrett im Eisenacher BMW-Werk stehen.
Alle Mitarbeiter Szymanowskis fürchten dessen häufige Temperamentsausbrüche. Typisch ist folgende Szene: Er lehnt an einer Motorhaube, nimmt einen Bleistift, fertigt eine Skizze an unter den gebrüllten Worten »Herrgottnochmal, begreift mich denn keiner ?!« und drückt das Papier seinem Mitarbeiter Bräuning in die Hand. Einzig Fritz Ullrich wagt mitunter zu widersprechen; er besitzt ein gesundes Selbstvertrauen. Dennoch ist Szymanowski sehr um seine Mitarbeiter besorgt. Diesen in den Westen herübermotivierten Leuten will man in München, wo man sie dringend braucht, zunächst die Dienstzeiten im Eisenacher Werk nicht anrechnen. Gegen eine solche Ungerechtigkeit setzt Szymanowski sein ganzes Gewicht ein, und er kann die Dinge mit der Personalabteilung zugunsten seiner Mitarbeiter schließlich klären.

Kosten der Kraftfahrzeughaltung: Personenkraftwagen

	Mercedes						Opel Olympia			Porsche		Volkswagen	
	170 V	170 D	170 DS	170 S	220	300	Kapitän	Olympia	Record	1100	1500	Stand.	Export
Listenpreis (1. 4. 1953)	7900,-	8950,–	10800,–	9950,–	11750,–	19900,–	8990,–	5990,–	6250,-	11400,–	12700,–	4150,–	5150,–
+ Überführung- und Zulassungskosten	175,–	175,–	175,–	175,–	200,–	200,–	200,–	175,–	175,–	150,–	150,–	150,–	150,–
	8075 ,–	9125,–	10975,–	10125,–	11950,–	20100	9190,–	6165,–	6425,–	11550,–	12850,–	4300,–	5300,–
– Wert der fünffachen Bereifung	520,–	520,–	520,–	542,–	542,–	796,–	542,–	403,–	403,–	403,–	403,–	403,–	403,–
Buchwert ohne Bereifung	7555,–	8605,–	10455,–	9583,–	11408,–	19304,–	8648,–	5762,–	6022,–	11147,–	12447,–	3897,–	4897,–
A. Feststehende Auslagen pro Jahrfür 20 000 km:													
1. 15% Abschreibung	1133,25	1290,75	1568,25	1437,45	1711,20	2895,60	1297,20	864,30	903,30	1672,05	1867,05	584,55	734,55
2. 6% Verzinsung	453,30	516,30	627,30	574,98	648,48	1158,24	518,88	345,72	361,32	668,82	746,82	223,82	293,82
3. Kfz-Steuer	324,–	324,–	324,–	324,–	396,–	540,–	450,–	270,–	270,–	198,–	270,–	216,–	216,–
4. Haftpflicht-Versicherung +5% Vers.-Steuer	273,–	252,–	252,–	304,50	357,–	357,–	304,50	252,–	252,–	252,–	304,50	168,–	168,–
5. Garagenmiete	360,–	360,–	360,–	360,–	420,–	420,–	420,–	360,–	360,–	300,–	300,–	300,–	300,–
6. Waschen und Pflege	300,–	360,–	360,–	300,–	360,–	360,–	360,–	300,–	360,–	240,–	240,–	240,–	240,–
7. Sonstige Nebenausgaben	200,–	200,–	200,–	200,–	200,–	200,–	200,–	200,–	200,–	200,–	200,–	200,–	200,–
Summe der feststehenden Ausgaben pro Jahr:	3043,55	3303,05	3691,55	3500,93	4128,68	5930,84	3550,58	2590,02	2646,62	3530,87	3928,37	1932,37	2152,37
B: Reine Betriebskosten pro 100 km (Diesel)													
8. Kraftstoff (pro Liter -,68 DM)	7,28	3,01	3,01	7,28	8,16	10,34	8,64	6,12	6,12	5,44	6,12	5,10	5,10
9. Öl (pro Liter 2,40 DM)	–,72	–,72	–,72	–,72	–,72	–,72	–,72	–,72	–,72	–,72	–,72	–,48	–,48
10. Reparature, Ersatzteile, Zubehör	2,75	3,–	3,–	2,75	3,–	3,–	3,–	2,75	2,75	2,75	2,75	2,50	2,50
11. Wertminderung	1,89	2,15	2,61	2,40	2,28	3,86	1,72	1,44	1,50	3,72	3,72	1,29	1,63
12. Bereifung	1,57	1,57	1,57	1,63	1,63	2,42	1,63	1,28	1,28	1,22	1,22	1,22	1,22
Summe der reinen Betriebskosten pro 100 km:	14,21	10,45	10,91	14,78	15,79	20,34	15,71	12,31	12,37	13,85	14,53	10,59	10,93
Gesamtkosten pro km Pf.:													
bei einer Jahresleistung von													
5 000 km	71,6	73,0	81,2	81,3	94,1	135,7	82,4	60,6	61,8	81,2	89,6	45,9	50,7
10 000 km	43,4	42,7	46,6	48,5	55,5	78,0	49,6	37,.0	37,6	48,1	52,6	28,.8	31,.4
15 000 km	34,0	32,5	35.1	37,7	42,7	59,3	39,0	29,5	29,6	37,0	40,4	23,1	24,9
20 000 km	29,4	27,0	29,4	33,3	36,2	50l,0	33,5	25,3	25,7	31,5	34,2	20,3	21,7
30 000 km	24,8	21,8	23,2	26,9	30,3	40,6	28,0	21,4	21,6	26,0	28,0	17,4	18,5
40 000 km	22,4	19,3	20,8	24,1	26,8	35,9	25,4	19,4	29,6	23,2	25,0	16,0	16,9

Kosten der Kraftfahrzeughaltung: Personenkraftwagen

	BMW 501	Borgward Diesel 1800	Borgward 1800	Borgward 2400	Champion 400	DKW Meisterklasse	DKW Sonderklasse	Ford 12 M	Ford Taunus	Goliath GP 700	Gutbrod Superior St. 600	Gutbrod L. 700	Lloyd LP 400
Listenpreis (1. 4. 1953)	15150,-	8880,–	9950,–	12950,–	3995,–	5600,–	6950,–	6575,–	5875-	5985,–	4800,–	5275,–	3665,–
+ Überführung- und Zulassungskosten	175,–	175,–	175,–	200,–	150,–	150,–	150,–	150,–	150,–	150,–	150,–	150,–	150,–
	15325,–	9055,–	10125,–	13150,–	4145,–	5750	7100,–	6720,–	6025,–	6135,–	4950,–	5425,–	3815
– Wert der fünffachen Bereifung	520,–	542,–	542,–	542,–	320,–	403,–	403,–	374,50	374,50	403,–	320,–	320,–	320,–
Buchwert ohne Bereifung	14805,–	8513,–	9583,–	12608,–	3825,–	5347,–	6697,–	6354,50	5650,50	5732,–	4630,–	5105,–	3495,–
A. Feststehende Auslagen pro Jahr für 20 000 km:													
1. 15% Abschreibung	2220,75	1276,95	1437,45	1891,20	573,75	802,05	1004,55	915,83	847,58	859,80	694,50	765,75	524,25
2. 6% Verzinsung	788,30	510,78	574,98	756,48	229,50	320,82	401,82	380,70	339,03	343,92	277,80	306.30	209,70
3. Kfz-Steuer	3650–	324,–	324,–	432,–	72,–	126,–	162,–	216,–	216,–	126,–	108,–	126,–	72,–
4. Haftpflicht-Versicherung +5% Vers.-Steuer	357,–	304,50	273,–	357,–	94,50	168,–	210,–	252,–	252,–	168,–	126,–	168,–	94,50
5. Garagenmiete	360,–	360,–	360,–	420,–	300,–	300,–	300,–	300,–	300,–	300,–	300,–	300,–	300,–
6. Waschen und Pflege	300,–	390,–	360,–	360,–	240,–	240,–	240,–	240,–	240,–	240,–	240,–	240,–	240,–
. Sonstige Nebenausgaben	200,–	200,–	200,–	200,–	200,–	200,–	200,–	200,–	200,–	200,–	200,–	200,–	200,–
Summe der feststehenden Ausgaben pro Jahr:	4586,05	3276,23	3529,43	4416,68	1709,75	2156,87	2518,37	2504,53	2394,61	2237,72	1946,30	2106,05	1640,45
B: Reine Betriebskosten pro 100 km		**(Diesel)**											
8. Kraftstoff (pro Liter –,68 DM)	7,48	6,80	3,01	7,96	3,90	5,38	6,86	5,98	5,98	5,85	4,99	5,15	4,29
9. Öl (pro Liter 2,40 DM)	–,72	–,72	–,72	–,72				–,48	–,48				
10. Reparature, Ersatzteile, Zubehör	2,75	2,75	3,–	3,–	2–	2,50	2,50	2,50	2,50	2,50	2,50	2,50	2,–
11. Wertminderung	3,70	2,13	2,40	2,52	1,28	1,78	2,23	2,12	1,88	1,91	1,54	1,70	1,17
12. Bereifung	1,57	1,63	1,63	1,91	–,97	1,22	1,22	1,12	1,12	1,22	–,97	–,97	–,97
Summe der reinen Betriebskosten pro 100 km:	16,22	14,03	10,76	16,11	8,15	10,88	12,81	12,20	11,96	11,48	10,–	10,32	8,43
Gesamtkosten pro km Pf.:													
bei einer Jahresleistung von													
5 000 km	104,4	76,0	77,8	100,1	45,6	50,7	59,9	59,0	56,6	52,9	45,6	49,1	37,9
10 000 km	608	45,5	44,8	58,7	24,1	31,3	28,5	27,6	26,0	32,8	28,4	30,3	23,7
15 000 km	46,4	35,0	33,9	44,9	19,2	24,9	29,2	28,5	27,6	26,0	22,6	24,0	19,0
20 000 km	39,2	30,4	28,4	38,2	16,7	21,7	25,4	24,7	23,9	22,7	19,7	20,9	16,6
30 000 km	32,2	25,4	29,9	31,3	14,2	18,4	21,6	20,9	20,3	19,3	16,9	17,7	14,3
40 000 km	28,3	22,8	20,2	27,9	13,0	16,8	19,7	19,0	18,5	17,6	15,4	16,1	13,0

Reise in die USA

Während Peter Szymanowski sich intensiv mit der Karosserieentwicklung beschäftigt und dabei auch diverse Schutzrechte anmelden kann, informiert der Vorstand im Juli 1951 den Aufsichtsrat in einem Papier über die voraussichtlichen Kosten des geplanten Automobilbaus. Das Risiko im Falle der Nichtdurchführung errechnet sich dabei folgendermaßen: DM 1.600.000 für Werkzeuge und Vorrichtungen, DM 800.000 für Spezialmaschinen, DM 700.000 für Material.

Aus ERP-Mitteln können zwei Clearing-Pressen für je 1500 Tonnen bestellt werden. Mittels dieser Pressen wird später unter anderem das lange Dachteil des 501 in einem Stück hergestellt.

Zur Vorbereitung der Produktion soll ein Team von Mitarbeitern 1952 in die USA reisen, um amerikanische Fertigungsmethoden zu studieren. Teilnehmer sind Alfred Böning als leitender Konstrukteur, Kurt Deby als Betriebsleiter sowie die Herren Otto Poppitz für den Kundendienstbereich und Wilhelm Wille als Assistent des Vorstands. Peter Szymanowski, mit der Entwicklung des 501 und eines Kleinwagens unter der Chiffre 331/531 beschäftigt, gehört der Delegation nicht an; er ist in München offensichtlich unentbehrlich, obwohl seine Karosseriekonstruktion von den amerikanischen Herstellungsmethoden profitieren könnte.

Klaus von Rücker, schon in den dreißiger Jahren bei BMW und seit kurzem als Leiter des Fahrgestellversuchs bei Studebaker tätig, hat den Kontakt für die BMW-Repräsentanten geknüpft. Also werden die Studebaker-Anlagen in South Bend besichtigt, auch die Firma Hudson steht auf der Besuchsliste. Daß beide Firmen sicherlich nicht die wichtigsten ihrer Branche sind, ist ein Kuriosum der Reiseplanung. 2500 Meilen legen die Münchner im Oktober 1952 zurück, auf der sie die modernen und teils auch chaotischen amerikanischen Verkehrsverhältnisse in beeindruckender Art kennenlernen.

»Unsere Reisen machen wir mit einem geliehenen Auto (Lincoln 1947 mit 12 Zylindern, ein fürchterliches Fahrzeug!) Dazu haben wir einen Chauffeur gemietet.« Böning erkennt sehr bald den amerikanischen Autogeschmack: »Für kleinvolumige Motoren hat der Amerikaner kein Verständnis... Deswegen wird es auch besser sein, unseren neuen Wagen erst mit dem stärkeren Motor in Amerika einzuführen.«

Weiter schreibt er: »Ich zeigte ein Photo unseres Fahrgestelles dem leitenden Herrn von Hudson und befragte ihn über seine Ansicht. Er sagte: sehr schön und gut, aber für amerikanische Verhältnisse zu teuer. Dieser Wagen müßte billig sein, weil jeder damit fahren möchte.«

Auch die Zulieferfirmen Gleason und Timken werden besucht: »Unsere Achse war gerade auf dem Prüfstand und sie wurde uns im Lauf vorgeführt.« Man sondiert auf dieser Reise nicht nur amerikanische Herstellungsmethoden, sondern auch die Exportchancen des geplanten neuen BMW. Der Importeur Max Edwin Hoffman wird hierzu ebenfalls befragt; sein Sohn dient als Dolmetscher.

Als Resultat dieser Reise entstehen detaillierte Produktionspläne und Hallengrundrisse, die eine moderne Großserienfertigung assoziieren, sehr im Gegensatz zu der späteren, weitgehend handwerklich geprägten Reihenfertigung.

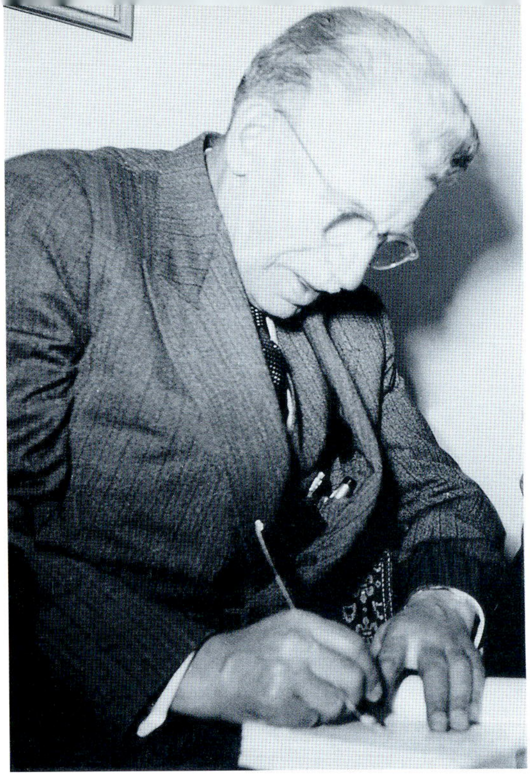

Peter Szymanowski unterschreibt gewohnt dynamisch.

Ein weiteres Ergebnis dieser Reise ist der Aufbau eines Händlernetzes, um den sich der Kundendienstleiter Poppitz gemeinsam mit den Herren Franz Wilhelm, Fiebach und Pilz unter der Koordination durch den Verkaufsleiter Fritz Trötsch kümmert. Trötsch wird später durch Oskar Kolk abgelöst, da er mit dem Vorstandsvorsitzenden Hanns Grewenig offenbar Meinungsverschiedenheiten hat, obwohl er von diesem noch 1954 für Sonderaufgaben eingesetzt wird.

Die BMW-Händler der älteren Generation haben ihre Eigenheiten. Die meist per Motorrad anreisenden Vertreter aus München, die dabei weite Strecken etwa bis nach Schweden zurücklegen, begrüßen sie mit Sätzen wie: »Warum sind Sie nicht eher gekommen, wir haben lange auf Sie gewartet!«

Man versucht nicht nur, ehemalige BMW-Händler wieder unter Vertrag zu bekommen; es liegen auch Bewerbungen anderer Händler vor, die den so gut gestarteten BMW-Wagen anbieten möchten. Allen ist das sportliche Image der Marke BMW vertraut, folglich bringen sie dem neuen Produkt erhebliche Vorschuß-Sympathie entgegen. Zum Aufbau der Verkaufsorganisation wendet man sich auch an große Lkw-Vertretungen, deren Inhaber meist über genügend Kapital verfügen und vor allem potentielle Kunden für den 501 persönlich kennen. Die Verträge werden jedes Jahr erneuert, nachdem man sich über Verkaufsziele einig ist. Bei der Auswahl der Händler wird angestrebt, daß diese möglichst in der Mitte ihres Gebietes sitzen, um zu gewährleisten, daß BMW im Lande gleichmäßig vertreten ist. Hierzu wertet man bei BMW auch regelmäßig die Statistik des Kraftfahrt-Bundesamtes aus.

Styling

Es wurde mitunter behauptet, Szymanowski habe den BMW 501 schon während seiner Zeit in Eisenach zu Papier gebracht. Nach allem, was wir heute wissen, scheint dies unwahrscheinlich, denn bis in die letzten Kriegsmonate gab es dort anderes zu tun, und für Szymanowski als Nicht-Parteimitglied, aber ehemaligen »Wehrwirtschaftsführer« galt es 1945, vor der zu erwartenden Ankunft der Russen auf sicherem Pfad zu sein.

Während des Krieges wurden Entwürfe ausschließlich in München angefertigt, und wenn man die Bilder der verschiedenen Tonmodelle für den geplanten Karosserie-Typ 541 betrachtet, so deutet kein Blatt auf die Meyerhuber-Entwürfe hin. Im Gegenteil, man findet hier sowohl Ansätze zu sogenannten Stromlinienwagen nach Vorkriegsart und zu jüngsten amerikanischen Trends als auch zu der stets aktuellen BMW-Linie nach Art des 326. Hans-Peter Szymanowski berichtet, daß er 1949 gemeinsam mit seinem Großvater in der Entwicklungsabteilung etwa zehn verschiedene Plastilin-Modelle gesehen habe und daß er sich sogar in die »Sitzkiste« für den geplanten 501 setzen durfte.

Szymanowski hegt 1949 gar nicht die Absicht, etwas völlig Neues zu bringen. Er vermag den Vorstand davon zu überzeugen, daß die typische BMW-Klientel nichts anderes als die »klassische« Vorkriegslinie wolle. So findet auch ein von Pinin Farina zur gleichen Zeit vorgeführter Wagen nach Ponton-Art beim Vorstand keinen Gefallen; angeblich ist er zu modisch und könnte sich folglich morgen überlebt haben. Diesen Wagen hat der kaufmännische Vorstand Hanns Grewenig (er war früher bei Opel im Vorstand) in Turin in Auftrag gegeben, wobei Einzelheiten hierzu heute nicht mehr zu klären sind. Erwiesen ist nur, daß man die Linien dieses BMW-Prototyps weitgehend beim Alfa Romeo 1900, der 1950 in Serie geht, wiederfindet.

Der italienische BMW, der den Bayern zu modisch ist, wird aber nicht etwa verschrottet, sondern -- weil man ihn schließlich auch bezahlen muß -- häufig benutzt. Kein Wunder bei dem eklatanten Mangel an Dienstwagen. Angeblich bestand anfangs die Absicht, den von Pinin Farina karossierten 501 ebenfalls auf der Ausstellung in Frankfurt zu zeigen.

Zwei Limousinen des in München entwickelten Prototyps werden inzwischen bei Reutter und Baur fertiggestellt, das Cabriolet-Projekt wird jedoch gestoppt.

In einer Notiz vom Mai 1950 heißt es, die Ergebnisse mit dem ersten Versuchswagen seien außerordentlich günstig, »obwohl der alte Motor vorläufig noch Verwendung finde, ohne daß derselbe besonders dressiert sei.« Nur die Steuerung und Vorderradfederung sei noch nicht endgültig befriedigend. Die Straßenlage sei ausgezeichnet und der Wagen falle auf, wo er auch hinkomme, »obwohl er absichtlich mit Tarnfarbe verunziert sei«. Vier Monate später heißt es: »Es war interessant, die Verfassung dieses Wagens festzustellen, der mit einem Wort »verkommen« aussah. Die beiden Mittelsäulen für die Türen sind beide abgerissen, die hinteren Türen werden mit einem Gurte zusammengehalten, die Motorhaube hat sich auf der rechten Seite etwa 10 mm gesenkt, so daß die vordere rechte Türe an ihr anstößt. Sie läßt sich außerdem nur mit Mühe und Geschick überhaupt schließen. Das

Der PininFarina-Prototyp.

Tonmodelle aus der Entwicklungsphase des neuen Wagens, aufgebaut von Karl Schmuck um 1949. Deutlich zu sehen Anklänge an amerikanische Tendenzen, an die Stromlinie der 30er und letztlich doch die gute (überalterte) 326-Linie, die Szymanowski seinem Vorstand dann »verkauft« hat.

Armaturenbrett ist noch weiter ausgebaut worden. Die Sitze sind bequem, die Fahreigenschaften des Wagens gut.«

Über die Fahreigenschaften liegen inzwischen auch andere Aussagen vor, nachdem Szymanowski auf der Rückfahrt von Baur bei dichtem Nebel auf der Autobahn mit einem umgestürzten Jeep kollidiert ist. Der Aufprall ist derart heftig, daß eine Werkzeugkiste im Kofferraum nach vorne geschleudert wird. Bei Reutter erfährt man von dem Unfall nur zufällig, weil Wilhelm Hofmeister eine Woche lang ausfällt.

In einer weiteren Überarbeitung werden dem Wagen einige seiner stilistischen Besonderheiten genommen. Sowohl die wie Perlen aufgereihten elliptischen Lufteinlässe an den Haubenseiten als auch der quer angeordnete Kühlergrill unter den zwei senkrechten Lufteinlässen verschwinden, ebenso die Blinker. Die Idee einer liegenden BMW-Niere findet sich übrigens schon in der Vorkriegszeit auf einem ansonsten dilettantischen Entwurf der Gebrauchsgraphiker Klotz und Kühnast, deren Verbindung mit BMW sich auf die Gestaltung einiger Prospekte (z. B. für den Typ 328) beschränkt. Auch in Eisenach entstehen zur gleichen Zeit ähnliche Vorschläge (Kapitel IX).

Doch ein BMW muß auch wie ein BMW aussehen -- also erhält die endgültige Ausführung des 501 wieder die klassische BMW-Doppelniere in senkrechter Form. Auch wird die zweifarbige Lackierung des ersten und zweiten Prototyps verworfen.

Nur unter großer Mühe gelingt es der Firma Reutter, die Prototypen -- von denen zuletzt sogar vier Stück geplant waren -- rechtzeitig fertigzustellen. Unter den Ablieferungsdaten 20. Januar 1950, 17. Mai 1950 und 31. Dezember 1950 verließen sie das Werk (vorgesehen waren 1. Dezember 1949, 2. Januar 1950 und Ende Februar 1950). Probefahrten mit dem ersten Wagen finden noch während des Baus des zweiten statt.

Entwicklungskosten

Zum Thema Entwicklungskosten für den 501 gibt es Unstimmigkeiten. Die von Reutter zunächst als unverbindlich bezeichneten Richtpreise von je rund DM 11.000 für die ersten beiden Wagen vervielfachen sich, sie belaufen sich am Ende auf fast DM 45.000 für die Kommission 2233, auf DM 27.000 DM für die Kommission 2232 und auf 24.000 für den dritten Wagen, der ursprünglich als Cabriolet mit DM 12.000 bis 13.000 veranschlagt war. Die ersten beiden Posten beinhalten Zulieferungen der Firma Karl Baur, während der dritte Prototyp komplett bei Reutter entstand.

Daß Reutter unendlich viel Entwicklungsarbeit für BMW vorgenommen hat, ferner Szymanowski und sein Team mit der Lieferung benötigter Planzeichnungen nicht nachkamen und daß die ersten beiden Karosserien daraufhin in wesentlichen Teilen geändert werden mußten, wird von BMW ignoriert.

Mit der Aussicht auf den Auftrag zur Herstellung der Nullserie bzw. der ersten Lieferung von 1000 Stück versucht Szymanowski, Reutters Preise herunterzuhandeln. Wichtiger aber ist, daß der Termin zur Internationalen Automobilausstellung eingehalten wird, die im April 1951 stattfindet.

Die erste große Nachkriegs-IAA ist zugleich das Comeback der Marke BMW. Die Bayern sind, wie vorgesehen, mit ihrem eleganten 501 vertreten. Der Prominenz aus Politik und Wirtschaft sowie den Herren vom amerikanischen Landeskommissariat wird der Wagen im Hotel »Bayerischer Hof« gesondert vorgestellt.

Nachdem Direktor Donath auf den »Weiterbau unserer alten Typen in unserem ehemaligen Werk Eisenach« und »den Nachbau unserer ehemaligen Erzeugnisse in einem anderen europäischen Land« hingewiesen hat, führt er in seiner Ansprache weiter aus: »Ich weiß es viel zu genau, daß sich eine Anzahl ehrenwerter Exponenten des Bundesstaates die Frage vorlegen, ob denn der Zeitpunkt für ein Wiedererscheinen eines weiteren Kraftfahrzeuges gerechtfertigt sei, oder ob es vielleicht nicht richtiger sei, eine freundlichere Zeit abzuwarten.

Meine sehr verehrten Herren, hierauf kann und darf es nur eine Antwort geben: Die Bayerischen Motoren Werke müssen ihr Kraftfahrzeug jetzt bringen!«

M-HX 4802

Kapitel IV

Das fertige Produkt

Vorserienwagen

Im Gegensatz zu früher wird die erste internationale Automobilausstellung in Deutschland nach dem Kriege nicht in Berlin, sondern Frankfurt am Main ausgerichtet; sie findet vom 19. bis zum 29. April 1951 statt. Wie zu erwarten, ist der Stand der Bayerischen Motoren Werke mit dem ausgestellten Typ 501 an allen Tagen stark umlagert.

Da steht er nun, der neue Wagen, in vornehmem Schwarz lackiert und als langerwartetes Produkt von aller Welt bestaunt. Er trägt den traditionellen Doppelnieren-Grill ohne Queroval darunter, die Seitenpfeifen an der Haube sind verschwunden. Dafür hat man ihm dort, wo Platz für Nebelleuchten wäre, Lufteinlässe in Form von Querschlitzen gegeben, hinter denen sich aber nicht (wie etwa beim Volkswagen) die Hupe verbirgt, sondern es handelt sich um Einlässe für die Belüftungsanlage. Blinker wie anfänglich vorgesehen sind nicht vorhanden, nur konventionelle Winker.

Die üppigen Raummaße wie auch die Kniefreiheit im Fond sind beeindruckend. Die Sitzbänke nach amerikanischem Vorbild bieten Platz für sechs

Da steht er nun, der offizielle Prototyp einer neuen Generation von BMW-Automobilen – BMW 501 im April 1951 auf der IAA in Frankfurt am Main.

Und so sieht der neue 501 mit dem Aufbau 541 aus: Statt der Blinker gibt's nun herkömmliche Winker, das Standlicht auf den Kotflügeln fehlt noch.

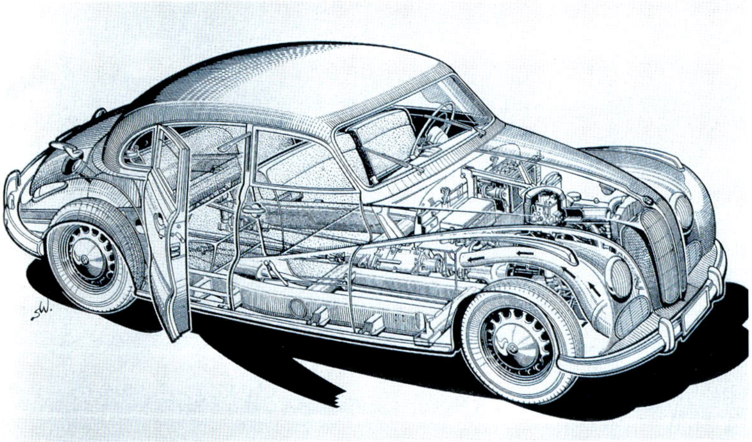

Die Zeichnung zeigt sehr gut den aus Komfortgründen gekapselten Vergaser, den massiven Rahmen und den Tank über der Hinterachse. Gut zu erkennen auch die Lufteinlässe für die Heiz- und Belüftungsanlage.

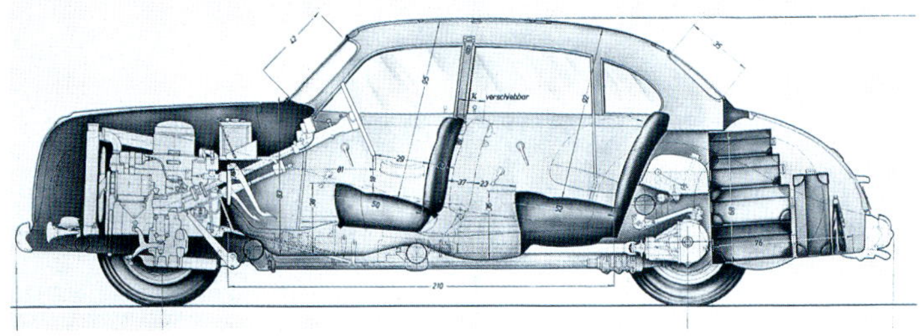

Und hier nochmal der ganze Wagen im Schnitt.

Personen. Und durch das seitlich stehende Reserverad und den über der Hinterachse gelegenen Tank bietet der Kofferraum -- trotz seiner rundlichen Außenform -- sehr viel Platz für Gepäck. Der Kofferraum wird beim Hochklappen des Deckels sogar automatisch beleuchtet.
Der neue BMW überzeugt. Er vermittelt die gewünschte Gediegenheit und Eleganz, die nach Ansicht des Vorstands einen BMW auszeichnen soll. Die Außenmaße von 4730 x 1750 x 1470 mm bei 2835 mm Radstand beweisen die großzügigen Dimensionen im Vergleich zum 326. Ein Verkaufspreis wird noch nicht genannt; er soll zwischen 15.000 und 16.000 Mark betragen. Zum Vergleich: Der Opel Kapitän 2,5 Liter kostet 9250 Mark, der Mercedes-Benz 220 11.200 Mark, der Jaguar Mk.VII immerhin 19.000 Mark. Als der erste BMW 501 1952 ausgeliefert wird, steht er in der Preisliste mit 15.150 Mark.
Inzwischen geht man in München an die Vorbereitung der Vorserienwagen. Nicht nur die Riege der Versuchsspengler ist zu Szymanowskis Truppe herübergewechselt; die kleine Entwicklungsmannschaft wird um Mitarbeiter wie Schneider, Szymanowskis Assistent für Einkauf und Materialbeschaffung, erweitert, auch Sander kommt zur Truppe, er arbeitet in der Karosseriekonstruktion. Seine ersten Erfahrungen hat er bei Kässbohrer in Ulm gesammelt. Später hören wir auch von Namen wie Lewandowski, Neureiter oder Vater und Sohn Star, die von den Wanderer-Werken kamen.
1952 wird der erste in München enstandene Prototyp fertiggestellt, nachdem Meister Böhme hierfür 1950 den Rahmen geschaffen hat. Teile für die Rahmenfertigung stellt die Firma Benteler in Bielefeld her. Auch ein Meßraum entsteht unter Mithilfe von Rudolf Jordan, während die Karosseriekontrolle von Bruno Franzel aufgebaut wird. Beide sind Karosseriebauer von der Pieke auf, die aus der Stellmacherei bzw. aus dem Werkzeugbau stammen. Als erster Chef der Kontrolle fungiert Rudolf Steiner.
Insgesamt 25 Vorserienwagen werden von der Karosseriefirma Baur zunächst hergestellt, die wie üblich getestet -- und anschließend verschrottet werden. Liefern kann BMW noch lange nicht, denn es fehlen Großpressen und viele andere benötigte Teile zum Aufbau einer Serienfertigung. Da der Handel aber bereits Bestellungen aufnimmt und auf Lieferung drängt, will man nicht war-

501-Typentabelle

Wegen unterschiedlicher historischer Angaben keine Gewähr für korrekte Daten

Baumuster	501 Serie 1	501 A Serie 1	501 A Serie 2	501 B Serie 2 Serie 2	501 F (=Fahrgestell)	501/6 Zyl.		501/6 Fahrgestell
Interne Bezeichn.			(501/3A)					
Baujahr von bis	1952–1954	1954	1954	1954	1954	1955–(1958 offiziell)		ab 1955
			1955	1955		1961		
PS/Drehzahl	65/4440	65/4440	72/440	72/440	72/440	72/440		72/440
Hubraum	1971	1971	1971	1971	1971	20077		2077
Verdichtung	6,8	6,8	6,8	6,8	6,8	7	7	
Vergaser	1X2 30 PAAI	1X2 30 PAAI	1X2 32 PAITA	1X2 32 PAITA	1X2 32 PAITA	1X2 32 PAITA		1X2 32 PAITA
Fahrgestell-	40 001–42 325		42 501	50 101	49 001–	45 002–		
Nr. von bis			44 352	51 370				
Aufbau-Typ	541				541/2 F			
Motor-Typ (sämtliche Typen 6-Zyl.-Reihenmotor)	337/1		337/2					

Unglaublich, aber wahr: Dieser rundliche Kofferraum kann es leicht mit anderen Limousinen der Zeit aufnehmen.

Der erste in München gefertigte Prototyp und seine Macher, v.l.n.r.: Ein Kontrolleur und die vier ex-Eisenach-Spengler Beck, Hossfeld, Gorf und Schwanz.

Im Meßraum: V.l.n.r. Johann Neureiter, N.N., Johann König, August Della Torre, Rudolf Jordan.

ten, bis München produktionsbereit ist. Den Auftrag der ersten Serie erhält also die Karosseriefabrik Baur.

Hauptlieferant für BMW-Karosserien war vor dem Kriege die deutsch-amerikanische Firma Ambi-Budd, mit 2500 Mitarbeitern eine der größten Firmen ihrer Branche in Deutschland. Da die Reste des im Kriege stark zerstörten Preßwerkes 1945 der Demontage anheimfielen, fällt dieser Lieferant für BMW aus. Ambi-Budd verwertet jetzt nur mehr Patentrechte, vergibt sie auch an die BMW AG. 1960 wird der Firmensitz von Berlin nach Frankfurt am Main verlegt, wo Ambi-Budd 1974 aus dem Handelsregister schließlich gelöscht wird.

Baurs Prototyp trägt noch einzelne Rücklichter hinten.

Bilder aus der Baur-Fertigung.

Zu dem großen Aufbautenhersteller Karmann in Osnabrück hat BMW keinen Kontakt, und die wenigen verbliebenen anderen Firmen sehen sich nicht in der Lage, in der verlangten Menge zu produzieren. In München selber ist die Branche ohnedies kaum vertreten; hier gibt es die Vereinigten Werkstätten, die Firmen Ludwig Weinberger und Eugen Rupflin. Alle drei sind nicht auf große Serien eingerichtet. Rupflin, lange Zeit im ehemaligen Münchner Artilleriedepot angesiedelt, zieht nach dem Kriege auf das BMW-

Bilder aus der Serienfertigung in München.

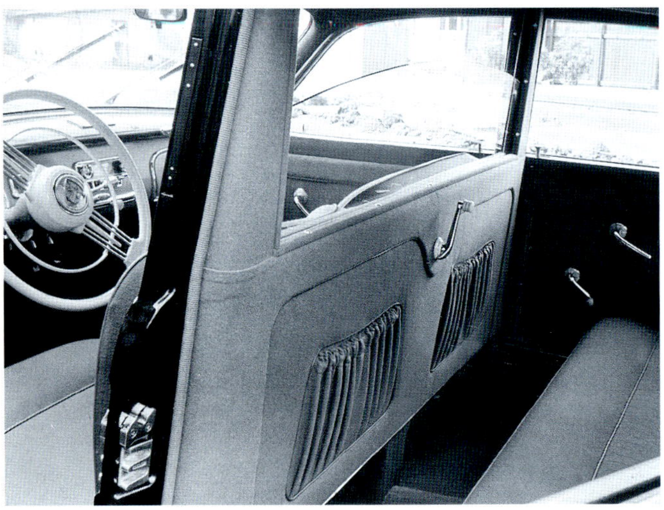

Schon frühzeitig ist eine Trennscheibe für den »herrschaftlichen« 501 lieferbar. Kostenpunkt mit Umbau: DM 1500,– dafür bekommt man 1951 fast einen »Kleinschnittger F25 J«.

Werksgelände, welches teilweise von den amerikanischen Besatzern untervermietet wird, und oft helfen Rupflin-Mitarbeiter Szymanowski bei seinen Vorbereitungen und im Prototypenbau. Einer dieser Mitarbeiter ist August Della Torre, der nach einem langen Berufsleben als Stellmacher und Karosseriebauer (Beissbarth, Neuer & Thieme) die letzten zwei Jahre bei Rupflin eine leitende Position innehat und sich noch an diverse Kleinarbeiten für BMW »um die Ecke« erinnern kann. Zum Beispiel bereitete er die 501-Dächer mit Holzgerippen für die Aufnahme des Dachhimmels vor. 1953 wird Della Torre von Szymanowski in die BMW-Truppe übernommen. Und Erwin Kauderer, Szymanowskis von Baur abgeworbener Sattlermeister, berichtet von den ersten Sattlerarbeiten für Prototypen: Die Polsterbezüge habe er allesamt bei Rupflin auf dem Firmengelände genäht.
Später muß er sich alle dazu benötigten Materialien und Werkzeuge in der Münchner Innenstadt zusammenkaufen, um eine bescheidene Fertigungsmöglichkeit bei BMW überhaupt aufbauen zu können.
Eine weitere auf dem BMW-Gelände aktive Firma ist die Blechdrückerei Kittel, bei der viele Kleinteile angefertigt werden.
Nicht also bei der Firma Reutter, die sich nach dem Ausbleiben der versprochenen Anschlußaufträge von BMW dem Nachbarn Porsche zuwendet, sondern beim Konkurrenten Baur läßt Szymanowski die erste Serie von 2000 Exemplaren des 501 herstellen, wobei die persönlichen Verbindungen des ehemaligen Horch-Mannes zu dem langjährigen Horch-Cabriolet-Lieferanten Karl Baur sicherlich eine Rolle spielen.
Dem BMW 501 wird durch die Fachpresse ein herzlicher Empfang zuteil. Werner Oswald testet den Wagen für *das auto, motor und sport,* sein Kollege Hans Werner Bönsch veröffentlicht einen Bericht in der Dezemberausgabe

Erwin Kauderers Spitzenausstattung für den ersten 501. Unten rechts, gut zu erkennen: Die patentierte Sitzbankverstellung. Fotos vermutlich von 1949.

der *ADAC-Motorwelt von 1953:* »Der BMW 501 hat einen Fahrkomfort und eine Fahrsicherheit, die ihn eindeutig in die internationale Extraklasse einreihen.« Bönsch bringt den Wagen mit dem 65-PS-Motor immerhin auf 142 km/h Höchstgeschwindigkeit.
Verständlicherweise sichert sich BMW den Text dieses Tests und veröffentlicht ihn als Nachdruck.
Bönschs auch ansonsten guten Kontakte zu BMW bleiben nicht ohne Folgen: 1955 wird der brillant schreibende und von hohem analytischen Sachverstand geprägte Ingenieur als Direktor engagiert. Seine bekannteste Arbeit im Automobilbereich ist die Einführung einer permanenten Qualitätskontrolle, wodurch er insbesondere bei den kleineren und mittleren Wagen das gesamte Niveau von Karosseriebau und Fertigung anhebt. Später erhält Bönsch an der Technischen Hochschule München einen Lehrstuhl für Motorradkonstruktion.
Auch die Konkurrenz erkennt die Qualitäten des neuen Wagens an. So schreibt Dr. Walkenhorst von der Auto Union an seinen Kollegen Szymanowski: »Ich habe neulich Ihren schönen neuen BMW ausgestellt gesehen und bin gespannt, wann Sie mit der Produktion herauskommen... Meine Frau... würde sich freuen, wenn Sie in der nächsten Zeit einmal bei uns vorsprechen würden, und zwar möchte sie gern einmal Ihren schönen BMW fahren, den sie auf der Ausstellung bewundert hat.«
Nur kann der »schöne BMW« leider noch immer nicht geliefert werden. Erst im November 1952 werden die ersten Serienexemplare bei Baur fertiggestellt.

Die Baur-Produktion

Recherchiert man heute im Hause Baur in Sachen 501-Fertigung, dann wird noch immer deutlich, daß die Zusammenarbeit mit BMW nicht einfach war.
Karl Baur steht wie so viele Unternehmer in jener schweren Zeit vor der Notwendigkeit, seinen Betriebsangehörigen wieder Arbeit zu verschaffen, und die Produktion einer großen Serie ist immerhin ein lohnender Auftrag, verglichen mit den Einzelfahrzeugen, wie sie von den wenigen verbliebenen westdeutschen Karosseriebauern wie Autenrieth oder Wendler von Fall zu Fall angefertigt werden.
Bei Baur sind neben dem Senior Karl Baur der Betriebsleiter Peter Wagner sowie der Betriebsleiter Kurt Heinz, zuständig für das Werk II, sowie der Sattlermeister Erwin Kauderer (den Syzmanowski später zu BMW abwirbt) für den 501 verantwortlich. Die Herstellung von 2000 Fahrzeugen ist vorgesehen, ein für Baur geradezu maßgeschneiderter Auftrag. Klein- und Kleinstserien gehören heute noch zur Produktpalette des Stuttgarter Hauses. Bereits am 1. September 1953 kann die Firma Baur den tausendsten BMW 501 liefern.
Allerdings leidet der Herstellungsprozeß unter der komplizierten Karosseriestruktur des Wagens sowie unter der ungenügenden Abstimmung auf produktionstechnische Bedingungen, obwohl Szymanowski als erfahrener Karosseriebauer diese Dinge eigentlich im Griff haben müßte. Szymanowski übt Druck auf seine Zulieferer aus, um die Terminvorgaben erfüllen zu können. Noch weist der Baur-501 Karosserieteile aus Aluminium auf, wie Szymanowski es ursprünglich geplant hat, doch handelt es sich nur noch um Haube und Kofferraumdeckel. Der 501 mit seinen vielen stark gerundeten Flächen benötigt für die Planzeichnungen und die daraus resultierende Erstellung der Teile genaueste Kenntnis der Preßverfahren und Zugaben. Bei Baur wird fast ausschließlich handwerklich gearbeitet, denn Preßteile sind kaum vorhanden. Mit dem Formenbau für gepreßte Karosserieteile ist Szymanowskis Betriebsleiter Bräuning noch vollauf beschäftigt.
Typisch für Szymanowskis ansprechende, aber nicht unproblematische Konstruktion sind zum Beispiel die Kotflügel und die Türanlenkungen an der B-Säule, weshalb die Türsäule mit Holz verstärkt werden muß, wie es vor dem Kriege üblich war. Auch benötigt die Karosserie eine üppige Verwendung von Zinn zur Erzielung der erwünschten Formen, worunter Restauratoren heute bitter leiden.
Bis 1954 bleibt Baur Karosserie-Lieferant. In München hat man inzwischen eine Chassisfertigung unter Leitung von Siedler aufgezogen, die Rahmen nach Stuttgart liefert und die kompletten Wagen zur Endmontage zurückerhält. Später, als es Absatzschwierigkeiten gibt, verbleiben die Rohbauten solange bei Baur, bis BMW sie abruft.

Serienausführung

Seit 1949 verhandelt BMW mit zahlreichen Zulieferern. Szymanowski und sein Team sind für viele Einzelpositionen auf Fremdhersteller angewiesen, ebenso auf Lieferanten von Werkzeugen und Herstellungsvorrichtungen.
In engem Kontakt steht BMW mit der Kühlerfirma Julius Behr in Stuttgart, mit dem Getriebehersteller ZF in Friedrichshafen (dessen nach dem Kriege entwickelter und ab 1950 produzierter Katalog-Typ S4-15 von BMW verwendet wird), mit ATE in Frankfurt für Bremsanlagen und Kupplungshydraulik sowie mit Fichtel & Sachs in Schweinfurt für die Kupplung (Typ KF 12/Z). Die Heiz- und Belüftungsanlage sowie der Auspuff werden von Eberspächer geliefert, Aluminiumteile fertigt Zarges in Weilheim an. Gebr. Happich in Wuppertal versehen den BMW 501 mit Polster- und Himmeltuchen, Teppichen und Beschlägen, ebenso mit Rückspiegeln, Seitenscheiben-Ausstellern, Scheibenführungsprofilen, Türgriffen, Fensterkurbeln, Haltegriffen und spä-

Schiebedächer, hier noch aus Stoff, erleichtern Frischluftzufuhr und Ausblick.

Und Bönsch testet wieder....hier den 501 A.

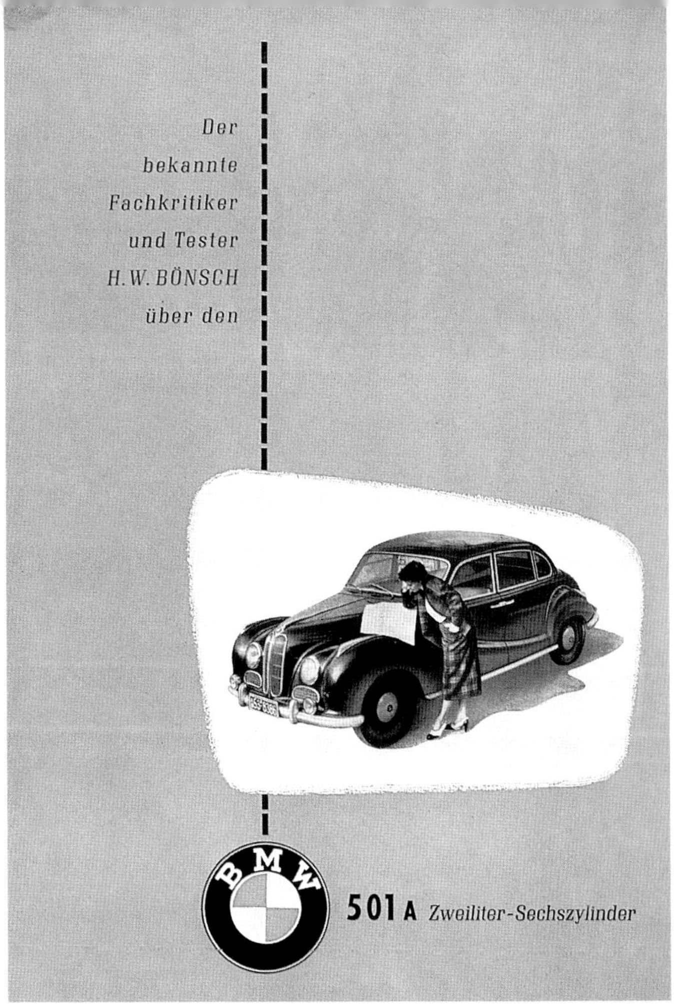

BMW 501 A und 501 B

Triebwerk

Motor		
Hersteller und Typ	BMW 337.2	
Höchstes Drehmoment	13,3 mkg bei 2750 U/min	
Dauerleistung	72 PS bei 4400 U/min	
Kurzleistung	72 PS bei 4400 U/min	
Literleistung	36,5 PS/l	
Mittlerer Arbeitsdruck	8,5 kg/cm2 bei Mdmax.	
Mittlere Kolbengeschwindigkeit	14,4 m/sek bei 4500 U/min	
Verdichtungsverhältnis	6,8	
Kurbelverhältnis	3,42	
Lage im Fahrzeug	über Vorderachse	
Aufhängung	4-Punkt, gummigelagert	
Schmiersystem	Druckumlaufschmierung	
Kühlung	Wasser	
Gewicht	168 kg (trocken)	
Niedrigster Kraftstoffverbrauch	230 g/PSh bei 2000 U/min	
Zylinder-Anzahl	6	
Zylinder-Anordnung	in Reihe	
Zylinder-Gußform	Block / mit Kurbelgehäuse vergossen	
Zylinder-Werkstoff	Spezial-Grauguß	
Zylinder-Bohrung	66 mm	
Kolbenhub	96 mm	
Gesamthubraum	1971 cm3	
Zylinderkopf	Grauguß/abnehmbar	
Laufbuchsen	keine	
Ventilsitzringe	keine	
Kolbenhersteller	Mahle und Nüral	
Kolben-Werkstoff	Leichtmetall	
Kolbenringe	3 Verdichtungs-/1 Ölabstreifring	
Pleuel	Doppel-T-Querschnitt	
Pleuellager	Dünnblechlager (Dreistoffausf.)	
Kurbelwelle	geschmiedet/4 Gleitlager	
Kurbelgehäuse	Gußeisen	
Schmieröl-Leitungen	Bohrungen im Gehäuse	
Anzahl der Ventile (je Zyl.)	Einlaß: 1/Auslaß: 1	
Anordnung der Ventile	hängend	
Einlaßventil öffnet bei	0° OT	
Einlaßventil schließt bei	40° nach UT	bei Ventilspiel
Auslaßventil öffnet bei	40° vor UT	kalt 0,6 mm
Auslaßventil schließt bei	0° OT	
Ventilspiel (warm)	0,25 mm	
Ventilsteuerung erfolgt über	Stößel/Stoßstange/Kipphebel	
Nockenwelle	im Kurbelgehäuse/4 Gleitlager	
Nockenwellen-Antrieb	Duplex-Rollenkette	

Motor-Zubehör	
Kraftstofförderung	Solex-Membranpumpe
Kraftstofftank-Füllmenge	58 l
Kraftstoffilter	Metallsieb
Ölpumpe	Zahnradpumpe
Ölwannen-Füllmenge	4 l
Luftreiniger	kombiniert mit Ansauggeräuschdämpfer
Kühlwasser-Förderung	Wasserpumpe
Zylinderkühlung	auf ganzer Länge
Kühlsystem-Fassungsvermögen	6,5 l
Kühlerbauart	Rippenrohrkühler
Kühlerwärme-Abführung	Lüfter
Vergaser	Solex 32 PAJTA
Vergaser-Prinzip	Fallstrom
Vergaser-Anzahl	1 Doppelvergaser (2stufig)
Vergaser-Einstellung	
Hauptdüse	120/125 bzw.130
Leerlaufdüse	45
Lufttrichter	23
Luftkorrekturdüse	230
Elektrische Anlage	12 V
Zündung	Batteriezündung
Unterbrecher	0,4 mm Kontakt-Abstand
Zündverteiler	Bosch VJU R 6/AR 18
Zündverstellung	mit Fliehkraft und Unterdruck-Teillast-Regelung
Zündeinstellung	7° vor OT b. Leerl.-Drehz.
Zündkerze	Bosch W 225 T 2 od. Beru 225/14/3
Elektrodenabstand	0,9 mm
Zündfolge	1-5-3-6-2-4
Anlasser	Bosch EGD 1.0/12 AR 6
Anlasser-Ausführung	Schub-Schraubtrieb-Anlasser
Anlasser-Betätigung	kombiniert mit Zündschalter
Lichtmaschine	Bosch LJ/GJM 160/12 1600 R 1
Lichtmaschinen-Antrieb	Flachkeilriemen 17(MA)8(MA)1075
Art der Regelung	Spannung-(Knick)-Regler
Ladebeginn	bei 830 U/min der KW
Übersetzung	
KW/Lichtmaschinen-Welle	i = 1 : 1,42
Batterie	12 V; 56 Ah

Kraftübertragung	
Kupplung	Fichtel & Sachs KF 12
Kupplungs-Art	Einscheibentrockenkupplung
Schaltgetriebe	ZF S 4-15
Schaltgetriebe-Art	mech. Stufengetr./Sperrsynchr.
Schaltgetriebe-Anordnung	unter Vordersitzen
Anzahl der Gänge	4 V; 1 R
Übersetzungen	i = 4,14/2,35/1,49/1 5,38
Geräuscharme Gänge	1. bis 4. Gang
Synchronisierte Gänge	1. bis 4. Gang Sperrsynchr.
Schalthebel-Anordnung	an Lenksäule
Schaltungsart	Verschiebeschaltung
Getr.-Geh.-Ölfüllmenge	1,25 l
Kraftübertragung	Gelenkwelle mit 2 Nadelgelenken
Treibende Räder	Hinterräder
Ausgleichgetriebe	2 Planeten-Kegelräder
Antrieb der Halbachsen	Hypoid-Kegelräder
Zusatzgetriebe	–
Übersetzung	
Getr.-Drehz./Raddrehzahl	i = 4,225
Schubübertragung	Federhebel und Dreieckslenker

Fahrwerk

Räder und Bereifung, Lenkung	
Räderart	Scheibenrad (Stahl)
Anzahl der Räder (Zwillingsräder = 1 Rad)	4 (+1 Reserverad)
Anzahl der Reifen	4
Reifengröße, vorn und hinten	5.50-16
Reifenluftdruck	vorn: 1,8 atü/hinten: 2 atü
Felgenart	Tiefbettfelge
Felgengröße, vorn und hinten	4,0 E(MA)16

Radaufhängung, vorn	2 Dreieckslenker
Radaufhängung, hinten	Starrachse an Federhebeln und Dreieckslenker
Federung, vorn	Einzelfederung mit einstellbarem Torsionsstab
Federung, hinten	einstellbare Torsionsstäbe
Stoßdämpfer	je Rad 1 Teleskopstoßdämpfer
Radsturz	1°
Spreizung	3,5°
Vorspur	1 bis 3 mm
Vorlauf	ca. 0° 50(ZO)
Art der Lenkung	Kegelradgetriebe
Lenkübersetzung	i = 16,5
Größter Radeinschlag	innen 38°/außen 29°
Lenksäulen-Anordnung	links
Spurstange	3teilig
Kleinster Spurkreis-(DU)	11 m

Bremsen	
Bremsanlage	TEVES-BMW
Wirkungsweise der Fußbremse	hydraulisch/auf 4 Räder
Gesamtbremsfläche	950 cm2
Bremskraftübertragung	hydraulisch
Bremstrommel-(DU)	280 mm
Wirkungsweise d. Handbremse	mechanisch/auf Hinterräder

Allgemeine Daten des Fahrgestells	
Radstand	2835 mm
Spurweite, vorn	1343 mm
Spurweite, hinten	1430 mm
Bodenfreiheit	180 mm
Rahmenausführung	Kastenrahmen mit Aufbau verschweißt/starke Rohrquerträg.
Schmiersystem	Vorrats-Einzelschmierung

Allgemeines

Achslasten und Gewichte	
Zulässige Achslast, vorn	900 kg
Zulässige Achslast, hinten	900 kg
Zulässiges Gesamtgewicht	1800 kg
Leergewicht	1285 kg
Nutzlast	440 kg

Maße	
Länge über alles	4730 mm
Breite über alles	1780 mm
Höhe über alles, unbelastet	1530 mm
Überhang, vorn	745 mm
Überhang, hinten	1150 mm
Kleinster Wendekreis-(DU)	11,8 m

Sonstige Daten	
Höchstgeschwindigkeit	145 km/h
Autobahn-Geschwindigkeit	– km/h
Kraftstoffnormverbrauch	8,8 l/100 km
Ölverbrauch	0,15 l/100 km
Spezifische Motordrehzahl	2060

Zubehör	
Scheinwerfer	Einbau-Scheinwerfer/180 mm (DU) Lichtaustritt/35 W
Abblenden	Fußumschalter
Standlicht	Begrenzungs-Leuchten an Kotflügeln
Fahrtrichtungs-Anzeiger	Winker
Öldruckanzeiger	Manometer
Ladestromanzeiger	Kontroll-Leuchte
Geschwindigkeitsmesser	0 bis 160 km/h Meßbereich

Die Typen 501 A und 501 B unterscheiden sich nur in der Ausstattung

ter auch mit den bekannten Hapax-Sicherheitsgurten, wie ein im Happich-Besitz befindlicher Typ 501 demonstriert.

Für die Herstellung von Hinterachsgetrieben nimmt Wilhelm Wille Kontakt mit der Werkzeugmaschinen-Firma Klingelnberg in Stuttgart auf, weil man ab Januar 1953 pro Monat wenigstens 70 Sätze Tellerrad und Ritzel in der Verzahnungsabteilung des BMW-Motorradbaus herstellen möchte. Bereits ein Jahr zuvor ist diskutiert worden, ob dieser Auftrag an Klingelnberg oder an die Firma Gleason vergeben werden sollte.

Zur Anti-Dröhn-Beschichtung entscheidet man sich bei BMW zuerst für ein pappenartiges Material von J. Otto Krebber, doch die ersten Versuchswagen werden dann mit Anti-Rombo von Teroson ausgespritzt. Dennoch registrieren die Versuchsfahrer bei höheren Geschwindigkeiten, etwa um 110/120 km/h, ein Dröhnen, verursacht von den großen, gerundeten Blechflächen des Aufbaus. Besonders stark läßt es sich auf Blaubasaltpflaster vernehmen. Dieses eigentlich nur bei selbsttragenden Karosserien auftretende Problem läßt sich erst durch eine Isolierung des Fahrwerks vom Aufbau durch Gummibuchsen lösen.

Die Elektrik für den 501 liefert Robert Bosch in Stuttgart. Für den Vorrichtungsbau gibt es Gespräche mit der Firma Allgaier, wie auch August Läpple aus Heilbronn und die Firma Schuler Angebote erstellen; den Zuschlag erhält jedoch die bekannte Firma Müller-Weingarten. Kleinteile werden von verschiedenen Firmen angeboten, zum Beispiel von Keiper und Mecano.

Die Kalkulation des Wagens muß nach Anweisung von Direktor Grewenig und Herrn von Mangoldt-Reiboldt neu erstellt werden. Bis Mitte Februar 1952 erwarten sie diese von der Abteilung Betriebsabrechnung, die hierfür vom Konstruktionsbüro für 14 noch nicht freigegebene und weitere 12 Baugruppen des Fahrgestells Stücklistenblätter und Fertigungspläne anfordert. Als Fritz Fiedler wieder im Hause ist, nutzt BMW dessen gute Kontakte nach England und läßt Teilefertigungen in England und auch in den USA anfragen. Es geht hier bei in erster Linie um

Lagerschalen (Vanderwell)
Thermostate (Coventry Motor Fittings)
Ventilfedern (Lieferanten in Sheffield und Redditch)
Ventile (Farnborough Engineering)
Kupplung (Automotive Products)
Benzinpumpen (Simms Motor Units)
Elektrik (Lucas)
Zündkerzen (Lodge)
Steuerketten (Renold)
Stoßdämpfer (Newton& Bennett)
Bremsen (Automotive Products,
Wagner Electric Corp. USA)
Gelenkwellen (Hardy Spicer, Whittaker)

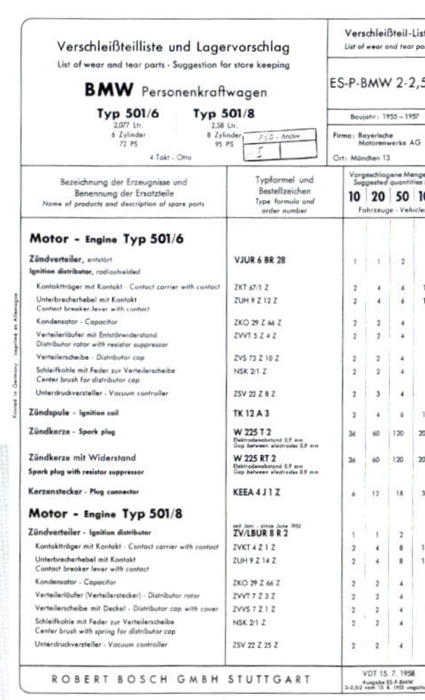
Verschleißteilliste und Lagervorschlag
List of wear and tear parts · Suggestion for store keeping
BMW Personenkraftwagen
Typ 501/6 2,077 Ltr. 6 Zylinder 72 PS
Typ 501/8 2,58 Ltr. 8 Zylinder 95 PS
4 Takt - Otto
Verschleißteil-Liste
List of wear and tear parts
ES-P-BMW 2-2,5/1
Baujahr: 1955 – 1957
Firma: Bayerische Motorenwerke AG
Ort: München 13

Bezeichnung der Erzeugnisse und Benennung der Ersatzteile / Name of products and description of spare parts	Typformel und Bestellzeichen / Type formula and order number	Vorgeschlagene Menge für / Suggested quantities for 10 Fahrzeuge - Vehicles	20	50	100
Motor - Engine Typ 501/6					
Zündverteiler, entstört / **Ignition distributor,** radioshielded	**VJUR 6 BR 28**	1	1	2	3
Kontaktträger mit Kontakt · Contact carrier with contact	ZKT 67/1 Z	2	4	6	12
Unterbrecherhebel mit Kontakt / Contact breaker lever with contact	ZUH 9 Z 12 Z	2	4	6	12
Kondensator - Capacitor	ZKO 29 Z 66 Z	2	2	4	6
Verteilerläufer mit Entstörwiderstand / Distributor rotor with resistor suppressor	ZVVT 5 Z 4 Z	2	2	4	8
Verteilerscheibe · Distributor cap	ZVS 73 Z 10 Z	2	2	4	6
Schleifkohle mit Feder zur Verteilerscheibe / Center brush for distributor cap	NSK 2/1 Z	2	2	4	6
Unterdruckversteller · Vacuum controller	ZSV 22 Z 8 Z	2	3	4	6
Zündspule - Ignition coil	**TK 12 A 3**	2	4	6	10
Zündkerze - Spark plug	**W 225 T 2** Elektrodenabstand 0,9 mm / Gap between electrodes 0,9 mm	36	60	120	200
Zündkerze mit Widerstand / Spark plug with resistor suppressor	**W 225 RT 2** Elektrodenabstand 0,9 mm / Gap between electrodes 0.9 mm	36	60	120	200
Kerzenstecker - Plug connector	**KEEA 4 J 1 Z**	6	12	18	30
Motor - Engine Typ 501/8					
Zündverteiler - Ignition distributor	seit Juni - since June 1955 **ZV/LBUR 8 R 2**	1	1	2	3
Kontaktträger mit Kontakt · Contact carrier with contact	ZVKT 4 Z 1 Z	2	4	8	16
Unterbrecherhebel mit Kontakt / Contact breaker lever with contact	ZUH 9 Z 14 Z	2	4	8	16
Kondensator - Capacitor	ZKO 29 Z 66 Z	2	2	4	6
Verteilerläufer (Verteilerstecker) · Distributor rotor	ZVVT 7 Z 3 Z	2	2	4	6
Verteilerscheibe mit Deckel · Distributor cap with cover	ZVVS 7 Z 1 Z	2	2	4	6
Schleifkohle mit Feder zur Verteilerscheibe / Center brush with spring for distributor cap	NSK 2/1 Z	2	2	4	6
Unterdruckversteller · Vacuum controller	ZSV 22 Z 25 Z	2	2	4	6

Printed in Germany · Imprimé en Allemagne
ROBERT BOSCH GMBH STUTTGART
VDT 15. 7. 1958
– 1 –

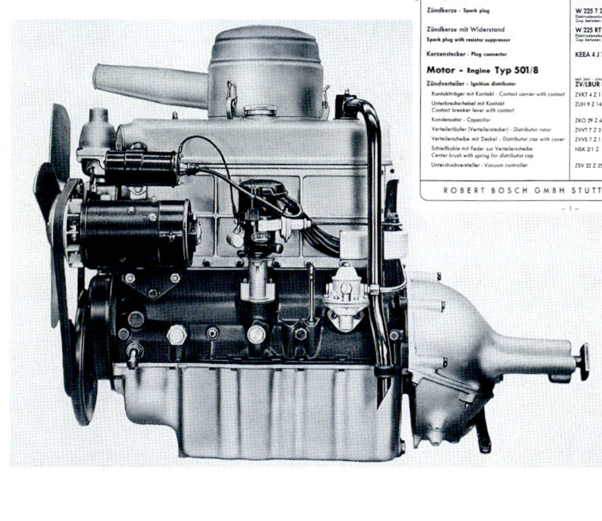

Der 72 PS-Motor.

Paul Lang, erster fest angestellter Hausgraphiker in der frisch eingerichteten Werbeabteilung.

Trotz intensiver Bemühungen um eine professionelle Großserienproduktion bleibt man bei BMW in Kleinigkeiten stecken, obwohl Szymanowski viele kompetente Mitarbeiter für die Serienfertigung bekommt. Hätte der Vorstand nach der USA-Reise 1950 Großserien-Produktionsfachleute beispielsweise von Opel, Ford oder Ambi-Budd abgeworben, wäre dem Hause BMW viel Ärger erspart geblieben. Nur: Kurt Donath stammt wie sein Betriebsleiter Deby aus dem BMW-Flugtriebwerkbau. Und man muß davon ausgehen, daß die Fertigungsplanung für den Karosseriebau, wie sie von Szymanowski gesehen wird, doch eher auf traditioneller Horch-Methodik basiert und jüngste Entwicklungen nicht einbezieht. Nicht zuletzt muß man den Vorrichtungsbau für die Fertigung als unzulänglich bezeichnen...

Einer der profilierten Versuchsfahrer bei BMW ist der Techniker Helmut Cap, doch als begeisterter Autofahrer absolviert Peter Szymanowski viele seiner Testfahrten selbst, wie seine Schwiegertochter Sieglinde Szymanowski berichtet. Nicht nur der damals schon dichte Münchner Großstadtverkehr wird zum Maßstab der Wagentauglichkeit; auch Fahrten durch Oberbayern gehören zu seinem Programm. Als Testberg wählt Szymanowski die steile und sehr kurvenreiche Auffahrt zum Spitzingsee -- hier ist er in seinem Element. Man muß sich Szymanowski, am Lenkrad seiner eigenen Konstruktion, ebenso hochmotiviert vorstellen wie einen Ernst Loof, der mit dem 501 unerwartet hohe Fahrleistungen erzielt. In München sieht die Sache allerdings anders aus, wenn man im tiefsten Winter einen 501 aus der steilen und vereisten Garagenausfahrt hervorholen will. Da muß der Assistent Willi Hofmeister eben schieben. Dieser gehört zu den Opfern von Szymanowskis ewiger Eile und Hetze, hat immer wieder den Chauffeur zu spielen und schweigt zu vielem, was sein Chef ihm an den Kopf wirft. Hofmeister ist es auch, der die vielen Strafzettel für Szymanowski bezahlen muß, wenn auf dessen Geheiß a tempo gefahren oder Parken an unerlaubter Stelle angeordnet wird.

Unterwegs in München empfangen Szymanowski und Hofmeister im Becker-Autoradio (»Drucktasten-Super«), so berichtet Hans-Peter Szymanowski, einen kritischen Rundfunkbericht über angeblich mangelnde Qualitäten dieses Gerätes. Ursprünglich war ein Telefunken-Gerät als Alternative vorgesehen, und Becker ist sicher gewählt worden, nachdem dieses Fabrikat soeben mit der Stuttgarter Lieblingskonkurrenz ins Geschäft gekommen ist.

Besonderheiten

Für den BMW 501 bietet der Handel einige optionale Extras an. Ob es sich nun um ein Schiebedach oder um die Ausrüstung mit einer Trennscheibe zum Fond des Wagens handelt -- alles kann nach Wunsch geliefert werden. Für Schiebedach und Einbau einer Trennscheibe ist natürlich Baur zuständig.

Lieferant für die Trennscheibe ist eine Wuppertaler Firma. Bei den üppigen Raummaßen des Autos ist für eine solche Trennscheibe genügend Platz vorhanden, allerdings hat der Chauffeur dann keine Verstellmöglichkeit für seine Sitzbank mehr. Für Notsitze allerdings, wie vor dem Kriege bei sogenannten Pullman-Limousinen üblich, bleibt kein Raum -- und in der Adenauer-Gesellschaft ist für solche Extras wohl auch kein Bedarf vorhanden.

Und was von innen wie ein kleines Schiebedach aussieht, nämlich eine eigenartige Dachvertiefung im Himmel des Wagenfonds, entwickelt Sattlermeister Erwin Kauderer ausschließlich für den Komfort hütetragender Fondpassagiere.

Einige Kunden äußern ganz besondere Wünsche, wie wir einer Notiz des Konstrukteurs Andreas Haller entnehmen können: »Wagen 501 für einen fußgebrechlichen Interessenten. Vor einigen Tagen war Herr Willy Eyberg, Prokurist der Feinpapierfabrik J. W. Zanders in Bergisch-Gladbach, in unse-

Arbeiten von Paul Lang (Li.) und der Münchner Werbeagentur Dorland unter Professor Richard Roth. Sie wird BMW bis in die sechziger Jahre hinein begleiten.

rem Werk und interessierte sich als Käufer für den Wagen 501. Herr Eyberg hat ein gebrechliches linkes Bein und kann nur sehr schwer die Kupplung betätigen und möchte deshalb die Kupplung möglichst mit dem Schalthebel verbunden, bzw. gleichzeitig bedient haben.«

Wenn Peter Szymanowski zu Hause am Griechenplatz 11 im Münchner Stadtteil Harlaching Gäste empfängt, dann meist halboffiziell. Und unter den Gästen sind zuweilen, so wird berichtet, Kunden aus fernen Ländern, die einem BMW zu ihrem Luxusfahrzeug erkoren haben und Wünsche nach besonderen Ausstattungsdetails äußern.

Szymanowski raucht in seinem Salon, der mit historisierenden Möbeln anno 1912 ausgestattet ist, in solchen Fällen eine gute Zigarre, um dann ins Herrenzimmer an seinen Schreibtisch zu gehen und die Wünsche seiner Gäste aufzuzeichnen.

Heizungs- und Belüftungsmessung bei Behr in Stuttgart, Nov. 1953.

BMW 501A und 501/3A

1953 begeht BMW ein Doppeljubiläum. Man feiert 30 Jahre Motorradbau und 25 Jahre BMW Automobile. Auf dem Presseempfang am 3. November hält Direktor Fiedler einen Vortrag über den 501. Dieses in seiner Ansprache sehr positiv dargestellte Produkt hat de facto aber nicht nur angenehme Seiten.

Der 501 in seiner Urversion trägt schwer an seiner volumigen Karosserie. Die 65 PS des 1971-ccm-Motors gelten im Vergleich mit der 80-PS-Maschine im neuen Mercedes-Benz 220 als nicht mehr zeitgemäß. Ein neuer Motor muß her.

Wirtschaftlich ist die Konstruktion eines neuen Motors nicht vertretbar. Dem Motorentyp 337 kann man aber u.a. durch einen neuen Solex-Vergaser 32 PAITA mit automatischer zweiter Stufe noch ein paar weitere PS entlocken, ein Versuch, der 1954 mit Erfolg praktiziert wird. Die Katalogangabe nennt für den 501 jetzt 72 PS. Damit ist der 501A Serie 2 auch schneller; 145 km/h sind angegeben. Hatte der allererste 501 noch eine »Katalogspitze« von 135 km/h, so wächst diese im Prospekt von 1953 auf 138 km/h. Dieses Auto bleibt aber nur knapp ein Jahr im Angebot, denn der gestreßte Motorblock reagiert mit Schwierigkeiten im Ventiltrieb. Kein Wunder bei einer Kolbengeschwindigkeit von 14 m/sec, die bei der Nenndrehzahl von 4400 U/min erreicht wird. Reklamationen folgen, die dem Ruf des Hauses BMW sehr schaden. Deshalb

Wagen der Baureihe 501/501 nach dem Lackieren, München Mitte der fünfziger Jahre.

Automobil-Lehrgang 1954. Heinz Dittmann, Leiter der Kundendienstschule (3.v.l.) mit Händlern der BMW-Organisation.

ist eine Hubraumvergrößerung angesagt, die schon im nächsten Jahr fällig ist. Laut Vorstandsbeschluß über »Einsparungen durch konstruktive Maßnahmen« sollen an den Modellen 501A und 501B sowie 502 keine prinzipiellen Änderungen am Fahrgestell erfolgen. Stattdessen notiert Alfred Böning eine »Wirtschaftlichkeitsprüfung der Konstruktion«.
Durch Aufbohren des Blocks von 66 auf 68 mm Zylinderweite, was 2077 ccm ergibt, bleibt die Leistungsausbeute von 72 PS unverändert, doch das Drehmoment wächst von 13,2 mkg bei 2000 U/min (501/1, 501A/1) über 13,3 bei 2500 U/min (501A/2, 501B/2, 501F/2) auf 13,8 mkg bei dem nunmehr als Typ 501/Sechszylinder bezeichneten Wagen. Letztgenannter Wert fällt bereits bei 1500 Touren an, womit endlich das Ziel erreicht ist, das Fritz Fiedler im Herbst 1952 im Visier hatte. Allerdings muß bei einer noch immer gemäßigten Verdichtung -- nunmehr 7,0 statt 6,8:1 -- für die 72 PS eine Tourenzahl von 4500 akzeptiert werden. Die Höchstgeschwindigkeit gibt BMW unverändert mit 145 km/h an.
Erstmalig wird auch eine Reifen-Option offeriert: Statt der bisher angebotenen

4,00x16-Felgen mit den dazugehörigen Reifen der Größe 5,50-16 können nun auch 15-Zoll-Reifen der Dimension 6,40 zur neuen 4x15-Felge geordert werden. Alternativ zu der seit Anbeginn gelieferten 4,225-Hinterachse (im Prospekt von 1951 mit 4,11 verzeichnet: »mit Schongang-Charakter«) gibt es jetzt eine etwas höhere Untersetzung von 4,551, der Untersetzung beim BMW 326 entsprechend. Dadurch wird die Beschleunigung des Wagens etwas spritziger. Auch die Bremsfläche wird -- bei gleichbleibendem Trommeldurchmesser -- etwas vergrößert.
Nach wie vor wiegt der Wagen mit vollem Tank 1295 kg. Dieser Typ 501/3A (auch 501 Sechszylinder genannt) bleibt offiziell bis 1958 im Programm.

Finish
Mit viel Engagement kümmert sich die Entwicklungsmannschaft ebenso wie der Vorstand und die Direktoren um die Verbesserung des neuen Wagens, der nicht nur dem BMW-Ruf aus der Vorkriegszeit gerecht werden muß, sondern auch neue Qualitätsakzente setzen soll. Im November 1952 verfaßt Direktor Hanns Grewenig einen ausführlichen Bericht mit dem Titel »Beobachtungen über den Pkw Nummer 501/3«:
»Ich beschränkte mich lediglich auf die Beobachtung der Straßenlage und ich durfte feststellen, daß diese hervorragend ist...« Über die Karosserie schreibt er: »Ich bin hierbei von dem Standpunkt des Selbstfahrers ausgegangen, der sicherlich ca. 50 Prozent unserer künftigen Kunden ausmachen wird.« Er moniert dann das, was wir heute als Ergonomie bezeichnen, also die Fahrersitzanordnung und die Bedienungsmöglichkeiten von Schaltung und Winker. Er schlägt »eine gute lesbare Schrift« an den Bedienungstasten vor und bemängelt das schwarze Armaturenbrett.
Andererseits lobt Grewenig die Scheibenwischer, doch er schlägt für den Zwischenraum einen dritten Wischer vor. In bezug auf die Heizung befürchtet er, »daß die Scheibe im Blickfeld des Fahrers nicht frostfrei wird.« Die Leselampe für den Fahrer findet Grewenigs Wohlgefallen, wobei er auf der Beifahrerseite eine weitere empfiehlt.
Zum Design des 501 bemerkt er: »Während die Proportion des Wagens von links oder rechts hinten ausgezeichnet ist, kann ich dieses glückliche Verhältnis an der Motorhaube nicht finden. Ich verstehe, daß die jetzige Ausführung der gebogenen Motorhaube am Vorderteil eine hervorragende Sicht gibt. Ich glaube jedoch, daß bei einer geraden Durchführung der Haube und bei einem kurzen Radius des Vorderteils, ähnlich wie unsere jetzigen Wagen oder wie beim Bristol, der Eindruck einer besseren Proportion entsteht und dadurch der Wagen auch länger aussieht.«
Der Wagen 501 Nr. S9 wird am 26. Mai 1952 von Direktor Fiedler beurteilt, wobei er die Meßlatte seiner Ansprüche schon sehr hoch legt. Aber schließlich will BMW seinen Kunden -- das wird in allen Aufzeichnungen immer wieder deutlich -- hohe Qualität fürs Geld bieten. Wiederholt gibt es, so auch in Fiedlers Aufzeichnungen, Hinweise auf Heizungsprobleme, obwohl die ganze Anlage ja äußerst aufwendig konstruiert ist.
Alfred Böning sieht sich deshalb veranlaßt, an Direktor Donath zum Thema Heizung und Lüftung 501 eine Notiz zu schreiben. Er bezieht sich dabei auf die Wagenheizung im 501/2, denn mittlerweile schreiben wir 1954, und die verbesserte zweite Serie des Wagens wird produziert. Böning bestätigt zwar eine verbesserte Betätigung, »hierdurch ändert sich jedoch die Heizleistung nicht.« Er schlägt für die Serie 3 oder 4 unbedingt eine bessere Ausführung vor, nachdem Dr. Franz Suppe umfassende Vergleichsmessungen durchgeführt hat. Als Vorbild dienen zwei neue Nash-Wagen, vorgeführt vom Wiener BMW-Importeur Wolfgang Denzel. Deren Heizanlage wird als »sehr einfach und wirkungsvoll« empfunden. Der Einbau einer solchen Anlage ist dann für die Serie 3 oder 4 zur Probe vorgesehen.

Auch beim Wärmetauscher gibt es Probleme, wie sich 1953 zeigt, als kurz hintereinander zwei Fälle von Undichtigkeit (Motorenöl im Kühlwasser) auftreten. Der Wagen mit der Fahrgestell-Nr. 40270 im Besitz der Norddeutschen Woll- und Kammgarn-A.G. in Delmenhorst muß deshalb auf der Fahrt nach Süddeutschland zum Händler Baumeister in Stuttgart gebracht werden, wo der Wärmetauscher gewechselt wird. Allerdings erhält der Wagen auf Wunsch des Kunden dann im Werk einen Ersatzmotor.

Ein Mitarbeiter der Firma Münz aus Waiblingen ist mit einem 501, Fahrgestell-Nr. 40050, in Spanien, wo die Undichtigkeit entdeckt wird, so daß der Betreffende seine Reise abbrechen muß. Auf der Rückfahrt nach Deutschland werden dem Motor insgesamt 28 Liter Motorenöl verabreicht. Indessen wurde nach Demontage des Motors festgestellt, »daß keine wesentlichen Schäden aufgetreten« waren. Was natürlich für das Qualitätsniveau des BMW-Motorenbaus spricht.

Werbung und Öffentlichkeitsarbeit

Die kleine Mannschaft in München wird bald aufgestockt. Für Werbung, Presse- und Öffentlichkeitsarbeit des Hauses wird Carl-Theodor Hoepner aus Hamburg eingestellt, eine Entdeckung Schorsch Meiers. Der TT-Sieger von 1939 leitet bei BMW eine Zeit lang den Werksschutz. Hoepner, einst Kriegsberichterstatter und wie Meier ein leidenschaftlicher Motorradfahrer, wird in der deutschen Presse bald als »c.t.h.« bekannt. Er baut bei BMW eine Werbeabteilung auf und zieht auch freie Mitarbeiter heran.

Der erste Prospekt für den 501 wurde von einem Graphiker namens Leonhard gestaltet; später engagiert Hoepner einen jungen Kunststudenten namens Paul Lang, der kurz zuvor in München seine Ausbildung abgeschlossen hat. Lang obliegt von 1952 bis 1956 die graphische Gestaltung aller Werbemittel für BMW. Er arbeitet mit dem Texter Peter Eckinger zusammen, und die naturalistischen Bildmotive steuert der Illustrator Ulrich Schramm bei, während man für die Strichzeichnungen der Betriebsanleitungen einen anderen Spezialisten zur Verfügung hat. Später fertigen so bekannte Zeichner wie Hans Thusius, Herbert Schlenzig und Siegfried Werner die Strichzeichnungen an.

Als Archivar sorgt Hermann Rauschert für den Bilderdienst. Rauschert ist

auch der Mann, der den Grundstock des BMW-Archivs, das während der Kriegswirren rund um München versteckt war, wieder zurückholt. Hoepner läßt auch Kinofilme produzieren und gibt Pressefotos heraus. An die Presseabteilung wendet man sich auch, wenn ein Testwagen benötigt wird.

Einer von jenen, die dem 501 von Anfang an nachjagen, ist Heinrich Buschmann, langjähriger Herausgeber und Chefredakteur der Fachzeitschriften *ATZ* und *MTZ*. Seit 1950 versucht er, an den neuen, bisher noch nicht vorgestellten BMW-Wagen heranzukommen, um einen Fachaufsatz über ihn zu schreiben. Er sei damit viel zu früh dran, wird ihm beschieden, »weil die Versuche noch nicht abgeschlossen sind.«

Im Juni 1954, fast zwei Jahre nach der Auslieferung des ersten Kundenfahrzeugs, verschafft ihm Alfred Böning schließlich einen Testwagen. Auf Wunsch will man Buschmann den 501 sogar nach Hause bringen -- welch ein aufmerksamer Service! Aber auch verständlich, wenn man weiß, daß Böning von 1927 bis 1930 in der Maschinenbauschule zu Esslingen ein Schüler Professor Buschmanns war.

In Hoepners Abteilung entstehen die ersten Werbemittel für BMW Motorräder und den 501, von denen einige Beispiele abgebildet sind.

Bald ändern sich die Zeiten; Professor Richard Roth kommt ins Gespräch. Er ist ebenfalls Gebrauchsgraphiker und Chef der 1947 gegründeten Münchner Werbeagentur Dorland. Roth kommt auf gesellschaftlicher Ebene mit dem kaufmännischen Vorstand Grewenig zusammen, daraufhin geht die Gesamtverantwortung für die BMW-Automobilwerbung in die Münchner Possartstraße 36. Roth, schon vor dem Kriege in seinem Metier als Fachmann bekannt, entwickelt eine hervorragende Kampagne für den neuen Wagen, die das angestrebte »First-Class-Image« elegant vorträgt. Wie sein Sohn Professor Peter Roth dem Autor sagte, stammt auch die vielzitierte und gern angenommene Formulierung vom »Vollschutzrahmen« aus der Ideenküche der Werbeagentur. Die Profilierung des Wagens wird von Dorland hervorragend unterstützt. Die Agentur behält den BMW-Werbeetat bis spät in die sechziger Jahre hinein, ein in der Branche seltener und ungewöhnlicher Fall.

Für die Werbe- und Pressearbeit ist also gesorgt. Eigentlich müßte sich der neue BMW in ansehnlichen Stückzahlen verkaufen lassen. Doch die Lieferzeiten sind wegen diverser Produktionsprobleme lang: Viele Vorgänge im Fertigungsprozeß laufen noch in handwerklicher Arbeit ab, und damit belasten sie auch die Kalkulation. Nach anfänglicher Begeisterung über den großen BMW läßt auch die Kontinuität der Nachfrage zu wünschen übrig -- die Dinge entwickeln sich anders, als vor einigen Jahren vorauszusehen war.

BMW 501B

Kapitel V

Der BMW 502 - Die Achtzylinder

Meilenstein V8-Motor

Ungeachtet der Marktlage beim großen BMW wird seit einiger Zeit an einem neuen Motor gearbeitet. Zwar favorisiert Chefkonstrukteur Böning einen Sechszylinder-Reihenmotor mit obenliegender Nockenwelle, aber man hat sich bei BMW entschlossen, einen Achtzylinder herauszubringen. Niemand vermag anzugeben, woher die Anregung zu dieser für BMW eher ungewöhnlichen Motorenbauart kommt.

Noch während die als V-Motor geplante Konstruktion im Versuch läuft, hört der Konstrukteur Ernst Loof von angeblich ähnlichen Plänen der Stuttgarter Konkurrenz und schreibt darüber in einem vertraulichen Bericht: »Die Herren ließen durchblicken, daß ein vollkommen neuer Typ 220 in Arbeit ist und wenn möglich noch zum Genfer Salon erstmalig gezeigt werden soll... Als Motor sind zurzeit zwei Typen in Arbeit, ein V6-Motor und ein Sechszylinder-Reihenmotor. Beide Motoren haben obenliegende Nockenwellen, wobei der 6-Zylinder-Reihenmotor eine Leistung von 108 PS haben soll... Über den V-Motor wurden keine Leistungs- und Drehzahlangaben gemacht... Diese für unser Werk nicht ganz ungefährliche Entwicklung des neuen 220er Modells von Mercedes gibt zu denken. Es sollte daher die Weiter- bzw. Fertigentwicklung des neuen V-Motors mit allem nur möglichen Mitteln vorgetrieben werden, damit die BMW- und nicht die Mercedes-Leute diesesmal das Hauptgeschäft machen.«

Auch Kurt Donath betont mit einer Aktennotiz die Dringlichkeit in Sachen Entwicklungstermin: »Um Unklarheiten bei der Behandlung von Entwicklungsarbeiten vorzubeugen, gebe ich hiermit bekannt, daß auf der Wagenseite die Baumuster 501/2 und 502... allen anderen Arbeiten vorzuziehen sind.«

502-Typentabelle

Wegen unterschiedlicher historischer Angaben keine Gewähr für korrekte Daten

Baumuster	501/8	2,6	2600	502	502 F (Fahrgestell)	2,6 Luxus	2600 L	502 3,2 I	3,2	3200 L	502 3,2 Super	3200 S
Interne Bezeichn.	(502/I)			(502/2)				506			506 S	
Baujahr von bis	ab 1955 1958	ab Herbst 1961	ab Sept.	ab 1954	1958	ab Herbst 1961–64	ab Sept.	1955– 1958	ab Herbst	1961–62	1957–61 1964	Sept. 61–
Zylinder												
PS/Drehzahl	95/4800	95/4800	100/4800	100/4800		100/4800	110/4900	120/4800		140/5400	140/4800	160/5600
Hubraum	2,6	2,6	2,6	2,6		2,6	2,6	3,2	3,2	3,2	3,2	3,2
Verdichtung	7	7	7,5	7		7	7,5	7,2	7,2	9	7,3	9
Vergaser	1x2 30 PAAI	1x2 (30 PAAI)	1x2 32 NDIX 32 NDIX ab 1957	1x2 30 PAAI/		1x2 32 NDIX	1x2 32 NDIX	1x2 32 NDIX	1x2 32 NDIX	1x2 36 NDIX	2x2 32 NDIX	2x2 324 PAYTA
Aufbau-Typ	542											
Motor-Typ (sämtliche Typen V-8-Motor)	502								506		506 S	

Erstes Bild des neuen 502 und das noble Interieur, 1955.

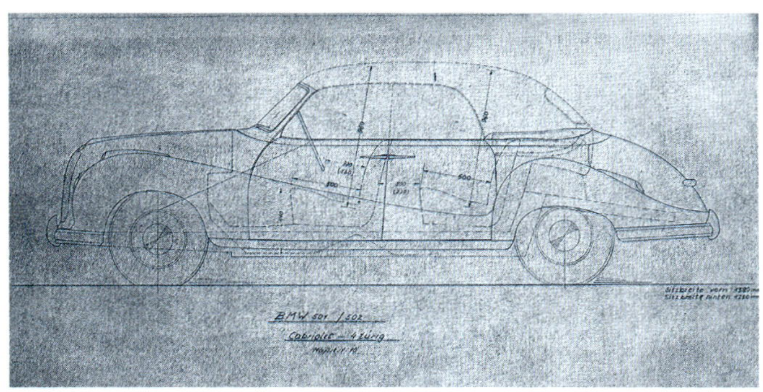

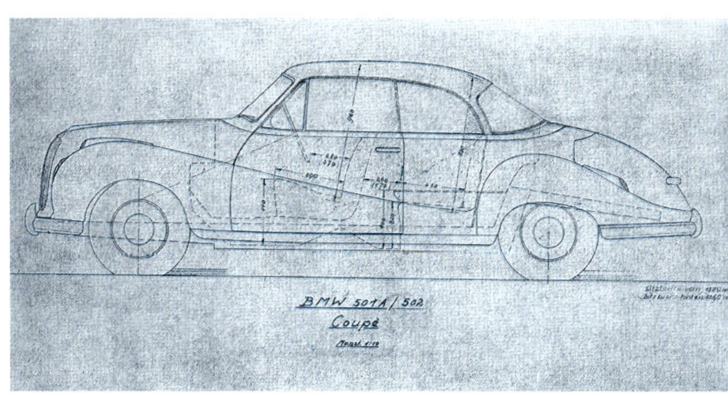

Entwurfszeichnungen für die Cabrios und Coupes von Baur, 1954.

Der neue Achtzylinder-Motor.

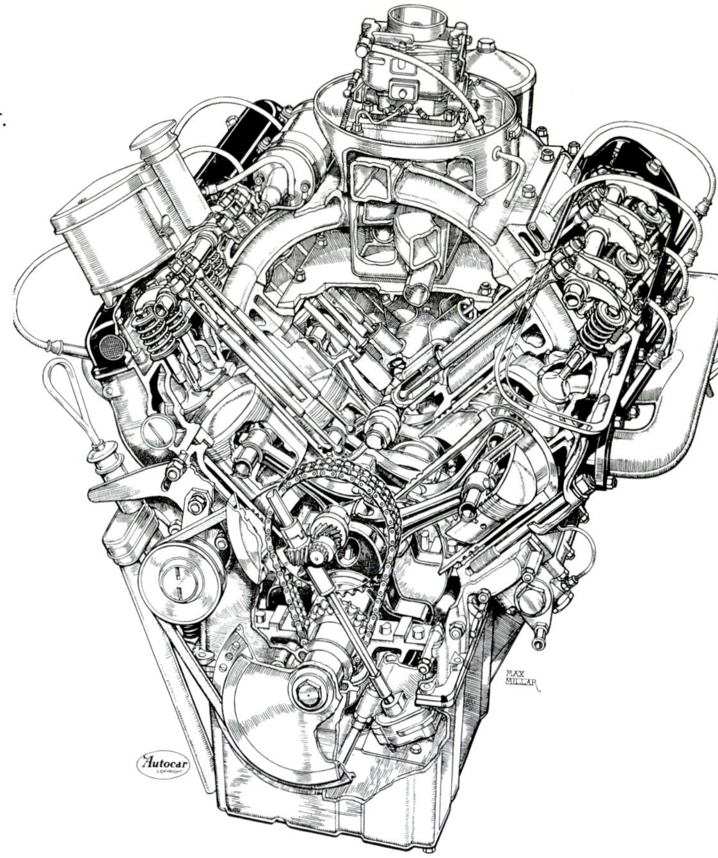

Die fertiggestellet Musterkarosse.

Dr. Hubers Entwicklungsinstitut für Motorenbau schreibt in einem Bericht Nr. 90 vom 7. April 1953 über die Aufgabenstellung: »Der Ladungswechsel im Zylinder des BMW-Motors 502 war durchzurechnen mit dem Ziel, diejenigen Maßnahmen anzugeben, die notwendig sind, um den Motor so abzuändern, daß das max. Drehmoment von 18-19 mkg etwa bei h = 1000-1500/U/min. liegt und die Höchstleistung bei gegebenem Zylinderinhalt 90 PS bei h = 4500 U/min. beträgt. Bei der max. Betriebsdrehzahl von h = 5000 U/min. soll eine Leistung von 86-87 PS erreicht werden. Die Steuerung ist bis zu der Drehzahl von h = 5500 U/min betriebssicher auszulegen. Außerdem war besonderes Augenmerk darauf zu legen, daß der Motor möglichst geräuschlos läuft, d. h. der Ventiltrieb unter keinen Betriebsbedingungen unzulässige Geräusche verursacht.«

Die genannten Entwicklungskriterien sind hier exakt dieselben wie beim Motor 337/1! Interessant sind die vorgegebenen Leistungsdimensionen, gleichen sie doch dem Vorkriegs-Spitzenmodell 335 mit ebenfalls 90 PS.

Das perfekte Interieur.

Karl Schäfer entwirft ein neues Getriebe, welches für den Achtzylindermotor gedacht ist. Schäfer ist ein schneller Arbeiter; seine ursprünglich dreigängig ausgelegte Getriebekonstruktion wird im Laufe der Entwicklung durch einen Viergang-Entwurf ergänzt. Von der Auftragsbesprechung am 19. August 1954 bis zur Ablieferung der technischen Unterlagen, die fünf verschiedene Konstruktionen beinhalten, benötigt er nicht mehr als zwei Monate. Unter anderem entwickelt er ein Dreiganggetriebe »mit synchronisiertem R-Gang und angebautem Over-Drive.«

Unter dem Datum des 12. Oktober. heißt es in den Unterlagen: »Einreichung des vollständigen Getriebe-Entwurfes für Drei- und Vierganggetriebe. Anbau des Getriebes beliebig vorgesehen an 8 Zylinder Motor. Getriebeverlängerung kurz, für Zwischenwellen.«

Schäfers gesamte Aufwendungen betragen DM 6915,95, ein bescheidener Betrag, aus welchem die ungeheure Arbeitsleistung nicht ersichtlich ist. Für die Entwürfe benötigte er insgesamt 401 Stunden, die Detailierung erforderte weitere 479 Stunden, und 118 Stunden gingen für Zeichner- und Stücklisten-Arbeit drauf.

1954 also wird der Schritt nachgeholt, den BMW beim 501 von Anbeginn versäumt hat: Der Wagen erhält einen adäquaten Motor. Er ist der erste deutsche Leichtmetall-V8 nach dem Kriege. Aus 2580 ccm Liter Hubraum resultieren 100 PS und verleihen dem 502 den nötigen Schub (im März 1954 werden diesem Motor in Werksunterlagen 105 PS zugestanden, die dann wohl auf 100 zurückgenommen werden müssen...).

Zwar besitzt der V8 nur eine zentrale Nockenwelle und treibt die Ventile über Stößelstangen an, auch ist ähnlich wie bei amerikanischen Konstruktionen eine Nenndrehzahl von 4800 U/min nicht übermäßig hoch, aber der Motor soll ja auch eine Repräsentationslimousine beflügeln, nicht ein Sportfahrzeug. Das maximale Drehmoment von 18,4 mkg gibt der Motor schon bei 2500 U/min ab, was einiges über die Durchzugskraft dieses Motors aussagt. Als sein

Herzliche Grüße aus Genf. Im Vordergrund Baurs Schöpfung.

Konstrukteur wird Leonhard Ischinger genannt, einer der beiden bei BMW beschäftigten Brüder dieses Namens. Den Aluminiumkopf dieses Achzylinders entwickelte der Konstrukteur Kurt Hofmann wahrscheinlich unter Leitung des Ingenieurs Erich Rümler. Hofmann geht später zur Sondermotorenkonstruktion unter Leitung von Alfred Böning, und auch Rümler übernimmt später eine andere Position. Ischinger entwirft dann einen wesentlich moderneren Kopf mit halbkugeligen Verbrennungsräumen und V-förmig stehenden Ventilen, der aber nicht mehr zur Produktion gelangt. Ischinger bringt die nötige Erfahrung für die Durchführung dieser Konstruktion angeblich aus den USA mit; in alten Konstruktionsunterlagen finden sich zahlreiche SAE-Berichte über amerikanische V8-Motoren. In nur acht Wochen soll er den BMW-V8 entwickelt haben.
Auch der moderne Vierzylindermotor des Mittelklassewagens vom Typ 530 mit seiner obenliegenden Nockenwelle ist eine Ischinger-Schöpfung, allerdings seine letzte bei BMW. Denn der frustrierte Techniker kann sich, wie es heißt, bei der Neubesetzung der Spitzenposition nicht gegen Alex von Falkenhausen durchsetzen, nachdem Karl Schäfer 1957 nach langem Krebsleiden stirbt und Karl Rech für kurze Zeit die Führungsrolle in der Konstruktion übernimmt. Man will Ischinger sogar das Gehalt kürzen, folglich nimmt er seinen Hut und wandert ab -- ausgerechnet zur Firma Glas nach Dingolfing, die 1966 von BMW übernommen wird.
Fritz Fiedler, der schon 1949 einen Leichtmetallkopf für den 326-Motor entwarf, soll zur selben Zeit auch die Achtzylinder-Entwicklung angedacht oder beratend vorgeschlagen haben. Fiedler verfügt über Erfahrungen in diesem Bereich, denn schon 1927, als junger Konstrukteur bei Stoewer in Stettin, arbeitete er an einem Achtzylindermotor, und diese Erfahrung nützte ihm auch bei Horch, wo er ab 1932 tätig war und die Grundkonstruktion der Achtzylinder-Typenreihe entwickelte. Auch am Zwölfzylinder-V-Motor des Horch 600/670 war er beteiligt. Mit einem Kollegen aus damaliger Zeit traf er sich vor dem Kriege bei der BMW AG wieder -- es war Werner Strobel.
Der 2,6-Liter-V8 läuft im BMW 502, von dem laut Mehrkostenplanung vom 2. April 1954 noch im August des gleichen Jahres die ersten 20 Exemplare gebaut werden sollen, seidenweich und bringt mit seinem Leistungspotential den Wagen in die internationale Luxusklasse, so wie es sich die Herren im BMW-Vorstand gewünscht haben. Endlich wieder ein deutscher Achtzylinder: Das verleiht den glücklichen Besitzern dieses Wagens Prestige. Dieses Ansehen wird auch von der Bayerischen Staatsregierung gern genutzt, etwa beim Empfang des Schahs von Persien und seiner Gattin Soraya in München, wo man einen 502 mit dem Stander der Regierung vorfahren sieht.
Beim 502 registriert man bei höheren Geschwindigkeiten das berühmte Pfeifen. Beim Schnellfahren auf der Autobahn macht der Wagen also von sich reden, doch Peter Szymanowski, darauf angesprochen, verneint das Geräusch.
Faktisch handelt es sich um ein nach heutigen Maßstäben harmloses Aerodynamik-Problem, welches im klima-akustischen Windkanal der heuti-

Nur auf der Galopprennbahn kommt dieser edle Aufbau so richtig zur Geltung!

Das urprüngliche Baur-Coupe mit dem kleinen Fenster...

...und die elegante Serienversion.

Die viertürige Version gewann 1954 nicht nur einen Preis in Wiesbaden...sondern auch das Interesse von Herbert Quandt.

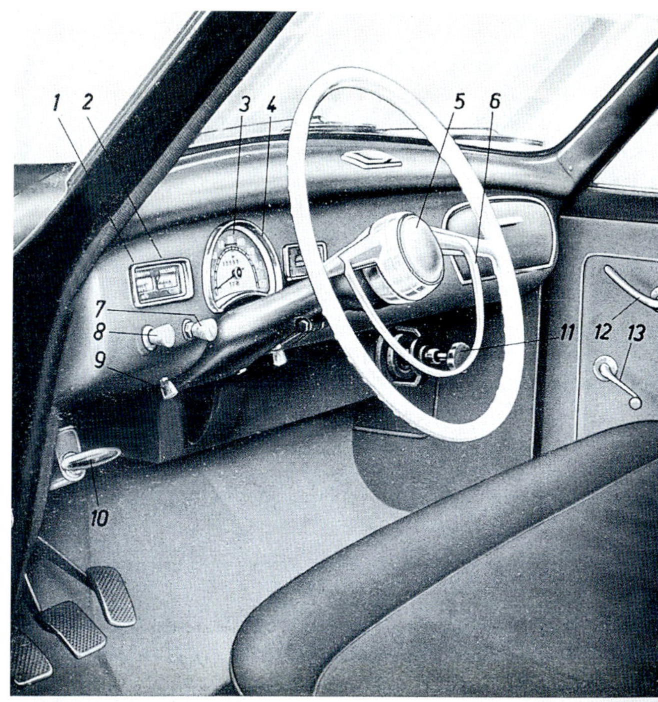

1 Öldruckanzeige
2 Kühlwasserthermometer
3 Winker-Kontrolleuchte
4 Tachometer
5 Blinklichtschalter
6 Signalring
7 Scheibenwischer-Schalter
8 Lichtschalter
9 Rücksteller für Tageszähler
10 Handbremse
11 Sommer-Belüftung rechts
12 Türinnengriff
13 Fensterkurbel

Über der Windschutzscheibe:
Zeituhr
2 Sonnenblenden
Rückblickspiegel

Arbeitsplatz 1954.

Alfred Böning fährt in den Heimathafen ein: München-Nymphenburg, Prinzenstr.31, 1956.

gen BMW AG ohne Probleme zu lokalisieren (und dann zu beheben) wäre.
In bezug aufs Design tut sich nicht viel an der Karosserie-Ausführung 542. Es gibt eingebaute Nebelleuchten, eine breite Chromleiste um die Gürtellinie, und statt der antiquierten Winker gibt es nun endlich Blinker. Das liest sich in einer aufwendig gestalteten Werbemappe für den Export, herausgegeben 1955, dann so: »The body stylists saw no future in overloading the exterior with exuberant chrome work and changing to sensational lines and rather preferred to continue the already acknowledged dignity of the 501 line.«
Hier wird nach ausführlicher Selbstdarstellung der BMW und ihrer Geschichte das gesamte Programm mittels eingeklebter Original-Fotos dokumentiert, um den Oberklassen-Aspekt dieser Automobile deutlich zu machen. Entsprechend nobel und ganz im Zeitgeschmack der frühen Adenauer-Jahre ist auch die angebotene Farbpalette gehalten: »Als Serienlackierung steht z. Z. Schwarz, Rot, Graugrün und Pastellgrün zur Wahl.«
Die Anerkennung der Presse bleibt nicht aus, vor allem unter dem Aspekt, daß Deutschlands automobile Oberklasse zur Zeit ausschließlich mit Sechszylindern glänzen kann (Opel Kapitän, Mercedes-Benz 300, Borgward 2400), während Stoewer, Ford und Horch bereits vor dem Kriege kleinere V8-Maschinen angeboten haben. Bei der Auto Union entsteht Anfang der fünfziger Jahre zwar noch einmal ein repräsentativer Horch V8, aber er bleibt ein Einzelstück, angefertigt für den Vorstandsvorsitzenden Dr. Richard Bruhn.
Einen der ersten BMW 502 erhält BMW-Großaktionär Dr. Herbert Quandt, der ihn sich mit einem Funktelephon ausrüsten läßt, eine damals vielbesprochene Novität.
Noch immer bestehende Probleme in der Serienfertigung vermag BMW nicht zu lösen. Aus einem internen Bericht: »Der Zusammenbau des BMW 502 erfordert heute noch erhebliche Nacharbeits- und Richtkosten, sowie Unmengen von Zinn. Obwohl diese Tatsachen allgemein bekannt sind, hat sich bis heute noch niemand gefunden, um entsprechend durchzugreifen,

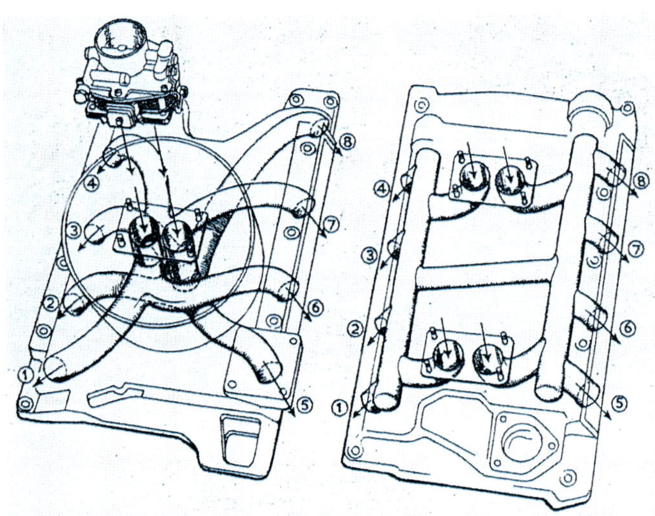

Ein- und Zweivergasermaschinen im Schema.

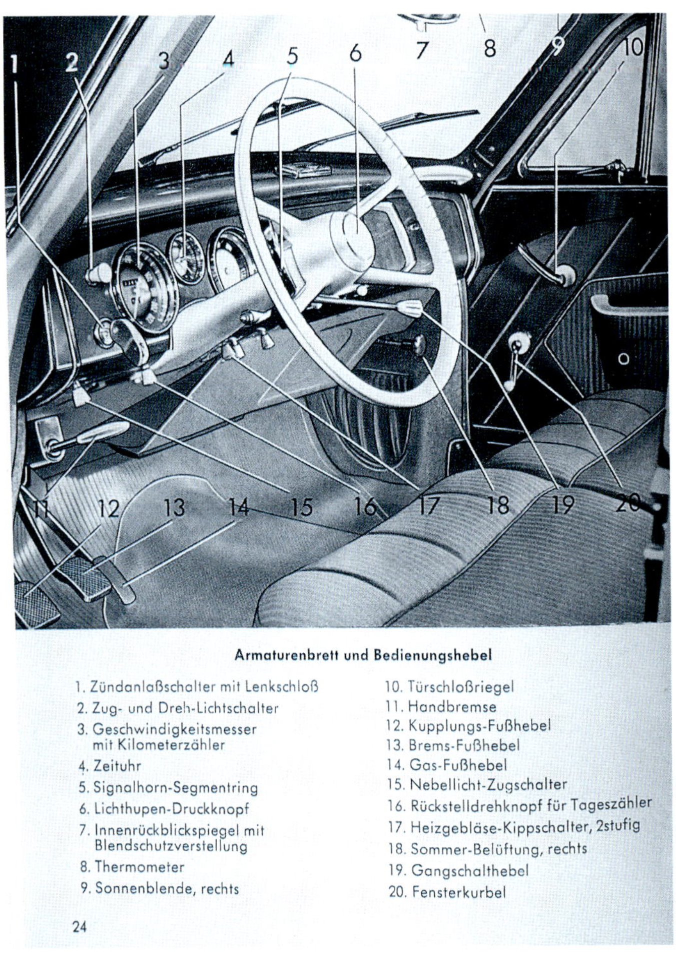

Arbeitsplatz 1962.

Heinz Dittmann, (Mitte, weißer Kittel), langjähriger Leiter der BMW-Kundendienstschule, demonstriert 1963 beim schwedischen Importeur Söderström in Malmö die Qualitäten des V-8-Motors.

damit ein normaler Fertigungsablauf mit Qualitätsverbesserung herbeigeführt wird... Dieser Wagen war auch der Grund, welche viele qualifizierte Facharbeiter veranlaßte, das Arbeitsverhältnis mit BMW zu lösen... Die Leute waren mit den Arbeitsmethoden (teilweise wie in einem schlechten Handwerksbetrieb) nicht einverstanden... Dieser Vorschlag wurde immer mit der Begründung abgelehnt, Baumuster 501 und 502 laufen aus«.

BMW 502 A

Triebwerk

Motor		
Hersteller und Typ	BMW 502.1	
Höchstes Drehmoment	18,4 mkg bei 2500 U/min	
Dauerleistung	100 PS bei 4800 U/min	
Kurzleistung	100 PS bei 4800 U/min (105 HP nach SAE)	
Literleistung	38,7 PS/l	
Mittl. Arbeitsdruck	8,9 kg/cm2 bei Mdmax.	
Mittl. Kolbengeschwindigk.	7,5 m/sek bei 3000 U/min	
Verdichtungsverhältnis	7,0 : 1	
Kurbelverhältnis	3,79	
Lage im Fahrzeug	vorn	
Aufhängung	4-Punkt/gummigelagert	
Schmiersystem	Druckumlaufschmierung	
Kühlung	Wasser	
Gewicht (trocken)	200 kg	
Niedrigst. Kraftstoffverbr.	240 g/PSh bei 3500 U/min	
Zylinder-Anzahl	8	
Zylinder-Anordnung	V-förmig/90° Zyl.-Winkel	
Zylinder-Gußform	Block/mit Kurbelgeh. vergossen	
Zylinder-Werkstoff	Perlitgußbuchse in Leichtmetallblock	
Zylinder-Bohrung	74 mm	
Kolbenhub	75 mm	
Gesamthubraum	2580 cm3	
Zylinderkopf	2 Leichtmetall-Köpfe/abnehmb.	
Laufbuchsen	nasse Buchse/Spez.-Schleuderg.	
Ventilsitzringe	vorhand.	
Kolbenhersteller	Mahle	
Kolben-Werkstoff	Leichtmetall	
Kolbenringe	3 Verdichtungs-/1 Ölabstreifring	
Pleuel	Doppel-T-Querschnitt	
Pleuellager	Dünnblechlager (3-Stoff-Ausfg.)	
Kurbelwelle	geschmiedet/5 Gleitlager	
Kurbelgehäuse	Leichtmetall	
Schmieröl-Leitungen	Bohrungen im Gehäuse	
Anzahl der Ventile (je Zyl.)	Einlaß: 1/Auslaß: 1	
Anordnung der Ventile	hängend	
Einlaßventil öffnet bei	2° vor OT	
Einlaßventil schließt bei	38° nach UT	bei 0,5 mm
Auslaßventil öffnet bei	38° vor UT	Ventilspiel (kalt)
Auslaßventil schließt bei	2° nach OT	
Ventilspiel (warm)	0,25 mm	
Ventilsteuerung erfolgt über	Stößel/Stoßstange/Kipphebel	
Nockenwelle	im Kurbelgehäuse/5 Gleitlager	
Nockenwellen-Antrieb	Duplex-Rollenkette	

Motor-Zubehör	
Kraftstofförderung	Solex-Membranpumpe
Kraftstofftank-Füllmenge	70 l
Kraftstoffilter	Metallsieb
Ölpumpe	Zahnradpumpe
Ölwannen-Füllmenge	5,5 l
Ölfilter	Nebenschlußfilter m. auswechselbarem Einsatz
Luftreiniger	mit Ansauggeräuschdämpfer kombiniert
Kühlwasser-Förderung	Wasserpumpe
Zylinderkühlung	auf ganzer Länge
Kühlsystem-Fassungsvermögen	7,5 l
Kühlerbauart	Rippenrohrkühler
Kühlerwärme-Abführung	Lüfter
Vergaser	Solex 30 PAAJ
Vergaser-Prinzip	Fallstrom
Vergaser-Anzahl	1 Doppelvergaser
Vergaser-Einstellung	
Hauptdüse	2(MA)120
Leerlaufdüse	2(MA)55
Lufttrichter	2(MA)24
Luftkorrekturdüse	2(MA)210
Elektrische Anlage	12 V
Zündung	Batteriezündung
Unterbrecher	0,35 mm Kontaktabstand
Zündverteiler Bosch	ZV/LAU R 8 R 1
Zündverstellung	mit Fliehkraft und Unterdruck-Teillast-Regelung
Zündeinstellung	8° vor OT bei Leerlauf-Drehzahl
Zündkerze	Bosch W 225 T 1 oder Beru 225/14
Elektrodenabstand	0,9 mm
Zündfolge	1-5-4-8-6-3-7-2
Anlasser	Bosch EGD 1,0/12 AR 25
Anlasser-Ausführung	Schubschraubtrieb-Anlasser
Anlasser-Betätigung	kombiniert mit Zündschalter
Lichtmaschine	Bosch LJ/GJM 160/12/1800 R 15
Lichtmasch.-Antrieb	Schmalkeilriemen 9,5(MA)825
Art der Regelung	Spannungs-Knick-Regler
Ladebeginn	bei 730 U/min der KW
Übersetzung	
KW/Lichtmaschinen-Welle	i = 1 . 1,71
Batterie	12 V/56 Ah

Kraftübertragung	
Kupplung	Fichtel & Sachs H 18
Kupplungs-Art	Einscheiben-Trocken-Kupplung
Schaltgetriebe	ZF S 4-15
Schaltgetriebe-Art	mech. Stufengetriebe (Sperrsynchron.)
Schaltgetriebe-Anordnung	unter Vordersitzen
Anzahl der Gänge	4 V/1 R
Übersetzungen	4,14/2,35/1,49/1 5,38
Geräuscharme Gänge	1. bis 4. Gang
Synchronisierte Gänge	1. bis 4. Gang (Sperr-Synchr.)
Schnellgang-Anordnung	–
Schalthebel-Anordnung	an Lenksäule
Schaltungsart	Verschiebeschaltung
Getr.-Geh.-Ölfüllmenge	1,25 l
Kraftübertragung	Gelenkwelle (2 Nadelgelenke)
Treibende Räder	Hinterräder
Ausgleichgetriebe	2 Planeten-Kegelräder
Antrieb der Halbachsen	Hypoid-Kegelräder
Zusatzgetriebe	–
Übersetzung	
Getr.-Drehz./Raddrehz.	i = 4,225
Schubübertragung	Federhebel u. Dreieckslenker

Fahrwerk

Räder und Bereifung, Lenkung	
Räderart	Scheibenrad (Stahl)
Anzahl der Räder	4 (+1 Reserverad) (Zwillingsräder = 1 Rad)
Anzahl der Reifen	4
Reifengröße, vorn u. hinten	6,40-15 extra »S«
Reifenluftdruck vorn/hinten	2,0/2,3 atü
Felgenart	Tiefbettfelge
Felgengröße, vorn u. hinten	4fi K(MA)15
Radaufhängung, vorn	2 Dreieckslenker

Radaufhängung, hinten	Starrachse an Federhebeln und Dreieckslenker
Federung, vorn	Einzelfederung mit einstellbarem Torsionsstab
Federung, hinten	einstellbare Torsionsstäbe
Stoßdämpfer	je Rad 1 Teleskopstoßdämpfer
Radsturz	1°
Spreizung	3,5°
Vorspur	1--3 mm
Vorlauf	ca.1° 20(ZO)
Art der Lenkung	Kegelradgetriebe
Lenkübersetzung	i = 16,5
Größter Radeinschlag	innen 38°, außen 29°
Lenksäulen-Anordnung	links
Spurstange	3teilig
Kleinster Spurkreis (DU)	11 m
Bremsen	
Bremsanlage	Teves-BMW
Wirkungsweise d. Fußbremse	hydraul./auf 4 Räder
Gesamtbremsfläche	968 cm2
Bremskraftübertragung	hydraulisch
Bremstrommel-(DU)	284 mm
Wirkungsweise d. Handbremse	mechanisch/auf Hinterräder
Allgemeine Daten des Fahrgestells	
Radstand	2835 mm
Spurweite, vorn ca.	1330 mm
Spurweite, hinten ca.	1416 mm
Bodenfreiheit	180 mm
Rahmenausführung	Kastenrahmen mit Aufbau verschweißt
Schmiersystem	Vorrats-Einzelschmierung
Allgemeines	
Achslasten und Gewichte	
Zulässige Achslast, vorn	970 kg
Zulässige Achslast, hinten	970 kg
Zulässiges Gesamtgewicht	1850 kg
Leergewicht	1410 kg
Nutzlast	440 kg
Brutto-Anhängelast (gebremst/ungebremst)	1000/600 kg
Maße	
Länge über alles	4730 mm
Breite über alles	1780 mm
Höhe über alles	1530 mm
Überhang, vorn	745 mm
Überhang, hinten	1150 mm
Kleinster-Wendekreis-(DU)	11,8 m
Sonstige Daten	
Höchstgeschwindigkeit	165 km/h
Autobahn-Geschwindigkeit	– km/h
Kraftstoffnormverbrauch	11,1 l/100 km
Ölverbrauch	0,15 l/100 km
Spezifische Motordrehzahl	2060
Zubehör	
Scheinwerfer	35 W/Einbauscheinwerfer/Lichtaustritt 180 mm (DU)
Abblenden	Fußumschalter
Standlicht	Begrenzungsleuchten an Kotflügeln
Fahrtrichtungs-Anzeiger	Blinkleuchten vorn u. hinten
Öldruckanzeiger	Zeiger-Meßgerät
Ladestromanzeiger	Kontrolleuchte
Geschwindigkeitsmesser	0–180 km/h Meßbereich

Der 2,5-Liter-Motor

Eine zusätzliche Absatzförderung in der Motorenproduktion der neuen Achtzylinder stellen die Sonderversionen dar, die von anderen Autoherstellern geordert werden, wenngleich die Stückzahlen auch gering bleiben.

Der Sportwagenhersteller Talbot-Lago in Frankreich gehört zu den ersten Bestellern. Außerdem nimmt BMW zu Frazer-Nash in England Kontakt auf. Beide entschließen sich, eine Anzahl V8-Motoren abzunehmen, allerdings

den landestypischen (Steuer-)Vorschriften entsprechend in einer reduzierten Hubraumversion. Diese Hubraumbeschränkung gilt auch für Österreich, und auch dorthin wird die 2,5-Liter-Version geliefert.

Im Talbot-Lago America hat der V8-Motor eine Zylinderdimension von 72,5 x 75 mm (Originalbohrung: 74 mm); der Hubraum beträgt genau 2476 ccm. Dafür hat man die Verdichtung heraufgesetzt und kommt dadurch auf beachtliche 125 PS. 1958/59 benutzt Talbot-Lago jedoch einen (offenbar preisgünstigeren) langhubigen V8-Motor von Simca-Ford mit 2351 ccm Hubraum, der aber nur 95 PS leistet. Im Frazer Nash Continental von 1954-55 hat der V8 bei einer Dimension von 74 x 75 mm 2580 ccm, gut für eine Leistung von 110 PS. Der englische Rohrrahmen-Zweisitzer ist immerhin beachtliche 175 km/h schnell.

Cabriolets und Coupés von Baur

Eine Besprechungsnotiz vom 24. Juni 1950 besagt, daß sowohl Baur in Stuttgart als auch Hebmüller in Wülfrath je ein Muster-Cabriolet auf eigene Kosten für BMW anfertigen wollen. Hebmüller, bekannt geworden durch zweisitzige VW-Cabriolets, hat allerdings schwer unter den Nachwirkungen eines Großbrandes zu leiden, in dessen Folge 1949 die Produktion ins

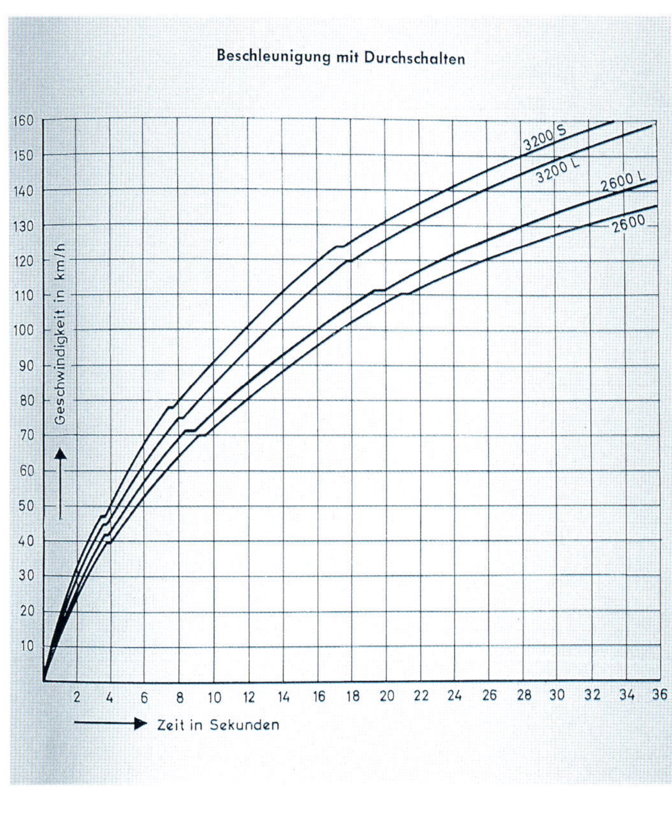

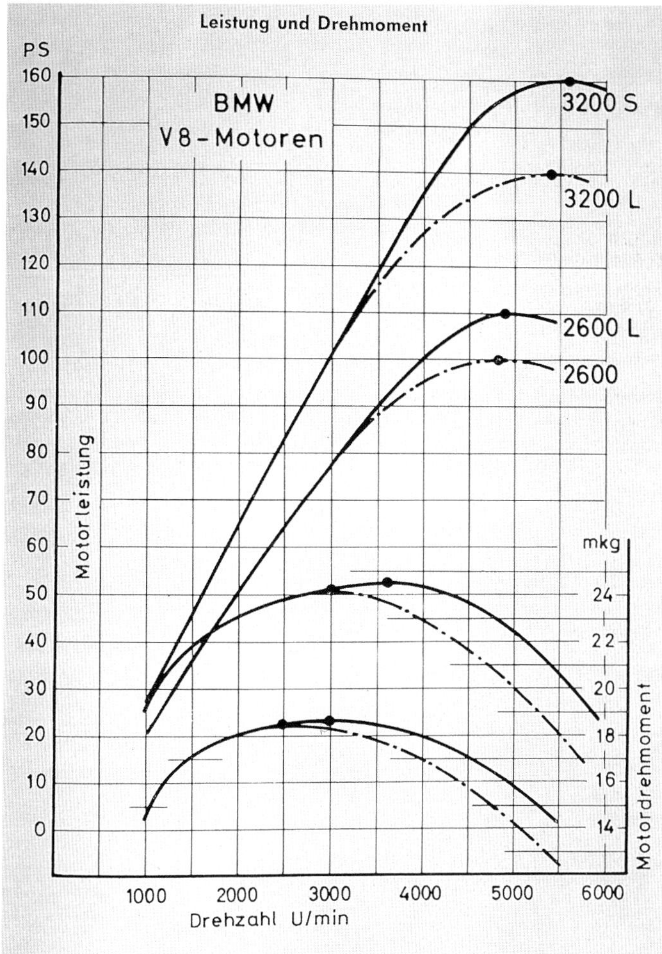

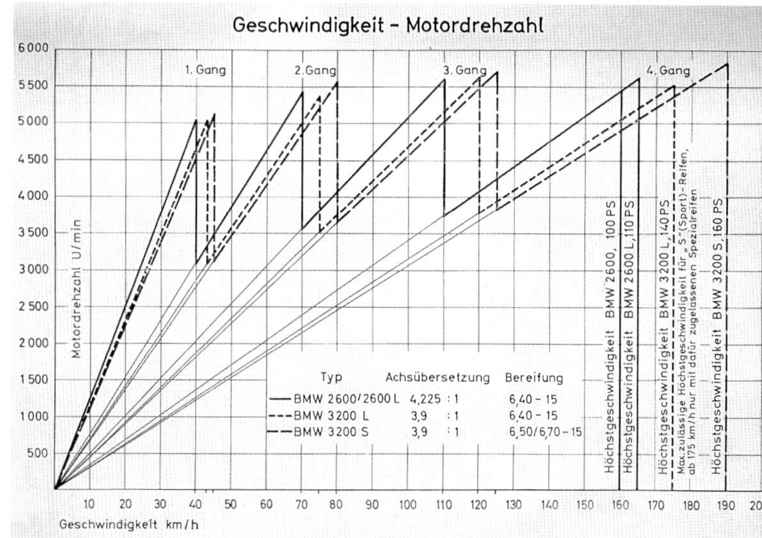

Stocken kam und 1952 Konkurs angemeldet werden mußte. Ob Hebmüller das Cabriolet überhaupt fertigstellen konnte, läßt sich heute nicht mehr ermitteln.

Inzwischen hat Karl Baur seine Idee eines 501-Cabriolets auf den neuen 502 übertragen. Es entstehen viertürige und auch zweitürige Wagen, und ihre Entwicklung wird von dem seit 1953 amtierenden Konstruktionschef Hermann Wenzelburger betreut. Den Wagen bleibt im Gegensatz zu den Vorschlägen von Autenrieth oder Wendler die Linienführung des 501 komplett erhalten.

Peter Szymanowski ist inzwischen aus dem aktiven Dienst bei BMW ausgeschieden, nicht ganz freiwillig, wie es scheint. Vermutlich sind Querelen in die Öffentlichkeit gedrungen, und der Vorstand einigt sich mit Szymanowski auf eine Trennung zu angemessenen Konditionen. Er geht am 30. September 1954 in Pension, wird aber »seine Erfahrungen dem Nachwuchs zugänglich machen«. Konkret heißt das, daß man ihm einen Beratungsvertrag anbietet, der ihn noch bis zum 31. Dezember 1955 an BMW bindet. Und: »In Anerkennung Ihrer Verdienste um den Wiederaufbau der Automobilfertigung nach Kriegsende wird Ihnen die Gesellschaft bei Ihrem Ausscheiden aus dem aktiven Dienst den Titel eines Direktors verleihen.« Dabei war ihm schon 1943 in Eisenach der Titel eines Abteilungsdirektors zuerkannt worden...

»Herr Prokurist Kurt Deby übernimmt... die Leitung sämtlicher Fertigungsbetriebe und der Arbeitsvorbereitung, die bisher Herrn Szymanowski unterstanden.«

Die Leitung der Karosseriekonstruktion erhält sein enger Mitarbeiter Hofmeister, der damit auch für den Bereich Design zuständig ist, wenn auch nicht in aller Konsequenz und Kompetenz, wie sich Ende des Jahres zeigen wird.

Und gleich einer der ersten Beratungsfälle betrifft die quasi-Werks-Cabriolets aus dem Hause Baur. Unter dem Datum des 18. November 1954 bittet Fiedler seinen ehemaligen Kollegen Szymanowski, »eine Aufgabe zu übernehmen, deren Erledigung für uns von großer Bedeutung ist. Es handelt sich um die Beseitigung von Schüttelerscheinungen an den von der Firma Baur, Stuttgart, gelieferten Cabriolets auf unseren Fahrgestellen 501 und 502. Besonders beim Typ 502 ist dieser Fehler so stark aufgetreten, daß die Auslieferung und auch die Fertigstellung der Karosserien angehalten werden mußte... Da die Beseitigung des Schüttelns für die Fortführung der Produktion äußerst dringend ist, wollen Sie die Arbeiten so schnell als möglich aufnehmen.«

Szymanowski erinnert sich hierbei an seine Tätigkeit bei Horch, wo das 1936 neu ausgelieferte Cabriolet des Typs 853 ebenfalls unter starken Schüttelerscheinungen litt, deren Ursachen man nicht fand und folglich auch nicht kurieren konnte.

Baur entwickelt von vornherein auch ein attraktives Coupé, ähnlich dem Entwurf von Autenrieth. Natürlich erhält Dr. Herbert Quandt, dem auch ein ein viertüriges Cabrio gehört, ein solches Coupé. Sein Baur-Cabriolet bekommt im Mai 1954 auf dem Wiesbadener Concours d'Elégance das Goldene Band zugesprochen. Das Verdeck in Form des Limousinendaches, aber ohne Viertelfenster, funktioniert ohne Sturmstangen.

Auch ein Herr von Bismarck ordert ein Baur-Coupé. Er wünscht das Fahrzeug mit der distinguierten kleinen Heckscheibe, wie es der Prototyp aufweist. Zur Bestellung kommt er im VW mit Chauffeur vorgefahren.

Nachdem jetzt auch das viertürige Cabriolet vom Werk offiziell angeboten wird, stellt man es auch auf den ersten Aktionen zur Verkaufsförderung, Sonderschauen genannt, mit aus. Insgesamt sind an die 280 Baur- und andere Sondertypen (zwei- und viertürige Cabriolets und etwa 50 Coupés auf 501- und 502-Basis) in den Jahren 1954 und 1955 ausgeliefert worden.

BMW 502

Triebwerk

Motor

Hersteller und Typ	BMW 502.1
Höchstes Drehmoment	18,4 mkg bei 2500 U/min
Dauerleistung	100 PS bei 4800 U/min
Kurzleistung	100 PS bei 4800 U/min (105 HP nach SAE)
Hubraumleistung	38,7 PS/l
Mittl. Arbeitsdruck	8,9 kg/cm2 bei Mdmax.
Mittl. Kolbengeschwindigk.	7,5 m/sek bei 3000 U/min
Verdichtungsverhältnis	7,0 : 1
Kurbelverhältnis	3,79
Lage im Fahrzeug	vorn
Aufhängung	4-Punkt/gummigelagert
Schmiersystem	Druckumlaufschmierung
Kühlung	Wasser
Gewicht (trocken)	200 kg (trocken)
Niedrigst. Kraftstoffverbr.	240 g/PSh bei 3500 U/min
Zylinder-Anzahl	8
Zylinder-Anordnung	V-förmig/90° Zyl.-Winkel
Zylinder-Gußform	Block/mit Kurbelgeh. vergossen
Zylinder-Werkstoff	Perlitgußbuchse in Leichtmetallblock
Zylinder-Bohrung	74 mm
Kolbenhub	75 mm
Gesamthubraum	2580 cm3
Zylinderkopf	2 Leichtmetall-Köpfe/abnehmb.
Laufbuchsen	nasse Buchse/Spez.-Schleuderg.
Ventilsitzringe	vorhand.
Kolbenhersteller	Mahle
Kolben-Werkstoff	Leichtmetall
Kolbenringe	3 Verdichtungs-/1 Ölabstreifring
Pleuel	Doppel-T-Querschnitt
Pleuellager	Dünnblechlager (3-Stoff-Ausfg.)
Kurbelwelle	geschmiedet/5 Gleitlager
Kurbelgehäuse	Leichtmetall
Schmieröl-Leitungen	Bohrungen im Gehäuse
Anzahl der Ventile (je Zyl.)	Einlaß: 1/Auslaß: 1
Anordnung der Ventile	hängend
Einlaßventil öffnet bei	2° vor OT
Einlaßventil schließt bei	38° nach UT bei 0,5 mm
Auslaßventil öffnet bei	38° vor UT Ventilspiel (kalt)
Auslaßventil schließt bei	2° nach OT
Ventilspiel (warm)	0,25 mm
Ventilsteuerung erfolgt über	Stößel/Stoßstange/Kipphebel
Nockenwelle	im Kurbelgehäuse/5 Gleitlager
Nockenwellen-Antrieb	Duplex-Rollenkette

Motor-Zubehör

Kraftstofförderung	Solex-Membranpumpe
Kraftstofftank-Füllmenge	70 l
Kraftstoffilter	Metallsieb
Ölpumpe	Zahnradpumpe
Ölwannen-Füllmenge	5,5 l
Ölfilter	Nebenschlußfilter m. auswechselbarem Einsatz
Luftreiniger	mit Ansauggeräuschdämpfer kombiniert
Kühlwasser-Förderung	Wasserpumpe
Zylinderkühlung	auf ganzer Länge
Kühlsystem-Fassungsvermögen	7,5 l
Kühlerbauart	Rippenrohrkühler
Kühlerwärme-Abführung	Lüfter
Vergaser	Solex 30 PAAJ
Vergaser-Prinzip	Fallstrom
Vergaser-Anzahl	1 Doppelvergaser
Vergaser-Einstellung	
Hauptdüse	2(MA)120
Leerlaufdüse	2(MA)55
Lufttrichter	2(MA)24
Luftkorrekturdüse	2(MA)210
Elektrische Anlage	12 V
Zündung	Batteriezündung
Unterbrecher	0,35 mm Kontaktabstand
Zündverteiler	Bosch ZV/LBUR 8 R 2
Zündverstellung	mit Fliehkraft und Unterdruck-Teillast-Regelung
Zündeinstellung	8° vor OT bei Leerlauf-Drehzahl
Zündkerze	Bosch W 225 T 1 oder Beru 225/14
Elektrodenabstand	0,9 mm
Zündfolge	1-5-4-8-6-3-7-2
Anlasser	Bosch EGD 1,0/12 AR 25
Anlasser-Ausführung	Schubschraubtrieb-Anlasser
Anlasser-Betätigung	kombiniert mit Zündschalter
Lichtmaschine	Bosch LJ/GJM 160/12/1800 R 15
Lichtmasch.-Antrieb	Schmalkeilriemen 9,5(MA)825
Art der Regelung	Spannungs-Knick-Regler
Ladebeginn	bei 730 U/min der KW
Übersetzung KW/Lichtmaschinen-Welle	i = 1 : 1,71
Batterie	12 V/56 Ah

Kraftübertragung

Kupplung Fichtel & Sachs H 18	
Kupplungs-Art	Einscheiben-Trocken-Kupplung
Schaltgetriebe	ZF S 4-15
Schaltgetriebe-Art	mech. Stufengetriebe (Sperrsynchron.)
Schaltgetriebe-Anordnung	unter Vordersitzen
Anzahl der Gänge	4 V/1 R
Übersetzungen	i = 3,78/2,35/t1.49/1 5,38
Geräuscharme Gänge	1. bis 4. Gang
Synchronisierte Gänge	1. bis 4. Gang (Sperr-Synchr.)
Schnellgang-Anordnung	–
Schalthebel-Anordnung	an Lenksäule
Schaltungsart	Verschiebeschaltung
Getr.-Geh.-Ölfüllmenge	2 l
Kraftübertragung	Gelenkwelle (2 Nadelgelenke)
Treibende Räder	Hinterräder
Ausgleichgetriebe	2 Planeten-Kegelräder
Antrieb der Halbachsen	Hypoid-Kegelräder
Zusatzgetriebe	–
Übersetzung Getr.-Drehz./Raddrehz	i = 4,225
Schubübertragung	Federhebel u. Dreieckslenker

Fahrwerk

Räder und Bereifung, Lenkung

Räderart	Scheibenrad (Stahl)
Anzahl der Räder (Zwillingsräder = 1 Rad)	4 (+1 Reserverad)
Anzahl der Reifen	4
Reifengröße, vorn u. hinten	6,40-15 extra »S«
Reifenluftdruck vorn/hinten	1,7–2,0 atü (nach Belastung)
Felgenart	Tiefbettfelge
Felgengröße, vorn u. hinten	4fi K(MA)15
Radaufhängung, vorn	2 Dreieckslenker
Radaufhängung, hinten	Starrachse an Federhebeln und Dreieckslenker
Federung, vorn	Einzelfederung mit einstellbarem Torsionsstab
Federung, hinten	einstellbare Torsionsstäbe
Stoßdämpfer	je Rad 1 Teleskopstoßdämpfer
Radsturz	1°
Spreizung	3,5°
Vorspur	1–3 mm
Nachlauf (unbel.)	0° 10(ZO)
Art der Lenkung	Kegelradgetriebe
Lenkübersetzung	i = 16,5
Größter Radeinschlag	innen 38°, außen 29°
Lenksäulen-Anordnung	links
Spurstange	3teilig
Kleinster Spurkreis (DU)	11,2 m

Bremsen

Bremsanlage	Teves-BMW
Wirkungsweise d. Fußbremse	hydraul./auf 4 Räder
Gesamtbremsfläche	1050 cm2
Bremskraftübertragung	hydraulisch
Bremstrommel-(DU)	284 mm
Wirkungsweise d. Handbremse	mechanisch/auf Hinterräder

Allgemeine Daten des Fahrgestells

Radstand	2835 mm
Spurweite, vorn ca.	1330 mm
Spurweite, hinten ca.	1416 mm
Bodenfreiheit	170 mm
Fahrgestellgewicht	1000 kg
Achslast aus Fahrgest.-Gew.	vorn 640 kg/hint. 360 kg
Fahrgestelltragfähigkeit	900 kg
Rahmenausführung	Kastenrahmen mit Aufbau verschweißt
Schmiersystem	Vorrats-Einzelschmierung

Allgemeines

Achslasten und Gewichte

Zulässige Achslast, vorn	970 kg
Zulässige Achslast, hinten	970 kg
Zulässiges Gesamtgewicht	1900 kg
Leergewicht	1410 kg
Nutzlast	440 kg
Brutto-Anhängelast (gebremst/ungebremst)	1000/600 kg

Maße	
Länge über alles	4730 mm
Breite über alles	1780 mm
Höhe über alles	1530 mm
Überhang, vorn	745 mm
Überhang, hinten	1150 mm
Kleinster-Wendekreis-(DU)	12,0 m
Sonstige Daten	
Höchstgeschwindigkeit	165 km/h
Autobahn-Geschwindigkeit	165 km/h
Kraftstoffnormverbrauch	11,1 l/100 km
Ölverbrauch	0,15 l/100 km
Spezifische Motordrehzahl	2060
Zubehör	
Scheinwerfer	35 W/Einbauscheinwerfer/Lichtaustritt 180 mm (DU)
Abblenden	Fußumschalter
Standlicht	Begrenzungsleuchten an Kotflügeln
Fahrtrichtungs-Anzeiger	Blinkleuchten vorn u. hinten
Öldruckanzeiger	Zeiger-Meßgerät
Ladestromanzeiger	Kontrolleuchte
Geschwindigkeitsmesser	0–180 km/h Meßbereich

Sparversionen 501 Achtzylinder und 501B

Erneut ist im Hause BMW Sparen angesagt: »Der Vorstand hat im Dezember 1953 durch Herrn Grewenig vor einem großen Kreis verantwortlicher Herren unseres Hauses... ausgeführt, daß infolge der veränderten Lage auf dem Kraftfahrzeugmarkt die urprünglich vorgesehenen Produktionszahlen eingeschränkt werden mußten... Infolge der relativ hohen Einzelkosten des Wagens (Lohn und Material), die naturgemäß den Verkaufspreis ausschlaggebend beeinflussen, und der nicht unbedeutenden Gemeinkosten ergibt sich die Notwendigkeit, an beiden Stellen starke Einschränkungen vorzunehmen, um die nötigen Einsparungen zu erzielen... und die durch die Produktionseinschränkung für das Jahr 1954 frei gewordenen Arbeitskräfte zu kündigen.«

Um den Absatz zu fördern, werden abgemagerte Versionen des Sechs- und des neuen Achtzylindermodells herausgebracht: Im März 1954 erscheint der 501B, ein Jahr später kommt der 501 Achtzylinder heraus. Letzterer entbehrt der Chromleiste in Gürtellinienhöhe, auch fehlen ihm die Nebelscheinwerfer vom 502 sowie dessen spezielle Felgen nebst Weißwandreifen. Hier verwendet man also das Fahrwerk und die Karosserie der Sechszylindertypen, nur mit dem (etwas schwächerem) Achtzylindermotor versehen. In beiden Fällen lassen sich dank vereinfachter Ausstattungen interessante Preise kalkulieren, wovon sich die Firmenleitung eine Belebung des Absatzes verspricht.

Mit 95 PS leistet der Achtzylindermotor im 501 zwar 5 PS weniger als im 502, bringt den etwas leichteren Wagen aber ebenso locker auf imposante 160 km/h. Dipl.-Ing. Werner Buck, der ihn 1955 für *auto, motor und sport* testet, erreicht sogar 164 km/h (wobei der gutmütige Motor gewaltig überdreht werden muß), betont aber insbesondere den Tourencharakter des Wagens: »Mit 15 km/h im direkten Gang fahren geht -- der Wagen rollt mit dem Leerlaufgas dahin und läßt sich anstandslos beschleunigen, zwar nicht gerade rasant (wer wollte das verlangen?), aber es geht. Im normalen Betrieb könnte man sich angewöhnen, im 2. Gang anzufahren und im übrigen nur den 4. Gang zu kennen.

Auf der Autobahn, wo der Maschine Dauergeschwindigkeiten von 150 km/h bedenkenlos zuzumuten sind, schluckt deren große Leistungsreserve alle Steigungen ohne Geschwindigkeitsabfall... Diese Reserve verkürzt auf der Landstraße Überholvorgänge so merklich, daß man die Bedeutung einer starken Maschine im Dienste der Verkehrssicherheit nicht nachdrücklich genug unterstreichen kann.« Die Beschleunigung von 0 auf 90 km/h gibt Buck mit 14 Sekunden an; beim 501/72 PS hat er hierfür ca. 18 Sekunden und beim 501/65 PS 19,1 Sekunden gemessen. Als Testverbrauch ermittelt er 12 bis 14 Liter Superkraftstoff auf 100 Kilometer, wobei er die Werkskurve für den 502 zitiert, die bei 100 km/h 10,4 Liter angibt, um bei 160 km/h auf 19,5 Liter zu steigen.

BMW 502 – 3,2 Ltr.

Triebwerk

Motor		
Hersteller und Typ	BMW 506.1	
Höchstes Drehmoment	22,3 mgk bei 2000 U/min	
Dauerleistung	– PS bei – U/min	
Kurzleistung	120 PS bei 4800 U/min	
Literleistung	37,7 PS/l	
Mittl. Arbeitsdruck	8,4 kg/cm2 bei Md max.	
Mittl. Kolbengeschwindigkeit	7,5 m/sec bei 3000 U/min	
Verdichtungsverhältnis 7,2 : 1		
Kurbelverhältnis	3,79	
Lage im Fahrzeug	vorn	
Aufhängung	4 Punkt/gummigelagert	
Schmiersystem	Druckumlaufschmierung	
Kühlung	Wasser	
Gewicht	205 kg (trocken)	
Niedrigst. Kraftstoffverbrauch	240 g/PSh bei 3500 U/min	
Zylinder-Anzahl	8	
Zylinder-Anordnung	V-förmig/90° Zyl.-Winkel	
Zylinder-Gußform	Block/mit Kurbelgeh. vergossen	
Zylinder-Werkstoff	Perlitgußbüchse i. Leichtmet.-Block	
Zylinder-Bohrung	82 mm	
Kolbenhub	75 mm	
Gesamthubraum	3186 cm3	
Zylinderkopf	2 Leichtmetallköpfe, abnehmbar	
Laufbüchsen	nasse Büchsen/spez. Schleuderg.	
Ventilsitzringe	vorhanden	
Kolbenhersteller	Mahle	
Kolben-Werkstoff	Leichtmetall	
Kolbenringe	3 Verdichtungs/1 Ölabstreifring	
Pleuel	Doppel-T-Querschnitt	
Pleuellager	Dünnblechlager (3-Stoff-Ausf.)	
Kurbelwelle	geschmiedet/5 Gleitlager	
Kurbelgehäuse	Leichtmetall	
Schmieröl-Leitungen	Bohrungen im Gehäuse	
Anzahl der Ventile (je Zyl.)	Einlaß: 1 / Auslaß: 1	
Anordnung der Ventile	hängend	
Einlaßventil öffnet bei	2° vor OT	bei 0,5 mm
Einlaßventil schließt bei	38° nach UT	Ventilspiel
Auslaßventil öffnet bei	38° vor UT	(kalt)
Auslaßventil schließt bei	2° nach OT	
Ventilspiel (warm)	0,25 mm	
Ventilsteuerung erfolgt über	Stößel/Stoßstange/Kipphebel	
Nockenwelle	im Kurbelgehäuse, 5 Gleitlager	
Nockenwellenantrieb	Duplex-Rollenkette	

Motor-Zubehör	
Kraftstofförderung	Solex-Membranpumpe
Kraftstofftank-Füllmenge	70 l
Kraftstoffilter	Metallsieb
Ölpumpe	Zahnradpumpe
Ölwanne-Füllmenge	5,5 l
Ölfilter	Nebenschluß-Filter mit auswechselbarem Einsatz
Luftreiniger	mit Ansauggeräuschdämpfer kombiniert
Kühlwasser-Förderung	Wasserpumpe
Zylinderkühlung	auf ganzer Länge
Kühlsystem-Fassungsvermögen	7,5 l
Kühlerbauart	Rippenrohrkühler
Kühlerwärme-Abführung	Lüfter
Vergaser	Zenith 32 NDIX
Vergaser-Prinzip	Fallstrom
Vergaser-Anzahl	1 Doppelvergaser
Vergaser-Einstellung	
Hauptdüse	2(MA)155
Leerlaufdüse	2(MA)55
Lufttrichter	2(MA)27
Luftkorrekturdüse	2(MA)100
Elektrische Anlage	12 V
Zündung	Batteriezündung
Unterbrecher	0,35 mm Kontaktabst.
Zündverteiler	Bosch ZV/LBUR 8 R 2
Zündverstellung	mit Fliehkraft u. Unterdruck-Teillast-Regelung
Zündeinstellung	8° vor OT bei Leerlaufdrehzahl
Zündkerze	Bosch W 225 T 1 od. Beru 225/14
Elektrodenabstand	0,9 mm
Zündfolge	1-5-4-8-6-3-7-2
Anlasser	Bosch EGD 1,0/12 AR 25
Anlasser-Ausführung	Schubschraubtrieb-Anlasser
Anlasser-Betätigung	kombiniert mit Zündschalter
Lichtmaschine	Bosch LJ/GJM 160/12/1800 R 15
Art der Regelung	Spannungsknickregler
Ladebeginn	bei 730 U/min der KW
Keilriemen f. Lichtmasch.	9,5(MA)825

Lichtmaschinen-Antrieb	Keilriemen 9,5(MA)825
Übersetzung	
KW/Lichtm.-Welle	i = 1 : 1,71
Batterie	12 V/56 Ah

Kraftübertragung	
Kupplung	Fichtel & Sachs H 18
Kupplungs-Art	Einscheiben-Trocken-Kupplung
Schaltgetriebe	ZF S 4-15
Schaltgetriebe-Art	mech. Stufengetriebe (Sperrsynchronisiert)
Schaltgetriebe-Anordnung	unter den Vordersitzen
Anzahl der Gänge	4 V/1 R
Übersetzungen	3,78/2,35/1,49/1 5,38
Geräuscharme Gänge	1. bis 4. Gang
Synchronisierte Gänge	1. bis 4. Gang (Sperrsynchr.)
Schnellgang-Anordnung	–
Schalthebel-Anordnung	an Lenksäule
Schaltungsart	Verschiebeschaltung
Getr.-Geh.-Ölfüllmenge	2,0 l
Kraftübertragung	Gelenkwelle (2 Nadelgelagerte Gelenke)
Treibende Räder	Hinterräder
Ausgleichgetriebe	2 Planeten-Kegelräder
Antrieb der Halbachsen	Hypoid-Kegelräder
Zusatzgetriebe	–
Übersetzung	
Getr.-Drehz./Raddrehz.	i = 3,89
Schubübertragung	Federhebel u. Dreieckslenker

Fahrwerk

Räder und Bereifung, Lenkung	
Räderart	Scheiben räder (Stahl)
Anzahl der Räder	1,7–2,0 atü (nach Belastung)
Felgenart	Tiefbettfelgen
Felgengröße, vorn u. hinten	4fi K(MA)15
Radaufhängung, vorn	2 Dreieckslenker
Radaufhängung, hinten	Starrachse an Federhebeln und Dreieckslenker
Federung, vorn	Einzelfederung mit einstellbarem Torsionsstab
Federung, hinten	einstellb. Torsionsstäbe
Stoßdämpfer	je 1 Rad Teleskopstoßdämpfer
Radsturz	1°
Spreizung	3,5°
Vorspur	1–3 mm
Nachlauf	0° 10(ZO)
Art der Lenkung	Kegelradgetriebe
Lenkübersetzung	i = 16,5
Größter Radeinschlag	innen 38°, außen 29°
Lenksäulen-Anordnung	links
Spurstange	3teilig
Kleinster Spurkreis-(DU)	11,2 m

Bremsen	
Bremsanlage	Teves/BMW
Wirkungsweise d. Fußbremse	hydraul./auf 4 Räder
Wirks. Gesamtbremsfläche	1300 cm2
Bremskraftübertragung	hydraul.
Bremstrommel-(DU)	284 mm
Wirkungsweise d. Handbremse	mech./auf Hinterräder
Allgemeine Daten des Fahrgestells	
Radstand	2835 mm
Spurweite, vorn ca.	1330 mm
Spurweite, hinten ca.	1416 mm
Bodenfreiheit	170 mm
Bauchfreiheit	– mm
Fahrgestellgewicht	1050 kg
Achslast aus Fahrgest.-Gew.	vorn 670 kg, hinten 380 kg
Fahrgestelltragfähigkeit	850 kg
Rahmenausführung	Kastenrahmen mit Aufbau verschweißt
Schmiersystem	Vorrats-Einzelschmierung
Anhängerkupplung	–
Anhänger-Bremsanschluß	–
Allgemeines	
Achslasten und Gewichte	
Zulässige Achslast, vorn	970 kg
Zulässige Achslast, hinten	970 kg
Zulässiges Gesamtgewicht	1900 kg
Leergewicht	1460 kg
Nutzlast	440 kg
Brutto-Anhängelast (gebremst/ungebremst)	1000/600 kg
Maße	
Länge über alles	4730 mm
Breite über alles	1780 mm
Höhe über alles	1530 mm
Überhang, vorn	745 mm
Überhang, hinten	1150 mm
Kleinster Wendekreis-(DU)	12,0 m
Ausladung d. Anhängerkuppl.	– mm
Sonstige Daten	
Höchstgeschwindigkeit	170 km/h
Autobahn-Geschwindigkeit	170 km/h
Kraftstoffnormverbrauch	11,6 l/100 km
Ölverbrauch	0,15 l/100 km
Spezifische Motordrehzahl	1910
Zubehör	
Scheinwerfer	35 W/Einbauscheinwerfer/Lichtaustritt 180 mm (DU)
Abblenden	Fußumschalter
Standlicht	Begrenzungsleuchten an Kotflügeln
Fahrtrichtungs-Anzeiger	Blinkleuchten vorn und hinten
Öldruckanzeiger	Zeiger-Meßgerät
Ladestromanzeiger	Kontrolleuchte
Geschwindigkeitsmesser	0–200 km/h Meßbereich

Ebenfalls 1955 schreibt Stefan von Szenasy, noch aus der Vorkriegszeit als Motorjournalist bekannt, in der *ADAC-Motorwelt* über seine Erfahrungen mit dem 501 Achtzylinder als Testwagen. Zwar bringt er wegen »beträchtlichen Schrägwindes« den vollgetankt 1365 kg wiegenden Wagen nur auf 158 km/h Spitzengeschwindigkeit, lobt aber Temperament, Straßenlage, Laufruhe und Bremsvermögen und weist auf die Leichtgängigkeit der Bedienungsorgane hin. Er spricht von einem Wagen,»der viele edle Eigenschaften in sich vereinigt und, wenn ein Automobil auch stets einen Kompromiß darstellt, keine Untugend aufweist.«

Ein ebenso positiver Bericht findet sich ein Jahr später in der englischen Fachzeitschrift *The Autocar,* deren Journalisten den -- jetzt übrigens in München karossierten -- Wagen ausgiebig in Süddeutschland und Österreich testen und während der 600 Kilometer messenden Gesamtstrecke einen durchschnittlichen Verbrauch von 14,65 Liter Super ermitteln. Die Gentlemen sind von den Allroundqualitäten dieses nunmehr mit 100 PS angegebenen Achtzylinders beeindruckt.

Der 501B, äußerlich nur an den vorderen Belüftungsrosetten in Rippenform ohne Chromoval zu erkennen, erhält die gleiche 72-PS-Maschine wie der 501A und läuft auch ebenso schnell wie dieser, nämlich 145 km/h.

Interessant ist es, die Ansichten der Händler zu lesen, denen der 501B während der Händlertagung am 29./30. März 1954 vorgeführt wird. Fritz Trötsch vom Verkauf schreibt dazu: »Im wesentlichen wurde dieses Baumuster kritisiert mit dem Hinweis, daß einzelne unserer Händler der Auffassung sind, daß die Ausführung gegenüber den Konkurrenzfabrikaten selbst unter Beachtung des reduzierten Preises doch noch den einen oder anderen Wunsch offenläßt.« Die Kritik gilt dem Verschluß der Motorhaube, den Türschlössern, dem Kofferdeckelverschluß, den Rückleuchten, dem Kofferraumausschlag, den Radkappen, dem Werkzeug, der Farbenskala, der vorderen Sitzanordnung, dem Radio-Ausschnitt, dem Armaturenbrett und der Dröhnempfindlichkeit. Eine lange Liste...

Direktor Grewenig faßt nach Beendigung der Sonderschauen alle geäußerten Beanstandungen, Vorschläge und Wünsche in einer fünfseitigen Liste zusammen und signalisiert zur Beruhigung: »Zum Teil sind Änderungen bereits vorgesehen«.

Neben vielen Detailwünschen werden auch grundsätzliche Mängel angesprochen, zum Beispiel »Motorleistung zu gering. Es ist den Kunden gleich, ob 1,8 oder 2,2 Liter Inhalt, wesentlich ist die Beschleunigung in den unteren Bereichen... Durchschnittgeschwindigkeit der meisten Kunden auf der Autobahn zwischen 115 und 125 km/h. Es wird die alte BMW-Beschleunigung verlangt, zumindest aber gleiche Beschleunigung wie beim 220.«

Oder: »Ölverbrauch zu hoch. Ventilstößelschäden, Lagerschäden. Bremsen zu schwach. Heizung zu schwach. Die teuere Nitrolackierung wird nicht beachtet. Fahrgestell -- wird von den meisten Kunden sehr beachtet, ist aber nicht verkaufsentscheidend.«

Gedanken zum Styling werden am Rande erkennbar, wenn gesagt wird: »Gesicht BMW 501 von vorne zu schmal -- Scheinwerfereinbau im Kotflügel würde massiveres Aussehen geben«, und wenn beim Interieur angegeben wird: »Instrumente unmodern -- vor allem farbige Zahlen.«

Wegen der aufgetretenen Ventilstößelschäden wird wieder das Entwicklungsinstitut für Motorenbau Dr. Huber bemüht. Im Bericht Nr. 148/1 vom 1. November 1955 über »Entwicklung von Steuernocken für die BMW-Motoren 337 und 502 nach Versuchsantrag VA 61/1« schreibt Dr. Huber, er versuche, »...durch eine neue Nockenform die Schwierigkeiten in der Stößelhaltbarkeit insbesondere bei niedrigen Drehzahlen zu beseitigen.«

Denn das Kuriose am Motor 337 ist, daß dieser entgegen landläufiger Meinung hohe Drehzahlen besser verkraftet als längeren Betrieb bei niedrigen Umdrehungen. Im EFMO-Institut wird auch an einer verbesserten Nockenform für den Motor 502 gearbeitet, bei dem aber keinerlei Stößelschwierigkeiten aufgetreten sind.

Mit dem Bericht Nr. 148/2 schließt Dr. Huber diese Forschungsreihe ab. Die Stößelprobleme können theoretisch und praktisch beseitigt werden.

BMW 2600 und BMW 2600 L

Triebwerk

Motor		
Hersteller und Typ	BMW 502/100 bzw. 110	
Höchstes Drehmoment	18,5 mkg bei 2500 U/min	
Größte Nutzleistung	100 PS bei 4800 U/min bzw. 110 PS bei 4900 U/min	
Hubraumleistung	38,8 bzw. 42,6 PS/l	
Mittl. Arbeitsdruck	7,3 bzw. 7,8 kg/cm2	
Mittl. Kolbengeschwindigkeit	12 bzw.12,5 m/sek	
Verdichtungsverhältnis	7,5 : 1	
Kurbelverhältnis	3,79	
Lage im Fahrzeug	vorn	
Aufhängung	4-Punkt/gummigelagert	
Schmiersystem	Druckumlaufschmierung	
Kühlung	Wasser	
Gewicht	200 kg (trocken)	
Niedrigst. Kraftstoffverbr.	260 g/PSh bei 3500 U/min	
Zylinder-Anordnung	V-förmig/90° Zyl.-Winkel	
Zylinder-Gußform	einzelne Buchsen	
Zylinder-Werkstoff	Perlitguß	
Zylinder-Bohrung	74 mm	
Kolbenhub	75 mm	
Gesamthubraum	2580 cm3	
Zylinderkopf	2 Leichtmetallköpfe/abnehmbar	
Laufbuchsen	nasse Buchsen	
Ventilsitzringe	vorhanden	
Kolbenhersteller	Mahle	
Kolben-Werkstoff	Leichtmetall	
Kolbenringe	3 Verdichtungs-/1 Ölabstreifring	
Pleuel	Doppel-T-Querschnitt	
Pleuellager	Dünnblechlager (3-Stoff-Ausfg.)	
Kurbelwelle	geschmiedet/5 Gleitlager	
Kurbelgehäuse	Leichtmetall	
Schmieröl-Leitungen	Bohrungen im Gehäuse	
Anzahl der Ventile (je Zyl.)	Einlaß: 1/Auslaß: 1	
Anordnung der Ventile	hängend	
Einlaßventil öffnet bei	17° vor OT	
Einlaßventil schließt bei	52° nach UT	bei 0,5 mm
Auslaßventil öffnet bei	52° vor UT	Ventilspiel
Auslaßventil schließt bei	17° nach OT	(kalt)
Ventilspiel (warm)	0,25 mm	
Ventilsteuerung erfolgt über	Stößel/Stoßstange/Kipphebel	
Nockenwelle	im Kurbelgehäuse/5 Gleitlager	
Nockenwellen-Antrieb	Duplex-Rollenkette	

Motor-Zubehör	
Kraftstofförderung	Solex-Membranpumpe
Kraftstofftank-Füllmenge	70 l
Kraftstoffilter	Metallsieb
Ölpumpe	Zahnradpumpe
Ölwannen-Füllmenge	6 l
Ölfilter	im Hauptstrom mit Papierfilterpatrone
Luftreiniger	mit Ansauggeräuschdämpfer kombiniert
Kühlwasser-Förderung	Wasserpumpe
Zylinder-Kühlung	auf ganzer Länge
Kühlsystem-Fassungsvermögen	10 l
Kühlerbauart	Rippenrohrkühler
Kühlerwärme-Abführung	Lüfter
Vergaser	Zenith 32 NDIX
Vergaser-Prinzip	Fallstrom
Vergaser-Anzahl	1 Doppelvergaser
Vergaser-Einstellung	
Hauptdüse	2(MA)145
Leerlaufdüse	2(MA)55
Lufttrichter	2(MA)26
Luftkorrekturdüse	2(MA)120
Elektrische Anlage	12 V
Zündung	Batteriezündung
Unterbrecher	0,4 mm Kontaktabstand
Zündverteiler	Bosch ZV/LBU R 8 R 3
Zündverstellung	m. Fliehkraft und Unterdruck-Teillast-Regelung
Zündeinstellung	5° vor OT bei Leerlauf-Drehz.
Zündkerze	Bosch W 225 T 2 oder Beru 225/14/3
Elektrodenabstand	0,7 mm
Zündfolge	1-5-4-8-6-3-7-2
Anlasser	Bosch EGD 1,0/12 AR 25
Anlasser-Ausführung	Schubschraubtrieb-Anlasser
Anlasser-Betätigung	kombiniert m. Zündschalter
Lichtmaschine	Bosch LJ/GJM 160/12/1800 R 15
Ladebeginn	bei 960 U/min der KW
Keilriemen	Schmalkeilriemen 9,5(MA)825
Übersetzung	
KW/Lichtm.-Welle	i = 1 : 1,36
Batterie	12 V/56 Ah

Kraftübertragung	
Kupplung	Fichtel & Sachs H 18
Kupplungs-Art	Einscheiben-Trocken-Kupplung
Schaltgetriebe	ZF S 4-17
Schaltgetriebe-Art	mech. Stufengetr. (Sperrsynchr.)
Schaltgetriebe-Anordnung	unter Vordersitzen
Anzahl der Gänge	4 V/1 R
Übersetzungen	i = 3,71/2,27/1,49/1 R 3,49
Geräuscharme Gänge	1. bis 4. Gang
Synchronisierte Gänge	1. bis 4. Gang (sperrsynchr.)
Schnellgang-Anordnung	–
Schalthebel-Anordnung	an Lenksäule
Schaltungsart	Verschiebeschaltung
Getr.-Geh.-Ölfüllmenge	1,4 l
Kraftübertragung	2 Gelenkwellen
Treibende Räder	Hinterräder
Ausgleichgetriebe	2 Planeten-Kegelräder
Antrieb der Halbachsen	Hypoid-Kegelräder
Zusatzgetriebe	–
Übersetzung	
Getr.-Drehz./Raddrehz.	i = 4,225
Schubübertragung	Federhebel u. Dreieckslenker

Fahrwerk

Räder und Bereifung, Lenkung	
Räderart	Scheibenräder (Stahl)
Anzahl der Räder (Zwillingsräder = 1 Rad)	4 (+1 Reserverad)
Anzahl der Reifen	4
Reifengröße vorn u. hinten	6,40-15 extra »S«
Reifenluftdruck	1,7 bis 2 atü je n. Belastung
Felgenart	Tiefbettfelge
Felgengröße, vorn u. hinten	4fi K(MA)15
Radaufhängung, vorn	2 Dreieckslenker
Radaufhängung, hinten	Starrachse an Federhebeln und Dreieckslenker
Federung, vorn	Einzelfederung mit einstellbaren Torsionsstäben
Federung, hinten	einstellbare Torsionsstäbe
Stoßdämpfer	je Rad 1 Teleskopdämpfer
Radsturz	1°
Spreizung	3,5°
Vorspur	1 bis 3 mm

Nachlauf	1°
Art der Lenkung	Kegelradgetriebe
Lenkübersetzung	i = 16,5
Größter Radeinschlag	innen 38°/außen 29°
Lenksäulen-Anordnung	links
Spurstange	3teilig
Kleinster Spurkreis-(DU)	11,2 m
Bremsen	
Bremsanlage	Dunlop-Teves-BMW
Wirkungsweise d. Fußbremse	vorn Scheibenbremsen hinten Trommelbremsen
Bremskraftübertragung	hydraulisch m. Bremskraftverst.
Bremstrommel-(DU)	284 mm
Wirkungsweise d. Handbremse	mechanisch/auf Hinterräder
Allgemeine Daten des Fahrgestells	
Radstand	2835 mm
Spurweite, vorn	1330 mm
Spurweite, hinten	1416 mm
Bodenfreiheit	175 mm
Bauchfreiheit	30 mm
Rahmenausführung	Kastenrahmen mit Aufbau verschweißt
Schmiersystem	Vorrats-Einzelschmierung
Allgemeines	
Achslasten und Gewichte	
Zulässige Achslast, vorn	970 kg
Zulässige Achslast, hinten	970 kg
Zulässiges Gesamtgewicht	1900 kg
Leergewicht	1425 kg
Nutzlast	475 kg
Brutto-Anhängelast (gebremst/ungebremst)	1900/600 kg
Maße	
Länge über alles	4730 mm
Breite über alles	1780 mm
Höhe über alles	1530 mm
Überhang, vorn	745 mm
Überhang, hinten	1150 mm
Kleinster Wendekreis-(DU)	12,0 m
Sonstige Daten	
Höchstgeschwindigkeit	160 bzw. 165 km/h
Kraftstoffnormverbrauch	13,2 l/100 km
Ölverbrauch	0,15 l/100 km
Spezifische Motordrehzahl	2075
Zubehör	
Scheinwerfer	2(MA)45/40 W m. asymmetr. Abblendlicht Lichtaustritt 180 mm (DU)
Abblenden	Fußumschalter
Standlicht	Begrenzungsleuchten auf Kotflügeln
Nebelscheinwerfer	2, im Kotflügel eingebaut (nur bei BMW 2600 L)
Rückfahrscheinwerfer	auf der hinteren Stoßstange
Fahrtrichtungs-Anzeiger	Blinkleuchten vorn u. hinten
Öldruckanzeiger	Zeiger-Meßgerät
Ladestromanzeiger	Kontrolleuchte
Geschwindigkeitsmesser	0 bis 180 km/h Meßbereich
Diebstahlsicherung	durch Lenkschloß
elektrische Zeituhr	am Instrumentenbrett (nur bei BMW 2600 L)
Scheibenwaschanlage	elektrisch komb. mit Wischer

Fahrgestelle für Karosseriebauer

Im Frühjahr 1954 informiert Direktor Fiedler Verkauf, Technik, Gestaltung und Vorstand über ein »nacktes Fahrgestell für den Aufbau beliebiger Karosserien... es erhält die Verkaufsbezeichnung 501 F und besteht aus der Fahrgestell-Stückliste 501/2F, der Karosserie-Stückliste 541/2F sowie dem Motor 337/2.« Er listet als Lieferumfang auf: Verstärkter Rahmen, Stirnwand mit vorderen Türsäulen, seitliche Motorabdeckung, Motorhaube, Armaturenbrett mit Oberteilen und Armaturen, hintere Radgehäuse. »Vordere und hintere Kotflügel sowie Scheinwerfer, Positionsleuchten und Schlußleuchten sollen dagegen nicht mitgeliefert werden, damit die Herstellkosten niedrig werden und der Kunde jede Freiheit für die Karosserie hat.« Später gibt es auch ein Fahrgestell 502 F.

V8-Motor mit mehr Hubraum

Der Typ 506 erhält 1955 eine auf 82 mm aufgebohrte Maschine, die bei 3168 ccm Hubraum 120 PS leistet und dem 502, der ab 1958 BMW 3,2 Liter heißt, zu besseren Fahrleistungen verhilft. Mit dieser Motorisierung kommen endlich die Vorzüge des V8-Prinzips voll zur Entfaltung.

Die Presse überschlägt sich förmlich, als dieser Wagen gemeinsam mit den BMW-Modellen 503, 507 und 505 auf den Internationalen Autoschauen in Frankfurt, Paris und London vorgestellt wird: »Die Sensation der Internationalen Automobil-Ausstellung ist das erweiterte Produktionsprogramm von BMW... Mit der Entwicklung des 3,2-Liter-Motors hat BMW in Deutschland den Wagen mit dem größten Hubraum auf den Markt gebracht.« Und: »Das weißblaue Zeichen der BMW Werke bürgt für Fahrzeuge von besonderer Eleganz und Qualität. Die von den Bayerischen Motoren Werken herausgebrachten Typen BMW 501, Sechs- und Achtzylinder, sowie der BMW 502 V8 sind Spitzenerzeugnisse der deutschen Automobilindustrie. Ihre elegante Linienführung und die außergewöhnliche Geräumigkeit des Wageninneren mit der gediegenen, vornehmen Ausstattung lassen erkennen, daß hier Konstrukteure am Werk waren, die vom Automobilbau etwas verstehen. Der leistungsstarke, rasante BMW-Motor bietet ein gesteigertes Maß an souveräner Beherrschung von Zeit und Raum. Auch bei diesen Fahrzeugen wurde die Tradition der Bayerischen Motoren Werke *Hochwertigkeit und Sicherheit* gewahrt. Es sind Fahrzeuge nach Maß, die selbst verwöhntesten Ansprüchen vollauf gerecht werden...«

Weitere Pressezitate: »Der einzige deutsche V8-Motor für die Pkw von BMW, gleichzeitig ein Musterbeispiel formschöner und zweckmäßiger Konstruktion, wird nunmehr als 3,2 Liter mit 120 und 140 PS Leistung gebaut.«

»BMW 502: Der behagliche große Fahrgastraum mit den schaumgummigepolsterten Sitzen vereint vornehme Eleganz und höchste Bequemlichkeit.«

»Der BMW 502 mit 2,6- oder auch 3,2-Liter-Motor scheint den Vogel abgeschossen zu haben. Viele ausländische Missionen erklärten ihn zu ihrem Diplomatenwagen und gaben Bestellungen in den verschiedensten Ausführungen auf. Der BMW 502 ist eine Achtzylinder-Limousine, die als repräsentativer Wagen mit dem modernen, aber an keine Mode gebundenen Schnitt den verwöhntesten Ansprüchen genügt. So haben die Bayerischen Motoren Werke mit ihren Konstruktionen schnell wieder ihren exclusiven Käuferkreis zurückgewonnen. Auch dies gehörte zu den Sensationen der 37. Internationalen Automobil-Ausstellung in Frankfurt«.

Äußerlich erkennt man den neuen Wagen an der Panorama-Heckscheibe, die ihm ein zeitgemäßes Aussehen verleiht. An seiner großen Heckscheibe identifizieren auch die meisten Autobahnbenutzer den 502, wenn der 170 Stundenkilometer schnelle Wagen an ihnen vorbeizieht. Um solches Tempo zu erreichen, wird ihm eine länger übersetzte Hinterachse von 3,90:1 gegeben.

Auch die Bremsflächen werden noch einmal erweitert, und ab 1959 gibt es für den mittlerweile 1470 kg wiegenden Wagen auf Wunsch auch eine Servohilfe namens Hydrovac, geliefert vom Bremsenhersteller ATE (Alfred Teves).

Zwei Jahre später testet *auto motor und sport* sowohl die 2,6-Liter-Ausführung mit 100 PS als auch den neuen Star, den 3,2 Liter mit 120 PS. Die beiden mit 165 bzw. 171 km/h sehr schnellen Fahrzeuge, deren Höchstgeschwindigkeit aber nur durch Überdrehen der Motoren erreicht wird (bei der Nenndrehzahl von 4800 U/min für beide Wagen mußten die Tester auf 5690 bzw. 5390 gehen), zeigen auch in der Beschleunigung ihre Klasse: »In 20,5 Sekunden aus dem Stand auf 120 km/h und in 49,5 Sekunden auf 160 km/h -- das sind Werte für den 3,2-Liter-BMW, die an jene des Porsche 1600 Super heranreichen!«

Als Resümee hält der Testfahrer Werner Buck fest: »Als Wagen für Leute von Kultur sticht der BMW nicht nur äußerlich von den vergleichbaren Wagentypen ab. Er ist alles andere als ein Protz, gediegen, sehr traditionsbetont und dadurch vielleicht sogar ein bißchen hausbacken, in seiner Wesensart gutmütig, aber auch so stark wie ein Bär, wenn es sein muß.«

BMW 3200 L

Triebwerk

Motor		
Hersteller und Typ	BMW 506/140	
Höchstes Drehmoment	24,2 mkg bei 3000 U/min	
Größte Nutzleistung	140 PS bei 5400 U/min	
Hubraumleistung	43,2 PS/l	
Mittl. Arbeitsdruck	7,3 kg/cm2	
Mittl. Kolbengeschwindigkeit	13,5 m/sec	
Verdichtungsverhältnis	9 : 1	
Kurbelverhältnis	3,79	
Lage im Fahrzeug	vorn	
Aufhängung	4 Punkt/gummigelagert	
Schmiersystem	Druckumlaufschmierung	
Kühlung	Wasser	
Gewicht	205 kg (trocken)	
Niedrigst. Kraftstoffverbrauch	238 g/PSh bei 3600 U/min	
Zylinder-Anzahl	8	
Zylinder-Anordnung	V-förmig/90° Zyl.-Winkel	
Zylinder-Gußform	einzelne Buchsen	
Zylinder-Werkstoff	Perlitguß	
Zylinder-Bohrung	82 mm	
Kolbenhub	75 mm	
Gesamthubraum	3186 cm3	
Zylinderkopf	2 Leichtmetallköpfe, abnehmbar	
Abdichtung Zyl./Zyl. Kopf	Diring-Dila	
Laufbüchsen	nasse Buchsen	
Ventilsitzringe	vorhanden	
Kolbenhersteller	Mahle	
Kolben-Werkstoff	Leichtmetall	
Kolbenringe	3 Verdichtungs/1 Ölabstreifring	
Pleuel	Doppel-T-Querschnitt	
Pleuellager	Dünnblechlager (3-Stoff-Ausf.)	
Kurbelwelle	geschmiedet/5 Gleitlager	
Kurbelgehäuse	Leichtmetall	
Schmieröl-Leitungen	Bohrungen im Gehäuse	
Anzahl der Ventile (je Zyl.)	Einlaß: 1/Auslaß: 1	
Anordnung der Ventile	hängend	
Einlaßventil öffnet bei	17° vor OT	bei 0,5 mm
Einlaßventil schließt bei	52° nach UT	Ventilspiel
Auslaßventil öffnet bei	52° vor UT	(kalt)
Auslaßventil schließt bei	17° nach OT	
Ventilspiel (warm)	0,25 mm	
Ventilsteuerung erfolgt über	Stößel/Stoßstange/Kipphebel	
Nockenwelle	im Kurbelgehäuse, 5 Gleitlager	
Nockenwellenantrieb	Duplex-Rollenkette	

Motor-Zubehör	
Kraftstofförderung	Solex-Membranpumpe
Kraftstofftank-Füllmenge	70 l
Kraftstoffilter	Metallsieb
Ölpumpe	Zahnradpumpe
Ölwanne-Füllmenge	6 l
Ölfilter	im Hauptstrom mit Papierfilterpatrone
Luftreiniger	mit Ansauggeräuschdämpfer kombiniert
Kühlwasser-Förderung	Wasserpumpe
Zylinderkühlung	auf ganzer Länge
Kühlsystem-Fassungsvermögen	10 l
Kühlerbauart	Rippenrohrkühler
Kühlerwärme-Abführung	Lüfter
Vergaser	Zenith 36 NDIX
Vergaser-Prinzip	Fallstrom
Vergaser-Anzahl	1 Doppelvergaser
Vergaser-Einstellung	
Hauptdüse	2(MA)155
Leerlaufdüse	2(MA)55
Lufttrichter	2(MA)28
Luftkorrekturdüse	2(MA)100
Elektrische Anlage	12 V
Zündung	Batteriezündung
Unterbrecher	0,4 mm Kontaktabst.
Zündverteiler	Bosch ZV/LBUR 8 R 3
Zündverstellung	mit Fliehkraft u. Unterdruck-Teillast-Regelung
Zündeinstellung	5° vor OT bei Leerlaufdrehzahl
Zündkerze	Bosch W 225 T 2 od. Beru 225/14/3
Elektrodenabstand	0,7 mm
Zündfolge	1-5-4-8-6-3-7-2
Anlasser	Bosch EGD 1,0/12 AR 25
Anlasser-Ausführung	Schubschraubtrieb-Anlasser
Anlasser-Betätigung	kombiniert mit Zündschalter
Lichtmaschine	Bosch LJ/GJM 160/12/1800 R 15
Ladebeginn	bei 960 U/min der KW
Lichtmaschinen-Antrieb	Keilriemen 9,5(MA)825
Übersetzung	
KW/Lichtm.-Welle	i = 1 : 1,36
Batterie	12 V/56 Ah

Kraftübertragung	
Kupplung	Fichtel & Sachs H 18
Kupplungs-Art	Einscheiben-Trocken-Kupplung
Schaltgetriebe	ZF S 4-17
Schaltgetriebe-Art	mech. Stufengetriebe (Sperrsynchronisiert)
Schaltgetriebe-Anordnung	unter den Vordersitzen
Anzahl der Gänge	4 V/1 R
Übersetzungen	3,71/2,27/1,49/1 R 3,49
Geräuscharme Gänge	1. bis 4. Gang
Synchronisierte Gänge	1. bis 4. Gang (Sperrsynchr.)
Schnellgang-Anordnung	–
Schalthebel-Anordnung	an Lenksäule
Schaltungsart	Verschiebeschaltung
Getr.-Geh.-Ölfüllmenge	1,4 l
Kraftübertragung	2 Gelenkwellen
Treibende Räder	Hinterräder
Ausgleichgetriebe	2 Planeten-Kegelräder
Antrieb der Halbachsen	Hypoid-Kegelräder
Zusatzgetriebe	–
Übersetzung	
Getr.-Drehz./Raddrehz	i = 3,89
Schubübertragung	Federhebel u. Dreieckslenker

Fahrwerk

Räder und Bereifung, Lenkung	
Räderart	Scheibenräder (Stahl)
Anzahl der Räder (Zwillingsräder = 1 Rad)	4 (+1 Reserverad)
Anzahl der Reifen	4
Reifengröße, vorn u. hinten	6,40-15 extra »S«
Reifenluftdruck, vorn/hinten	1,7–2,0 atü (nach Belastung)
Felgenart	Tiefbettfelgen
Felgengröße, vorn u. hinten	4fi K(MA)15
Radaufhängung, vorn	2 Dreieckslenker
Radaufhängung, hinten	Starrachse an Federhebeln und Dreieckslenker
Federung, vorn	Einzelfederung mit einstellbaren Torsionsstäben
Federung, hinten	einstellb. Torsionsstäbe
Stoßdämpfer	je Rad 1 Teleskopstoßdämpfer
Radsturz	1°
Spreizung	3,5°
Vorspur	1–3 mm
Nachlauf	3°
Art der Lenkung	Kegelradgetriebe
Lenkübersetzung	i = 16,5
Größter Radeinschlag	innen 38°, außen 29°

Lenksäulen-Anordnung	links
Spurstange	3teilig
Kleinster Spurkreis-(DU)	11,2 m
Bremsen	
Bremsanlage	Dunlop/Teves/BMW
Wirkungsweise d. Fußbremse	vorn Scheibenbremsen hinten Trommelbremsen
Bremskraftübertragung	hydraul. m. Bremskraftverstärk.
Bremstrommel-(DU)	284 mm
Wirkungsweise d. Handbremse.	mech. auf Hinterräder
Allgemeine Daten des Fahrgestells	
Radstand	2835 mm
Spurweite, vorn	1330 mm
Spurweite, hinten	1416 mm
Bodenfreiheit	175 mm
Bauchfreiheit	30 mm
Fahrgestellgewicht	1050 kg
Achslast aus Fahrgest.-Gew.	vorn 670 kg, hinten 380 kg
Fahrgestelltragfähigkeit	850 kg
Rahmenausführung	Kastenrahmen mit Aufbau verschweißt
Schmiersystem	Vorrats-Einzelschmierung
Anhängerkupplung	–
Anhänger-Bremsanschluß	–
Allgemeines	
Achslasten und Gewichte	
Zulässige Achslast, vorn	970 kg
Zulässige Achslast, hinten	970 kg
Zulässiges Gesamtgewicht	1900 kg
Leergewicht	1460 kg
Nutzlast	440 kg
Brutto-Anhängelast (gebremst/ungebremst)	1900/600 kg
Maße	
Länge über alles	4730 mm
Breite über alles	1780 mm
Höhe über alles	1530 mm
Überhang, vorn	745 mm
Überhang, hinten	1150 mm
Kleinster Wendekreis-(DU)	12,0 m
Ausladung d. Anhängerkuppl.	– mm
Sonstige Daten	
Höchstgeschwindigkeit	175 km/h
Kraftstoffnormverbrauch	13,2 l/100 km
Ölverbrauch	0,15 l/100 km
Spezifische Motordrehzahl	1885
Zubehör	
Scheinwerfer	2(MA)45/40 W mit asymmetrischem Abblendlicht
Lichtaustritt	180 mm (DU)
Abblenden	Fußumschalter
Standlicht	Begrenzungsleuchten auf Kotflügeln
Nebelscheinwerfer	2, in Kotflügel eingebaut
Rückfahrscheinwerfer	auf hinterer Stoßstange
Fahrtrichtungs-Anzeiger	Blinkleuchten vorn und hinten
Öldruckanzeiger	Zeiger-Meßgerät
Ladestromanzeiger	Kontrolleuchte
Geschwindigkeitsmesser	0–200 km/h Meßbereich
Diebstahlsicherung	durch Lenkschloß
Elektr. Zeituhr	am Instrumentenbrett
Scheibenwaschanlage	elekt. komb. mit Wischer

Neue Typen durch Optik

»Nach unserer letzten Besprechung sind wir übereingekommen, das Erscheinen der neuen Modelle 520 und 530 um ein Jahr zu verschieben. Um einigermaßen den Absatz der jetzigen Fahrzeugtypen sicherzustellen, habe ich den Vorschlag gemacht, die für das Jahr 1957 zu bauenden vier Luxustypen

502/2,6 Ltr.
502/2,9 Ltr.
502/3,2 Ltr.
502/3,5 Ltr.

optisch außen und innen so zu verändern, daß man sämtliche Modelle als neue Typen ansprechen kann... Es gibt verschiedene Vorschläge, nach denen... die Durchführung möglich ist:

1. Neue Brille, eventuell zum Aufschrauben.
2. Scheinwerfer in die Kotflügel.
3. Veränderung der Lufteintrittsöffnungen für die Ventilation.
4. Neue Armaturen, möglichst die aus den 503 und 507 Modellen.
5. Einbaumöglichkeit des Borg-Warner-Getriebes.
6. Ein neuer Lenker.
7. Einbau des Hydrovac.
8. Standardmäßige Lieferung von Stoßstangenhörnern, Rückfahrtscheinwerfern, Scheibenwaschanlage.
9. Lebendigere und freundlichere Polsterung.
10. Änderung der Chromstreifen außen.
11. Änderung der Stopp- und Schlußlichter.
12. Neue Heizung *(handschriftl. Ergänzung von Herrn Black)*.

Dieses Schreiben Direktor Grewenigs an seinen Kollegen Fiedler enthält nicht nur Angaben zu einem neuen Mittelklassewagen, der 1958 als 1,6-Liter-Typ 530 tatsächlich in den Versuch geht, sondern auch über zwei weitere Achtzylindertypen, die bei ihrer Verwirklichung das Modellprogramm des Hauses allerdings noch weiter zerrüttet hätten. Immerhin hat jemand die 2,9- und 3,5-Liter-Varianten auf diesem Blatt dick mit rotem Stift wieder durchgestrichen. Interessant ist, wie sich hier der kaufmännische Vorstand, der sich zu Szymanowskis Zeiten zur Bestellung des modernen Modells von Pinin Farina veranlaßt sah, erneut am Aussehen des »Barockengels« stößt.
Anfang 1957 einigen sich die Herren Grewenig, Black -- der von Borgward als neuer Entwicklungschef zu BMW gekommen ist -- und Schleicher (seit der frühen Nachkriegszeit durch einen Beratungsvertrag an BMW gebunden) auf folgende grundsätzliche Maßnahmen an den Sechs- und Achtzylindern, ohne daß Grewenig auf seine speziellen Wünsche ganz verzichtet:

1. 501/6
bleibt in der bisherigen Ausführung, jedoch soll nach Auslauf des Umlaufes die breite Rückwandscheibe eingebaut werden.
2. 501/8
erhält breite Rückwandscheibe mit Chromleiste in der Gummiabdichtung. Die vordere Scheibe erhält ebenfalls die Chromleiste in der Gummiabdichtung. Seitliche Chromleisten. Nebelscheinwerfer. Rückfahrscheinwerfer.
3. 502/2,6
Ausstattung wie bisher, jedoch zusätzlich mit Hydrovac, Radscheibenverkleidung, Rückfahrscheinwerfer und Scheibenwaschanlage.

4. 502/3,2
Ausführung wie bisher, jedoch mit den Zusatzausstattungen wie laufende Nr. 3.
5. 502/3,2 S
wie laufende Nr. 4, jedoch mit zwei Vergasern und 140 PS.
6. Da wir einen relativ hohen Lagerbestand in 501/Achtzylinder haben, wird Herr Black die Achtzylinder-Motoren ausbauen und dafür 501/Sechszylinder-Motoren einbauen.

Ein Zusatz von Willy Black zu dieser Aufstellung besagt, daß der Vorstand die schnellstmögliche Einführung genehmigt hat und Fritz Fiedler die Durchführung einleiten soll.

Der BMW 3,2 Liter Super

Bemerkenswert ist, daß man nicht mehr allein auf direktoriale Wünsche, sondern auf verbesserte Technik setzt. Eine Modifikation des Designs wäre für das altbackene Fahrzeug zwar dringend notwendig gewesen, doch dafür gibt es zur Freude der Motorjournalisten jetzt einen Sportmotor von immerhin 140 PS Leistung.
Dieser Wagen, intern als 506 S bezeichnet, ist ein Automobil der Superlative. Endlich ein BMW, dem der Mercedes-Benz unterlegen ist, denn eine gestoppte Spitze von 175 km/h ist nicht zu übertreffen. Es kommt noch besser: Der 1961 als letzter Entwicklungsschritt vorgestellte 3200 S erhält dank höherer Verdichtung weitere zwanzig Pferdestärken und bringt es mit seinen 160 PS auf gut 190 km/h Höchstgeschwindigkeit. Da kann der zur gleichen Zeit vorgestellte Mercedes-Benz 300 SE mit ebenfalls 160 PS nicht mithalten, denn bei seinem hohen Gesamtgewicht bringt er es bestenfalls auf 180 km/h.
Komfort nach Art des Hauses: »Sämtliche großen BMW Wagen können auf Wunsch mit einer elektrischen Betätigung zum Öffnen und Schließen der vorderen Türfenster ausgerüstet werden. Besonders praktisch ist die Betätigung für das rechte Türfenster auf der linken Fahrzeuginnenseite, so daß eine Änderung der Belüftung auch bei Alleinfahrt mühelos möglich ist.«
Die Typen 501 Sechszylinder 2,1 Liter, 502 Achtzylinder 2,6 Liter und 3,2 Liter als Limousinen bleiben in ihrer bewährten Gesamtkonstruktion und Ausstattung im wesentlichen unverändert, jedoch wurde durch geschickte Ausnutzung des Innenraums die Sitzbequemlichkeit gesteigert. Neue Farbkombinationen und Polsterstoff-Varianten sowie neu abgestimmte Türverkleidungen heben die Eleganz dieser formschönen, schnellen Reisewagen.
In einem ausführlichen Artikel beschäftigt sich die renommierte englische Fachzeitschrift *The Autocar* mit der Technik des BMW V8-Motors. Unter anderem heißt es dort: »The design of these engines reveals that expense has not been spared to achieve light weight, smooth running and ideal design features... The results achieved in this range, newly designed in the post-war period, carry on the firm's reputation for quality, long service life and good engineering-attributes which also promote pride of ownership.«
Im selben Jahr mokiert sich der *Spiegel* in einem Artikel über die Modellpolitik des Hauses BMW, die zwar den großen Wagen Panorama-Heckscheiben spendiere, für die normaleren Modelle aber immer noch die altmodische kleine Heckscheibe produzieren lasse. Als Reaktion auf die schlechte Presse rüstet BMW die kleineren Modelle eilends mit der großen Scheibe aus, und zwar in guter alter Karosseriebau-Manier -- mit der Flex nämlich. Die Karosseriefirma Leonhard Dreier in der Münchner Müllerstraße erhält diesen Auftrag. Dreier, schon vor dem Kriege existierend, baute gelegentlich Schiebedächer ein und rüstete Polizeiwagen um. Betriebsleiter Josef Maier muß sich nun darum kümmern, den Bestand an bisher unverkäuflichen 502-Modellen umzurüsten. Das wird wie eine Nacht-und-Nebel-Aktion abgehandelt und kostet BMW rund hunderttausend Mark...
Prominente Besitzer dieser repräsentativen und zugleich potenten BMW-Limousinen gab es nicht nur in Bayern, der langjährige Stuttgarter Oberbürgermeister Arnulf Klett z.B. (als Autokenner privat Porsche-Fahrer) benutzte gern einen solchen Wagen als Dienstfahrzeug, bis er, wie es heißt, auf Intervention der baden-württembergischen Hausmarke fortan ein anderes Fabrikat bevorzugen mußte...

BMW 3200 S

Triebwerk

Motor		
Hersteller und Typ	BMW 503/160	
Höchstes Drehmoment	25,5 mkg bei 3600 U/min	
Größte Nutzleistung	160 PS bei 5600 U/min	
Hubraumleistung	50,2 PS/l	
Mittl. Arbeitsdruck	8,1 kg/cm2	
Mittl. Kolbengeschwindigkeit	14 m/sek	
Verdichtungsverhältnis	9 : 1	
Kurbelverhältnis	3,79	
Lage im Fahrzeug	vorn	
Aufhängung	4 Punkt/gummigelagert	
Schmiersystem	Druckumlaufschmierung	
Kühlung	Wasser	
Gewicht	207 kg (trocken)	
Niedr. Kraftstoffverbrauch	222 g/PSh bei 3100 U/min	
Zylinder-Anzahl	8	
Zylinder-Anordnung	V-förmig/90° Zyl.-Winkel	
Zylinder-Gußform	einzelne Buchsen	
Zylinder-Werkstoff	Perlitguß	
Zylinder-Bohrung	82 mm	
Kolbenhub	75 mm	
Gesamthubraum	3186 cm3	
Zylinderkopf	2 Leichtmetallköpfe, abnehmbar	
Abdichtung Zyl./Zyl.-Kopf	Diring-Dila	
Laufbuchsen	nasse Buchsen	
Ventilsitzringe	vorhanden	
Kolbenhersteller	Mahle	
Kolben-Werkstoff	Leichtmetall	
Kolbenringe	3 Verdichtungs-/1 Ölabstreifring	
Pleuel	Doppel T-Querschnitt	
Pleuellager	Dünnblechlager (3 Stoff-Ausf.)	
Kurbelwelle	geschmiedet/5 Gleitlager	
Kurbelgehäuse	Leichtmetall	
Schmieröl-Leitungen	Bohrungen im Gehäuse	
Anzahl der Ventile (je Zyl.)	Einlaß: 1/Auslaß: 1	
Anordnung der Ventile	hängend	
Einlaßventil öffnet bei	17° vor OT	bei 0,5 mm
Einlaßventil schließt bei	52° nach UT	Ventilspiel
Auslaßventil öffnet bei	52° vor UT	(kalt)
Auslaßventil schließt bei	17° nach OT	
Ventilspiel (warm)	0,25 mm	
Ventilsteuerung erfolgt über	Stössel/Stoßstange/Kipphebel	
Nockenwelle	im Kurbelgehäuse/5 Gleitlager	
Nockenwellen-Antrieb	Duplex-Rollenkette	
Motor-Zubehör		
Kraftstofförderung	Solex-Membranpumpe	
Kraftstofftank-Füllmenge	70 l	
Kraftstoffilter	Metallsieb	

Ölpumpe	Zahnradpumpe
Ölwannenfüllmenge	6 l
Ölfilter	im Hauptstrom m. Papierfilterpatrone
Luftreiniger	m. Ansauggeräuschdämpfer komb.
Kühlwasser-Förderung	Wasserpumpe
Zylinderkühlung	auf ganzer Länge
Kühlsystem-Fassungsvermögen	10 l
Kühlerbauart	Rippenrohrkühler
Kühlerwärme-Abführung	Lüfter
Vergaser	Zenith 36 NDIX
Vergaser-Prinzip	Fallstrom
Vergaser-Anzahl	2 Doppelvergaser
Vergaser-Einstellung	
Hauptdüse	2(MA)155/165
Leerlaufdüse	2(MA)50/70
Lufttrichter	2(MA)28
Luftkorrekturdüse	2(MA)110/220
Elektrische Anlage	12 V
Zündung	Batteriezündung
Unterbrecher	0,4 mm Kontaktabstand
Zündverteiler	Bosch ZV/LBU R 8 R 3
Zündverstellung	m. Fliehkraft u. Unterdruck-Teillastregelung
Zündeinstellung	5° vor OT bei Leerlaufdrehzahl
Zündkerze	Bosch W 225 T 2; Beru 225/14/3
Elektrodenabstand	0,7 mm
Zündfolge	1-5-4-8-6-3-7-2
Anlasser	Bosch EGD 1,0/12 AR 25
Anlasser-Ausführung	Schubschraubtrieb-Anlasser
Anlasser-Betätigung	komb. m. Zündschalter
Lichtmaschine	Bosch LJ/GG 200/12/2200 R 4
Lichtmasch.-Antrieb	Schmalkeilriemen 9,5(MA)750
Ladebeginn	bei 1080 U/min der KW
Übersetzung	
KW/Lichtmaschinenwelle	i = 1 : 1,66
Spannung der Batterie	12 V
Batterie	1 Stück, je 56 Ah.

Kraftübertragung

Kupplung	Fichtel & Sachs H 18
Kupplungs-Art	Einscheiben-Trocken-Kupplung
Schaltgetriebe	ZF S 4-17
Schaltgetriebe-Art	mech. Stufengetriebe/sperrsynchronisiert
Schaltgetriebe-Anordnung	unter den Vordersitzen
Anzahl der Gänge	4 V; 1 R
Übersetzungen	i = 3,71/2,27/1,49/1 R 3,49
Geräuscharme Gänge	1. bis 4. Gang
Synchronisierte Gänge	1. bis 4. Gang (sperrsynchronisiert)
Schnellgang-Anordnung	–
Schalthebel-Anordnung	an Lenksäule
Schaltungsart	Verschiebeschaltung
Getr.-Geh.-Ölfüllmenge	1,4 l
Kraftübertragungselement	2 Gelenkwellen
Treibende Räder	Hinterräder
Ausgleichgetriebe	2 Planeten-Kegelräder
Antrieb der Halbachsen	Hypoid-Kegelräder
Zusatzgetriebe	–
Übersetzung	
Schaltgetriebe/Hinterräder	i = 3,89
Schubübertragung	Federhebel-Dreiecklenker

Fahrwerk

Räder, Bereifung, Lenkung

Räderart	Scheibenräder (Stahl)
Anzahl der Räder	4 (+1 Reserverad)
(Zwillingsräder = 1 Rad)	
Anzahl der Reifen	4
Reifengröße	6,50/6,70-15 ex. Sup. Rec.
Reifenluftdruck	2,0–2,5 atü (n. Belastung)
Felgenart	Tiefbettfelgen
Felgengröße, (vorn/hinten)	4fi K(MA)15
Radaufhängung, vorn	2 Dreieckslenker
Radaufhängung, hinten	Starrachse an Federhebeln u. Dreieckslenker
Federung vorn	Einzelfederung mit einstellbaren Torsionsstäben
Federung, hinten	einstellbare Torsionsstäbe
Stoßdämpfer	4 Teleskopstoßdämpfer
Radsturz	1°
Spreizung	3,5°
Vorspur	1–3 mm
Nachlauf	1°
Art der Lenkung	Kegelradgetriebe
Lenkübersetzung	i = 16,5
Größter Radeinschlag	innen 38°, außen 29°
Lenksäulen-Anordnung	links
Spurstange	3teilig
Kleinster Spurkreis-(DU)	11,2 m

Bremsen

Bremsanlage	Dunlop/Teves/BMW
Wirkungsweise d. Fußbremse	vorn Scheibenbremsen hinten Trommelbremsen
Bremskraft-Übertragung	hydr. m. Bremskraftverstärker
Bremstrommel-(DU)	284° mm
Wirkungsweise d. Handbremse	mech. auf Hinterräder

Allgemeine Daten des Fahrgestells

Radstand	2835 mm
Spurweite, vorn	1330 mm
Spurweite, hinten	1416 mm
Bodenfreiheit	175 mm
Bauchfreiheit	30 mm
Fahrgestellgewicht	1090 kg
Fahrgestelltragfähigkeit	910 kg
Achslast aus Fahrgestellgewicht	
vorn/hinten	710/380 kg
Rahmenausführung	Kastenrahmen m. Aufbau verschweißt
Schmiersystem	Vorrats-Einzelschmierung
Anhängerkupplung	–
Anhängerbremsanschluß	–

Allgemeines

Achslasten und Gewichte

Zulässige Achslast, vorn	1000 kg
Zulässige Achslast, hinten	1000 kg
Zulässiges Gesamtgewicht	2000 kg
Leergewicht	1470 kg
Nutzlast	530 kg
Brutto-Anhängelast	
gebremst/ungebremst	2000/600 kg

Sonstige Daten

Höchstgeschwindigkeit	190 km/h
Kraftstoffverbr. nach DIN 70030	13,5 l/100 km
Ölverbrauch	0,15 l/100 km
Spezifische Motordrehzahl	1835

Maße

Länge über alles	4730 mm
Breite über alles	1780 mm
Höhe über alles	1530 mm
Überhang, vorn	745 mm
Überhang, hinten	1150 mm
Kleinster Wendekreis-(DU)	12,0 m

Zubehör

Scheinwerfer	2(MA)45/40 W/asymmetr. Abblendlicht/Lichtaustritt 180 mm (DU)
Abblenden	Fußumschalter
Standlicht	Begrenzungsleuchten auf Kotflügeln
Nebelscheinwerfer	2, im Kotflügel eingebaut
Rückfahrscheinwerfer	auf der hinteren Stoßstange
Fahrtrichtungs-Anzeiger	Blinkleuchten vorn und hinten
Öldruckanzeiger	Zeiger-Meßgerät
Ladestromanzeiger	Kontrolleuchte
Geschwindigkeitsmesser	0–200 km/h Meßbereich
Diebstahlsicherung	durch Lenkschloß
elektr. Zeituhr	am Instrumentenbrett
Scheibenwaschanlage	elektrisch komb. mit Wischer

Ende eines Sechszylinders

1958 schlägt dem unzeitgemäß gewordenen Sechszylinder die Stunde. Dieses in seiner Basiskonstruktion inzwischen weit über 20 Jahre alte Triebwerk ist einfach überfällig. In der Motorenkonstruktion arbeitet man bereits an modernen Vierzylindern, bei deren Konzeption aber ebenfalls eine Sechszylinder-Variante eingeplant ist, wenngleich bei der Einführung des neuen Programms im Jahre 1962 dieser aus Kostengründen zunächst nicht mitproduziert wird.

Der BMW 501 mit dem Motor 337 wird aus dem Verkaufsprogramm also gestrichen und nur in Einzelexemplaren -- primär für den Einbau in

Polizeifahrzeuge und zu Ersatzteilzwecken -- noch bis 1961 weitergebaut. Am 11. Mai 1958 verstirbt Peter Szymanowski nach schwerer Krankheit in München. Bei seiner Beerdigung wird ihm, der doch vom Werk unter Querelen geschieden ist, die letzte Ehre von seiten der BMW AG in Form einer unglaublich privaten, anerkennenden Rede von Fritz Fiedler zuteil. Dieser beschwört unter Tränen die Leistungen des Verstorbenen, der dank seiner Schöpfung (des 501) weiterleben werde.

Die Achtzylindertypen gibt es inzwischen in einer (fast zu großen) Vielfalt von Leistungsdaten und mit neuen Bezeichnungen: 2,6, 2,6 Luxus, 3,2 und 3,2 Super, wobei diese Breite des Angebots sicherlich ein Grund für die unzureichenden Geschäftsergebnisse bei BMW ist. Erst 1959 werden die großen BMW-Modelle einiger Feinarbeit unterzogen. So zieht man die von Fichtel & Sachs entwickelte automatische Kupplung »Saxomat« für den großen BMW in Betracht. Für den 2,6 Liter heißt es dazu: »Geht in heutiges Gehäuse Servo-Betätigung hydr. Erstumbau bei F & S«.

Auch der 3,2 Liter wird anvisiert: »Will F & S erst erproben, wenn mit 2,6 zufriedenstellende Ergebnisse vorhanden sind. Einbau jedoch schwierig. Gehäuse zu klein.« Und: »Herr Fiedler sagt, wir wollen einen 2,6 Liter (von Dr. Suppe) auf Saxomat umbauen bei F & S und erproben.« Auch ein automatisches Getriebe wird in diesem Zusammenhang erwähnt.

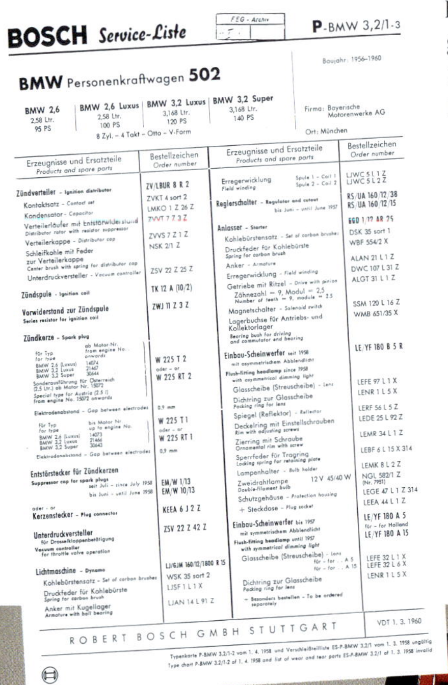

BOSCH *Service-Liste* — FEG - Archiv — **P**-BMW 3,2/1-3

Baujahr: 1956–1960

BMW Personenkraftwagen **502**

BMW 2,6 — 2,58 Ltr. — 95 PS | BMW 2,6 Luxus — 2,58 Ltr. — 100 PS | BMW 3,2 Luxus — 3,168 Ltr. — 120 PS | BMW 3,2 Super — 3,168 Ltr. — 140 PS

8 Zyl. – 4 Takt – Otto – V-Form

Firma: Bayerische Motorenwerke AG

Ort: München

Erzeugnisse und Ersatzteile / *Products and spare parts*	Bestellzeichen / *Order number*
Zündverteiler – Ignition distributor	ZV/LBUR 8 R 2
Kontaktsatz – *Contact set*	ZVKT 4 sort 2
Kondensator – *Capacitor*	LMKO 1 Z 26 Z
Verteilerläufer mit Entstörwiderstand – *Distributor rotor with resistor suppressor*	ZVVT 7 Z 3 Z
Verteilerkappe – *Distributor cap*	ZVVS 7 Z 1 Z
Schleifkohle mit Feder zur Verteilerkappe – *Center brush with spring for distributor cap*	NSK 2/1 Z
Unterdruckversteller – *Vacuum controller*	ZSV 22 Z 25 Z
Zündspule – Ignition coil	TK 12 A (10/2)
Vorwiderstand zur Zündspule – Series resistor for ignition coil	ZWJ 11 Z 3 Z
Zündkerze – Spark plug	
für Typ / for type, ab Motor-Nr. / from engine No. onwards: BMW 2,6 (Luxus) 14074, BMW 3,2 Luxus 21467, BMW 3,2 Super 30644; Sonderausführung für Österreich (2,5 Ltr.) ab Motor Nr. 15072 / Special type for Austria (2.5 l) from engine No. 15072 onwards	W 225 T 2 oder – or W 225 RT 2
Elektrodenabstand – *Gap between electrodes*	0,9 mm
für Typ / for type, bis Motor Nr. / up to engine No.: BMW 2,6 (Luxus) 14073, BMW 3,2 Luxus 21466, BMW 3,2 Super 30643	W 225 T 1 oder – or W 225 RT 1
Elektrodenabstand – *Gap between electrodes*	0,9 mm
Entstörstecker für Zündkerzen – Suppressor cap for spark plugs, seit Juli – since July 1958	EM/W 1/13
bis Juni – until June 1958	EM/W 10/13
oder – or **Kerzenstecker** – Plug connector	KEEA 6 J 2 Z
Unterdruckversteller für Drosselklappenbetätigung – Vacuum controller for throttle valve operation	ZSV 22 Z 42 Z
Lichtmaschine – Dynamo	LJ/GJM 160/12/1800 R 15
Kohlebürstensatz – *Set of carbon brushes*	WSK 35 sort 2
Druckfeder für Kohlebürste – *Spring for carbon brush*	LJSF 1 L 1 X
Anker mit Kugellager – *Armature with ball bearing*	LJAN 14 L 91 Z

Erzeugnisse und Ersatzteile / *Products and spare parts*	Bestellzeichen / *Order number*
Erregerwicklung – *Field winding*, Spule 1 – Coil 1 / Spule 2 – Coil 2	LJWC 5 L 1 Z / LJWC 5 L 2 Z
Reglerschalter – Regulator and cutout	RS/UA 160/12/38
bis Juni – until June 1957	RS/UA 160/12/15
Anlasser – Starter	6GD 1/12 AR 25
Kohlebürstensatz – *Set of carbon brushes*	DSK 35 sort 1
Druckfeder für Kohlebürste – *Spring for carbon brush*	WBF 554/2 X
Anker – *Armature*	ALAN 21 L 1 Z
Erregerwicklung – *Field winding*	DWC 107 L 31 Z
Getriebe mit Ritzel – *Drive with pinion*, Zähnezahl = 9, Modul = 2,5 – *Number of teeth = 9, module = 2.5*	ALGT 31 L 1 Z
Magnetschalter – *Solenoid switch*	SSM 120 L 16 Z
Lagerbuchse für Antriebs- und Kollektorlager – *Bearing bush for driving and commutator end bearing*	WMB 651/35 X
Einbau-Scheinwerfer seit 1958 mit asymmetrischem Abblendlicht – Flush-fitting headlamp since 1958 with asymmetrical dimming light	LE/YF 180 B 5 R
Glasscheibe (Streuscheibe) – *Lens*	LEFE 97 L 1 X
Dichtring zur Glasscheibe – *Packing ring for lens*	LENR 1 L 5 X
Spiegel (Reflektor) – *Reflector*	LERF 56 L 5 Z
Deckelring mit Einstellschrauben – *Rim with adjusting screws*	LEDE 25 L 92 Z
Zierring mit Schraube – *Ornamental rim with screw*	LEMR 34 L 1 Z
Sperrfeder für Tragring – *Locking spring for retaining plate*	LEBF 6 L 15 X 314
Lampenhalter – *Bulb holder*	LEMK 8 L 2 Z
Zweidrahtlampe – *Double-filament bulb*, 12 V 45/40 W	NGL 582/1 Z (Nr. 7951)
Schutzgehäuse – *Protection housing*	LEGE 47 L 1 Z 314
+ Steckdose – *Plug socket*	LEEA 44 L 1 Z
Einbau-Scheinwerfer bis 1957 mit symmetrischem Abblendlicht – Flush-fitting headlamp until 1957 with symmetrical dimming light	LE/YF 180 A 5 / für – for Holland LE/YF 180 A 15
Glasscheibe (Streuscheibe) – *Lens*, für – for . . A 5 / für – for . . A 15	LEFE 32 L 1 X / LEFE 32 L 6 X
Dichtring zur Glasscheibe – *Packing ring for lens*	LENR 1 L 5 X
+ Besonders bestellen – To be ordered separately	

ROBERT BOSCH GMBH STUTTGART — VDT 1. 3. 1960

Typenkarte P-BMW 3,2/1-2 vom 1. 4. 1958 und Verschleißteilliste ES-P-BMW 3,2/1 vom 1. 3. 1958 ungültig

Type chart P-BMW 3.2/1-2 of 1. 4. 1958 and list of wear and tear parts ES-P-BMW 3.2/1 of 1. 3. 1958 invalid

Bei den Typprüfungen im Februar 1959 gibt es wegen geänderter Lautstärkewerte Probleme bei den Typen 3,2 Super, 2,6 und 2,1 Liter, hingegen erhalten die Typen 3,2 Liter, 503 und 507 ohne weiteres ihre Betriebserlaubnis.

Der »Mittelwagen«, inzwischen mit 1,6-Liter-Motor, existiert jetzt in seiner zweiten Entwicklungsstufe unter der internen Codebezeichnung 530. Seine Hinterachse wird im 502 ausprobiert. Ebenso wird auch ein 502 mit der Karosserie des 530 versehen.

Die geplanten Verbesserungen für 502 und 506 beziehen sich auf die Typprüfung. Und es heißt: » Scheibenbremse 506S soll kommen« (sie kommt auch im selben Jahr für den 3,2 Liter Super, natürlich mit einer Servohilfe), das Armaturenbrett, und der »2,6 muß den Mercedes halten«.

Offenbar stellt der Mercedes-Benz 220 S mit Einspritzmotor das größte Problem dar, dem man »beste Ausstattung« attestiert. Daimler-Benz gibt für den Wagen 106 PS an -- Bönsch will 110 PS!

»Steiner hat in seinem Wagen 107 PS, Wagen läuft 166 km/Std. Steiner kann trotzdem bis 20 km herunter. (Nockenwelle serienmäßig bei 2-Vergaser.)«

1959 droht BMW das Schicksal einer Übernahme durch Daimler-Benz. Schon vor dem Debakel schreibt die Presse über eine angebliche Einstellung der großen Wagentypen, wofür im Dezember die Entscheidung fallen soll. Doch die Loyalität der Aktionäre zu BMW verhindert eine solche Entwickung.

Unbeirrt von den Turbulenzen des Tagesgeschehens gehen die Arbeiten an der Verbesserung des 502 weiter. 1960 realisiert BMW aber nur eine halbherzig geplante »Weiterentwicklung« durch eine übergestülpte, in Italien hergestellte Karosserie, worüber im nächstes Kapitel ausführlicher berichtet wird.

Alfred Böning hält 1960 über Detailarbeiten am 502 fest:

3,2 ltr 120 PS ehrlich möglichst ohne Prüfung

3,2 ltr höhere Leistung 175 km/h; event. 3-Gang u. Schnellgang später

3,2 ltr neue Beläge u. Handbremse

3,2 Super Geräusche mit Luftfilter bis 1.6.60

3,2 Super 170 PS

3,2 Scheibenbremse richtigstellen

Letzteres bedeutet, daß es für den 3,2 Liter wie auch für die anderen Achtzylinder auf Wunsch Scheibenbremsen gibt, womit BMW wieder den Anschluß an die automobile Spitzenklasse gefunden hat. Die Fachpresse begrüßt diese Entscheidung mit Jubel. Der Journalist Dieter Korp macht sich in *auto motor und sport* sofort an einen Vergleichstest mit zwei BMW 502, der tatsächlich erstaunliche Bremsweg-Differenzen ergibt. Als mahnender Hinweis werden in einem Kasten die vielen ausländischen Wagen genannt, die bereits per Scheibe bremsen...

Ein letzter Schritt

Am 1. März 1961 wird das Ziel, den gealterten Großwagen durch technisches Make-up aufzuwerten, von Alfred Böning deutlich formuliert. Während einer Besprechung für die Automobil-Ausstellung im kommenden Herbst notiert er

eine Liste von gewünschten Veränderungen oder Verbesserungen:
Leist. gesteigert -- Verbrauch prüft Wolff
Ansauggeräuschdämpfer Auspuff
Progressives Gasgestänge
Abtropfblech unter Vergaser
Zündspule höher
Scheibenwischer mit zwei Geschwindigkeiten -- Scheibenwischer nicht anschlagen
Sicherung der Motorhaube -- Fanghaken anders?
Bremskraftregler bei Scheibenbremsen
Bei Super neue Reifen auf breiterer Felge (Kotflügeländerung!)
Hinterachse wie 507 u. Stabilisator vorne abgelehnt wegen Kofferraumänderung
Getriebeschlag oberer Lenker Hinterachse anders kürzer :Panhardstab
Angeflanschtes Getriebe?
Diebstahlsichere Schlösser an den Türen
Größere Heckleuchten
Türgriffe kleiner
Sicherheitsgurte -- Haken »Klippan-Gurt«
Bremskraftverteiler von Teves
Höhere Ventilatordrehzahl auch bei 1-Vergaser
Anlasser mit Sperre
Scheibenwascher serienmässig

Böning kommentiert abschließend: »Alles nur Vorschläge! Zur Prüfung Schätzwerte nötig!«
Im selben Jahr erhält der Österreicher Karl Jentschke, ehemals Konstruktionsvorstand bei den Firmen Steyr und Adler, das Angebot, als Vorstandsmitglied im Bereich Entwicklung zu BMW zu kommen. Unter seiner Führung wäre vermutlich das Ende der 501/2-Produktion oder eine weitgehende Umkonstruktion zu erwarten gewesen. Doch der Vertrag mit Jentschke kommt nicht zustande.
Ab September 1961 erhalten die großen BMW Wagen mit neuer Ausstattung auch neue Namen: Der 2,6 Liter mutiert zum 2600, der leistungsgesteigerte 2,6 Liter heißt jetzt 2600 L. Der 3,2 Liter wird zum 3200 L befördert, dementsprechend rangiert der 3,2 Liter Super nun unter dem Kürzel 3200 S.
Als äußere Kennzeichen lassen sich lediglich modernere Rückleuchten in Röhrenform erkennen, identisch mit denen an den BMW Motorrädern.
Ein langer Produktionszeitraum ist dieser konservativen Baureihe nicht mehr beschieden, zumal die immer wieder aufgenommenen und ebensooft eingestellten Versuche mit dem sogenannten »Mittelwagen« ihren Kulminationspunkt gefunden haben: Dieses Auto ist jetzt serienreif. Als BMW 1500 schließt die Neukonstruktion die Ära Szymanowski ab, zugleich stellt sie den Anfang einer neuen Ära dar. Statt eines repräsentativen Achtzylinders soll es von jetzt an leistungstarke, wirtschaftliche Vierzylinder geben, in sportlicher Auslegung und damit zum neuen Zeitgeist passend, der behäbigen Direktorenautos keine Chance mehr läßt.
Immerhin wird der BMW 502 als Modell 3200 bis zum März 1964 weiterproduziert, sogar mit einer Knüppelschaltung (die von Anfang an verwendeten ZF-Getriebe waren von der Grundkonstruktion her sowohl für Lenkrad- als auch für Bodenschaltung ausgelegt).
In diese Zeit fällt auch die letzte Weiterentwicklung zum sogenannten Diplomatenwagen. Offenbar hat schon der 2,6-Liter-Wagen als Typ 502/3 die Option »mit angeflanschtem Getriebe« erhalten, denn Fichtel & Sachs spendiert dieser Version zwar dieselbe Kupplung wie dem normalen 2,6 (H 18 Sph), sieht für ihn aber eine spezielle Kupplungsscheibe vor. Mit diesen für den 502 verwendeten ZF-Getrieben der Typen S4-17 und S5-17 befindet sich BMW in bester Gesellschaft, denn sie werden auch für Nachrüstungen von Bugatti-Fahrzeugen verwendet!
Bevor der 502, der inzwischen nicht mehr so heißt, schließlich von der Bühne verschwinden muß, erhalten seine treuen Anhänger eine inhaltsreiche Sonderzubehör-Liste. Sie enthält zum Beispiel einen Ventilator für die Heckscheibe, verlängerte Sitzschienen vorn, elektrische Fensterheber, diverse Zierblenden (für das Rad mit vier respektive acht Langlöchern sowie für den Auspuff), elektrisch beheizte Klarsichtscheiben (die schon in den dreißiger Jahren die Batterie leerfraßen), Stoßstangenhörner, Kopfstützen, Sicherheitsgurte und eine »Federung für sportliche Fahrweise (Drehstäbe 22.Ø, hinten)«, zu welcher unter Punkt 23 auch ein »Zündungsdrehzahlmesser« angeboten wird. In alten Unterlagen des Hauses Fichtel & Sachs finden sich auch Angaben über wahlweise lieferbare Stoßdämpfer in »Sporteinstellung«, die für die Typen 501.3, 502.1 und 506.1 lieferbar waren.
Siehe da -- haben wir die sportlichen V8-Fahrer doch noch erwischt!

BMW
63

Kapitel VI

Die Nachfolger

Die Limousinen

Auf alten Fotos ist der BMW-Konstrukteur Johann König, damals Modellbauer, mit einem Holzmodell des 501 zu sehen, das er am 1. Juni 1952 für den Vorstand angefertigt hat.

König begann als Stellmacher, dann wird er bei BMW eingestellt und in der Versuchs- und Entwicklungsabteilung als Modelleur eingesetzt. Schnell erkennt man seine außerordentliche Begabung.

Johann König am Holzmodell des 501, der hier verlängerte hintere Kotflügel bekommen soll. Datum: 1.6.1952.

Autosalon 1955 mit dem BMW-Stand. Ganz rechts die Repräsentationslimousine Typ 505.

BMW 3200 S (Staatslimousine) von 1963, hier in voller

Ominöses Rendering für einen eher amerikanisch wirkenden Wagen. Entwerfer?

Der 505 in seiner ganzen Pracht. Entwurf Michelotti, gebaut bei Ghia-Aigle in der Schweiz als Einzelstück. Ein Serienbau dieses verlängerten Chassis und damit die Herstellung weiterer Luxus-Prestigewagen erfolgte leider nicht.

König erhält Ende 1952 den Auftrag, für den 501 1952 eine geänderte Heckpartie zu modellieren. Die hinteren Kotflügel sollen längergezogen, der rundliche Kofferraumdeckel soll kantiger werden.
Geplant ist der Entwurf einer Repräsentationslimousine als Konkurrent zu dem in Bonn so erfolgreichen Mercedes-Benz 300.
Direktor Grewenig hält dazu in einem Aktenvermerk vom 24. Juli 1953 fest: »In der heute stattgefundenen Besprechung über das Musterfahrzeug 501 S wurde festgelegt, daß Herr Szymanowski den Kofferraum, in Sonderheit den Kofferraumdeckel, für den Wagen 502 so verändert, daß ein sichtbarer Unterschied zwischen 501 S und 502 besteht.«
Diese Arbeiten führen 1955 zur Entstehung des Typ 505 als Luxuslimousine für Staatsmänner, und sie finden erst 1962 ihren Abschluß.
Doch nicht Szymanowski und sein neuer Mitarbeiter König kommen mit ihren Entwürfen zum Zuge. Die Veränderung vom 502 zum 505 wird nach Vorschlägen des italienischen Designers Michelotti ausgeführt, und zwar bei der schweizerischen Karosseriefirma Ghia-Aigle.
Michelotti reduziert die geschwungene Seitenlinie des 502 beinahe auf eine Pontonform mit einem nur noch angedeuteten Schwung an der Gürtellinie und nur ansatzweise erkennbarem hinteren Kotflügel. Er zieht auch die Kotflügelenden vorn und hinten gerade und eckig heraus. Den klassischen Doppelnierengrill tastet Michelotti nicht an, liefert aber links und recht kleine Quergrills mit integrierten Nebelscheinwerfern und Blinkern -- alles in allem ein zeitgemäßes Updating eines großen BMW.
Die Ausmaße von 5100 x 1830 x 1630 mm bei einem Radstand von 3040

1:1-Gipsmodell des mysteriösen Coupes, aus welchem angeblich auch eine Limousine entwickelt werden sollte. Arbeit von Johann König.

Wohl zum erstenmal veröffentlicht: Holzaufbau, nach dem die Bleche gehämmert wurden. Möglicherweise wurde diese Aufnahme in Italien gemacht.

Zwei Renderings für ein Coupe. Der Ponton-Entwurf könnte dem Stil nach von Szymanowski stammen.

Frontpartie-Vorschläge von überraschender Linienführung.

machen deutlich, daß man es hier mit einem reinen Chauffeur-Automobil zu tun hat.

Die Feinarbeit an der nach München gelieferten Rohkarosserie überwacht der ehemalige Auto Union-Mann Kurt Bredschneider, der von Autenrieth oder einer anderen Aufbaufirma als Karosseriekonstrukteur zu BMW geholt wird. Er ist offenbar der Wunschkandidat für Szymanowskis Nachfolge, eine Stelle, die im Juli 1954 mittels einer bescheidenen Stellenanzeige ausgeschrieben wird. Bredschneiders erste stilistische Arbeiten findet man bereits 1933 in der *Deutschen Fahrzeug-Technik,* der maßgebenden Fachzeitschrift für die Karosserieentwicklung in Deutschland.

Der Vorstand gibt per Rundschreiben 7/54 vom 15. Oktober 1954 Bredschneiders Einstellung bekannt: »Mit Wirkung ab 1. Januar 1955 übernimmt Herr Kurt Bredschneider die Karosserieentwicklung. Er ist dem Vorstand direkt unterstellt. Unter Herrn Bredschneider behält Herr Wilhelm Hofmeister die Leitung des Karosserie-Konstruktionsbüros.«

Aus welchem Grund der Vorstand über Wilhelm Hofmeisters Kopf hinweg diese Entscheidung trifft, obwohl er eigentlich als Szymanowskis designierter Nachfolger gilt, ist heute nicht mehr nachvollziehbar.

Als erfahrener Stylist für beide ist Georg Bertram tätig, der später, nach Bredschneiders Ausscheiden, unter Hofmeister als Studioleiter arbeitet.

Der 505 sorgt auch ansonsten für Aufregung: Dem Innnenausstattungs-Spezialisten Erwin Kauderer läßt man nur zwei Tage Zeit, um den 505 auszukleiden. Wobei man höchste Qualität und viele Extras erwartet, zum Beispiel den Einbau einer Trennwand mit Schreibplatte.

Pressemann Hoepner bezeichnet den Typ 505 in der offiziellen Pressemitteilung als Fahrgestell für Aufbauten von Spezialkarosserien. »Dieses Fahrgestell... ist jedoch verstärkt und im hinteren Teil um 200 mm verlängert... Die Karosserie-Hersteller verwirklichten mit dieser Limousine in Einzelfertigung die Absicht, für das BMW-Fahrgestell einen außerordentlich repräsentativen Aufbau zu schaffen.«

Die sechssitzige Pullman-Limousine besitzt neben elektro-hydraulischer Fensterbetätigung und Clubsessel-Rücksitzen mit verstellbaren Kopfstützen eine Gegensprechanlage, eine zweite Lautsprecheranlage und Radio-Fernbedienung an der Trennwand. Nach bester Rolls-Royce-Manier gibt es auch ein »Schränkchen aus feinstem Edelholz« -- ob obendrein mit geschliffenen Kristallkaraffen ausgestattet, wird nicht mitgeteilt. Ferner gibt es »Leselampen, Einstiegleuchten... sowie die vergrößerte und lichtstarke Deckenleuchte.« Auch eine zusätzliche Fondheizung »verdient erwähnt zu werden.« Der Kofferraum im 505 ist besonders groß und durch kastenförmige Anordnung in seinen vollen Ausmaßen nutzbar. »Hochwertiges Stahlblech« für den Aufbau wird durch Aluminium für Motorhaube und Kofferraumdeckel ergänzt.

Auch dem von der bayerischen Staatsregierung, vertreten durch Ministerpräsident Alfons Goppel, vorzugsweise benutzten 3200 S in Sonderausführung liegt ein Entwurf von Michelotti zugrunde. Hatte Michelotti beim 505 noch eine recht moderne Gesamtgestaltung realisieren können, so führt dieser sogenannte »Diplomatenwagen« von 1963 an die Anfänge, nämlich an den Modellbau anno 1952 zurück. Denn dieser Wagen erhält eigentlich nur eine Vier-Scheinwerfer-Front unter Verwendung der vorhandenen 502-Preßteile, während sich das Heck mit seinen langgezogenen Kotflügeln und dem eckigeren Kofferraum nach Art des Mercedes 300 d stark an frühe Stylingversuche anlehnt.

Praktisch war das große Stahlschiebedach im Fond, welches Staatsbesuchern die Möglichkeit gab, stehend die Ovationen des Publikums entgegenzunehmen. Offiziell gibt BMW Wilhelm Hofmeister als Gestalter dieses Wagens an. Sowohl der 505 als auch der 3200 S von 1963 (1969 wurde er an das Werksmuseum übergeben) bleiben Einzelstücke, obwohl zu Anfang vermutlich an eine Kleinserie gedacht war. Beide Fahrzeuge sind in der Historischen Sammlung der BMW AG (BMW Mobile Tradition) erhalten.

Das Coupé

Noch während der Ägide Szymanowskis wird der 501 auch in anderer Richtung weiterentwickelt. Der sportlichen Tradition des Hauses entsprechend, geht man an den Entwurf eines Coupés auf der Basis eines verkürzten 501-Fahrgestells, das mit seinen pontonförmigen Seitenlinien und einer modernen Front mit außenliegenden Scheinwerfern recht gut aussieht.

Im November/Dezember 1953 wird von Johann König ein 1:1-Modell in Plastilin ausgeführt, ein indirekter Hinweis auf eine geplante Fertigung. Angeblich verkauft der neue BMW-Chef Dr. Heinrich Richter-Brohm den Entwurf später mit allen Karosseriezeichnungen an Borgward, weil BMW zu dieser Zeit erneut von Finanzproblemen heimgesucht wird und eine Realisierung des Coupéprojekts kaum durchführbar erscheint. Mitunter wird behauptet, aus dem BMW-Entwurf sei das bekannte Isabella-Coupé entstanden, was aber insofern zu widerlegen ist, als Richter-Brohm erst 1957 sein Amt antrat, als das Isabella-Coupé bereits vorhanden war. Angeblich war auch geplant, das 501 Coupé zur Limousine weiterzuentwickeln.

Interessanterweise haben sich aus jenen Jahren einige undatierte und unsignierte Renderings für Coupés angefunden, deren stilistische Handschrift nicht unbedingt auf Szymanowski hindeutet. Ihre amerikanischen Linien und die Darstellungstechnik mit Farbkreide lassen eher auf freiberufliche Designer wie Passon, Palm oder Huckenberg schließen.

Der Lancia-BMW

Daß der 502 einen modernen Nachfolger bekommen soll, scheint 1959 beschlossene Sache zu sein. In einer Entwicklungsbesprechung am 7. Juli 1959 notiert Alfred Böning unter dem Stichwort *Große Wagen:* »Vignale neue Karosserie 502?«

Seit Anbeginn hat der 501/502 nach vorn öffnenden Hintertüren (Böning: »Türen hinten angeschlagen, Fiedler soll reklamieren, Zeit gewinnen«), aber dies bei einem Nachfolgemodell zu ändern ist nicht der einzige Grund, warum BMW die guten Kontakte zu italienischen Karosserieschneidern aktiviert. Diesmal wendet man sich an die Carrozzeria Vignale. 1959 ist auf dem Turiner Automobilsalon des 3,2 Liter BMW Vignale-Coupé zu sehen, stark an den 507 erinnernd -- aber es geht nicht in Serie. Und es gibt eine italienische Limousine mit selbsttragender Karosserie, die den Herren vom BMW-Vorstand besonders gut gefällt -- das ist der Lancia Flaminia, der in seinen

Der geplante große BMW mit der Karosserie des Lancia Flaminia, Rendering von 1960. Ein repräsentatives Automobil, bei dem außer einem fertiggestellten Modell nur die Karosseriekonstruktion (bei Baur) bearbeitet wurde.

kantigen, wuchtigen Linien durchaus dem Zeitgeist entspricht. Das Studienprojekt, einen BMW nach Lancia-Vorbild zu entwerfen, wird akzeptiert und delegiert. Nach der Entwurfs- und Modellbauphase vergibt BMW die Konstruktionsarbeiten an Baur in Stuttgart, wo Hermann Wenzelburger als Konstruktionschef 1960 an die Arbeit geht. Zunächst aber muß der Rahmen des 502, auf den man -- obwohl der Lancia eine selbsttragenden Karosserie hat -- nicht verzichten will, auf einen Radstand von 2870 mm verlängert werden.

Die Front lehnt sich an den Entwurf des 1600er BMW an, der inzwischen zu einem fahrfähigen Prototyp herangereift ist, und mit dem dezenten V8-Zeichen an der Seite hat das Fahrzeug ein geradezu staatsmännisches Aussehen. Aber auch dieses Projekt gedeiht aus Gründen, die heute nicht mehr erkennbar sind, nicht weiter.

Dennoch ist der Lancia-BMW nicht der Abgesang des großen V8, denn 1964 erscheint das BMW Coupé 2000 der »Neuen Klasse« auf einer Entwurfszeichnung mit einem Heck, auf dem groß und deutlich die Aufschrift *V8 Super* prangt. Offenbar mangelte es nicht an Ideen für einen Nachfolger...

Immerhin: Die »Szymanowski-Klasse« der großen BMW Automobile hielt sich sehr viel länger als geplant, nämlich dreizehn Jahre, und das ist im Automobilbereich eine ansehnliche Zeitspanne.

Kapitel VII

Derivate

Aus Kostengründen kann es sich BMW nicht erlauben, einen neuen Großwagen zu entwickeln. Aber man möchte dem Kunden sportliche Derivate in der Tradition des Hauses anbieten.
Nacheinander entstehen daher der Typ 507 als Sportwagen, der Typ 503 als Tourenwagen und der Typ 3200 CS (»Bertone«) als repräsentatives, viersitziges Coupé. Sie haben alle den leistungsfähigen 3,2-Liter-V8-Motor unter der Haube und besitzen den kräftigen Vollschutzrahmen des 501/502.

Der Loof-Sportwagen

Der zum Spitzenklassiker avancierte BMW 507 hat einen Vorläufer, einen von Ernst Loof nach Veritas-Vorbild gezeichneten Sportzweisitzer. Loof, schon in der Vorkriegszeit im BMW-Versuch tätig und fasziniert von dem Sportwagen 328 und seinen Weiterentwicklungen, wird nach dem Kriege durch seine im Sport recht erfolgreichen Veritas-Sport- und Rennwagen berühmt. Doch seine 1946 in Meßkirch gegründete Firma steht auf finanziell schwachem Fundament und muß 1953 Konkurs anmelden. Zuletzt residiert sie am Nürburgring. Mit dem, was Loof von seinem Betrieb verbleibt, wird er von seinem ehemaligen Arbeitgeber BMW übernommen.
Als Loof von dem Sportwagenprojekt 507 hört, bittet er bei der Firmenleitung um grünes Licht für die Option, nach eigenen Vorstellungen ebenfalls einen Prototyp bauen zu lassen. Er verspricht sich davon, im Hause BMW wieder eine seinem Selbstverständnis entsprechende Position zu erhalten.
Offiziell liest sich das so: »Auf dieser Sitzung wurde beschlossen, einen offenen Sportwagen bei der BMW vorerst einmal als Prototyp herzustellen. Für die Ausführung dieses Fahrzeuges zeichnet ausschließlich Herr Fiedler ver-

Der Loof-Sportwagen von 1954 hier noch in seiner ursprünglichen Baur-Optik mit schmaler Stoßstange und Veritas-ähnlichem Kühlergrill.

Rückleuchten wie beim Mercedes 190 SL und immerhin ein Kofferraum...

...sportliche Armaturen.

antwortlich. Der Rahmen soll im Konstruktionsbüro... konstruiert werden. Die Herstellung des Rahmens kann in der Versuchsabteilung bei Herrn Kermer erfolgen... Der Zusammenbau des Fahrzeuges soll auf dem Nürburgring von Herrn Loof durchgeführt werden. Sollte Herr Loof dazu die eine oder andere Kraft benötigen, so darf er diese über Herrn Fiedler engagieren... Die Karosserie soll bei der Firma Baur konstruiert und hergestellt werden... Die Beaufsichtigung der Arbeiten dort übernimmt Herr Loof, damit die Erfahrungen von Veritas mit zur Anwendung kommen.«
In dieser als vertraulich gekennzeichneten Aktennotiz vom 4. März 1954 (die nur an die Herren Fiedler, Böning, Wolff, Szymanowski, Deby und Loof sowie an die Vorstandsmitglieder Grewenig und von Krafft geht) dokumentiert Direktor Donath einen Vorstandsbeschluß zur Entwicklung des späteren 507. Der von Loof entworfene Wagen lehnt sich in seiner Linienführung stark an den Veritas-Sportwagen an. Gebaut wird er, wie vorgesehen, bei Baur in Stuttgart.
Dieses von BMW abgesegnete Produkt führt Loof bei einem Schönheitswettbewerb in Bad Neuenahr vor; das Auto erhält auch einen Preis. Zur gleichen Zeit nimmt BMW aber Kontakt zu dem deutsch-amerikanischen Industriedesigner Albrecht Graf Goertz auf, dessen Dienste der Importeur Max Hoffman mit Nachdruck empfiehlt. Graf Goertz überzeugt mit seinen Skizzen zu einem Sportzweisitzer und bekommt den Auftrag, ähnlich wie im Fall Loof als Ein-Mann-Abteilung einen Supersportwagen zu entwickeln.
Loof ist enttäuscht, sein Prototyp bleibt chancenlos. Dennoch werden dessen Qualitäten offensichtlich ernstgenommen, denn bei der Entwicklung eines anderen, wenn auch ebenso totgeborenen Sportwagens um 1956 wird der Loof-507 als Vergleichsmodell in den Windkanal geschickt.
Loofs Roadster kommt 1956 noch in einem Film als »Turbinenwagen« mit zwei riesigen Heckflossen zu zweifelhaften Ehren, was BMW aber peinlich zu sein scheint; anschließend wird er umgehend an einen Privatmann verkauft. Dieser ist ein italienischer Rennfahrer, wodurch die Schöpfung des glücklosen Ernst Loof alsbald aus dem Blickfeld der deutschen Öffentlichkeit verschwindet. Indes, der 507-Vorläufer bleibt erhalten, macht diverse Besitzerwechsel durch und gehört heute einem Sammler in Bayern.

Der BMW 507

Mit diesem Wagen, offiziell als Touring-Sport bezeichnet, gelingt dem Designer Graf Goertz der Sprung in die Berühmtheit. Auf der IAA im September 1955 vorgestellt, findet der sportliche BMW 507 sofort Anerkennung, wie auch das folgende Pressezitat zeigt: »Ein schneeweißer Touring-Sportwagen, der den Eindruck vermittelt, als habe sich die bullige

Auf Falkenhausen-Initiative hin angefertigt: Der 507 für Rennzwecke mit einer stromlinienförmigen Pagode versehen. Windkanalmessungen wurden 1956 durchgeführt.

1955: Die Fertigstellung der ersten 507-Karossen.

BMW 507

Triebwerk

Motor

Hersteller und Typ	BMW 507
Höchstes Drehmoment	24 mkg bei 4000 U/min
Dauerleistung	150 PS bei 5000 U/min
Kurzleistung	150 PS bei 5000 U/min
Literleistung	47,0 PS/l
Mittl. Arbeitsdruck	9,2 kg/cm2 bei Md max.
Mittl. Kolbengeschwindigkeit	7,5 m/sec bei 3000 U/min
Verdichtungsverhältnis	7,8 : 1
Kurbelverhältnis	3,79
Lage im Fahrzeug	vorn
Aufhängung	4 Punkt/gummigelagert
Schmiersystem	Druckumlaufschmierung
Kühlung	Wasser
Gewicht	207 kg
Niedrigst. Kraftstoffverbrauch	230 g/PSh bei 3000 U/min
Zylinder-Anzahl	8
Zylinder-Anordnung	V-förmig/90° Zyl.-Winkel
Zylinder-Gußform	Block/mit Kurbelgeh. vergossen
Zylinder-Werkstoff	Perlitgußbüchse i. Leichtmet.-Block
Zylinder-Bohrung	82 mm
Kolbenhub	75 mm
Gesamthubraum	3186 cm3
Zylinderkopf	2 Leichtmetallköpfe, abnehmbar
Laufbüchsen	nasse Büchsen/spez. Schleuderg.
Ventilsitzringe	vorhanden
Kolbenhersteller	Mahle
Kolben-Werkstoff	Leichtmetall
Kolbenringe	3 Verdichtungs/1 Ölabstreifring
Pleuel	Doppel-T-Querschnitt
Pleuellager	Dünnblechlager (3-Stoff-Ausf.)
Kurbelwelle	geschmiedet/5 Gleitlager
Kurbelgehäuse	Leichtmetall
Schmieröl-Leitungen	Bohrungen im Gehäuse
Anzahl der Ventile (je Zyl.)	Einlaß: 1/Auslaß: 1
Anordnung der Ventile	hängend
Einlaßventil öffnet bei	23° 30(ZO) vor OT
Einlaßventil schließt bei	58° 30(ZO) nach UT bei 0,5 mm
Auslaßventil öffnet bei	58° 30(ZO) vor UT Ventilspiel
Auslaßventil schließt bei	23° 30(ZO) nach OT
Ventilspiel (warm)	0,25 mm
Ventilsteuerung erfolgt über	Stößel/Stoßstange/Kipphebel
Nockenwelle	im Kurbelgehäuse, 5 Gleitlager
Nockenwellenantrieb	Duplex-Rollenkette

Motor-Zubehör

Kraftstofförderung	Solex-Membranpumpe
Kraftstofftank-Füllmenge	110 l
Kraftstoffilter	Metallsieb
Ölpumpe	Zahnradpumpe
Ölwanne-Füllmenge	5,5 l
Ölfilter	Hauptstrom-Filter m. auswechselbarem Einsatz
Luftreiniger	mit Ansauggeräuschdämpfer kombiniert
Kühlwasser-Förderung	Wasserpumpe
Zylinderkühlung	auf ganzer Länge
Kühlsystem-Fassungsvermögen	11 l
Kühlerbauart	Rippenrohrkühler
Kühlerwärme-Abführung	Lüfter
Vergaser	Zenith 32 NDIX
Vergaser-Prinzip	Fallstrom
Vergaser-Anzahl	2 Doppelvergaser
Vergaser-Einstellung	
Hauptdüse	2(MA)155
Leerlaufdüse	2(MA)55
Lufttrichter	2(MA)27
Luftkorrekturdüse	2(MA)100
Elektrische Anlage	12 V
Zündung	Batteriezündung
Unterbrecher	0,35 mm Kontaktabst.
Zündverteiler	ZV/LBU R 8 R 2
Zündverstellung	mit Fliehkraft- u. Unterdruck-Teillast-Regelung
Zündeinstellung	8° vor OT bei Leerlaufdrehzahl
Zündkerze	Bosch W 240 T 1
Elektrodenabstand	0,9 mm
Zündfolge	1-5-4-8-6-3-7-2
Anlasser	Bosch EGD 1,0/12 AR 25
Anlasser-Ausführung	Schubschraubtrieb-Anlasser
Anlasser-Betätigung	kombiniert mit Lenkschloß
Lichtmaschine	Bosch LJ/GG 200/12/2200
Art der Regelung	Spannungsknickregler
Ladebeginn	bei 940 U/min der KW
Lichtmaschinen-Antrieb	Schmalkeilriemen 9,5(MA)750
Übersetzung KW/Lichtmaschinen-Welle	i = 1,76
Batterie	12 V/37 Ah

Die dynamische Front...

...und das klar gezeichnete Heck.

Kraftübertragung

Kupplung	Fichtel & Sachs H 18
Kupplungs-Art	Einscheiben-Trocken-Kupplung
Schaltgetriebe	ZF; S 4-17
Schaltgetriebe-Art	mech. Stufengetriebe (Sperrsynchronisiert)
Schaltgetriebe-Anordnung	mit Motor verblockt
Anzahl der Gänge	4 V/1 R
Übersetzungen	3,387/2,073/1,364/1,0 3,18
Geräuscharme Gänge	1. bis 4. Gang
Synchronisierte Gänge	1. bis 4. Gang (Sperrsynchr.)
Schnellgang-Anordnung	–
Schalthebel-Anordnung	Knüppelschaltung zwischen den Sitzen
Schaltungsart	Verschiebeschaltung
Getr.-Geh.-Ölfüllmenge	2,0 l
Kraftübertragung	Gelenkwelle (2 Nadelgelagerte Gelenke)
Treibende Räder	Hinterräder
Ausgleichgetriebe	2 Planeten-Kegelräder
Antrieb der Halbachsen	Hypoid-Kegelräder
Zusatzgetriebe	–
Übersetzung Getr.-Drehz./Raddrehz.	i = 3,7 (3,42 u. 3,9 auf Wunsch)
Schubübertragung	durch Federhebel und Lenker

Fahrwerk

Räder und Bereifung, Lenkung

Räderart	Scheibenräder (Stahl)
Anzahl der Räder (Zwillingsräder = 1 Rad)	4 (+1 Reserverad)
Anzahl der Reifen	4
Reifengröße, vorn u. hinten	6,00-16(ZO) extra Super Record
Reifenluftdruck	vorn u. hinten 1,8 atü, a. Autobahn 2,2 atü, 3,0 atü f. Höchstgeschwind.
Felgenart	Tiefbettfelgen
Felgengröße, vorn u. hinten	4,50 E(MA)16
Radaufhängung, vorn	2 Dreieckslenker
Radaufhängung, hinten	Starrachse an Federhebeln und Lenker, Panhard-Stab

BMW 507 Touring Sport, 2-Sitzer-Roadster

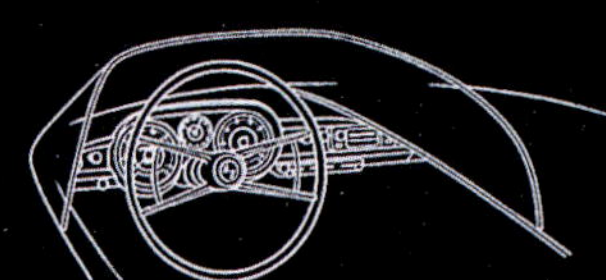

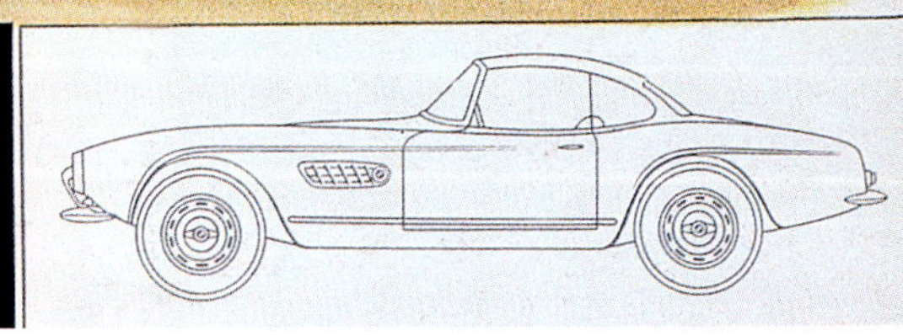

Federung, vorn	Einzelfederung mit einstellbarem Torsionsstab u. Stabilisator
Federung, hinten	einstellb. Torsionsstäbe
Stoßdämpfer	je 1 Rad Teleskopstoßdämpfer
Radsturz	1°
Spreizung	3,5°
Vorspur	1–3 mm
Nachlauf belastet	3° 20(ZO)
Art der Lenkung	Kegelradgetriebe
Lenkübersetzung	i = 1 : 16,5
Größter Radeinschlag	innen 38°, außen 29°
Lenksäulen-Anordnung	links
Spurstange	3teilig
Kleinster Spurkreis-(DU)	11 m

Bremsen	
Bremsanlage	Teves/BMW; m. Bremsverst. T 50
Wirkungsweise d. Fußbremse	hydraul./auf 4 Räder
Wirks. Gesamtbremsfläche	1300 cm2
Bremskraftübertragung	hydraul.
Bremstrommel (DU)	284 mm
Wirkungsweise d. Handbremse	mech./auf Hinterräder

Allgemeine Daten des Fahrgestells	
Radstand	2480 mm
Spurweite, vorn	1445 mm
Spurweite, hinten	1425 mm
Bodenfreiheit	150 mm
Bauchfreiheit	– mm
Fahrgestellgewicht	– kg
Achslast aus Fahrgest.-Gew.	vorn – kg, hinten – kg
Fahrgestelltragfähigkeit	– kg
Rahmenausführung	Kastenrahmen mit Aufbau verschweißt
Schmiersystem	Vorrats-Einzelschmierung
Anhängerkupplung	ohne
Anhänger-Bremsanschluß	ohne

Allgemeines	
Achslasten und Gewichte	
Zulässige Achslast. vorn	720 kg
Zulässige Achslast, hinten	780 kg
Zulässiges Gesamtgewicht	1500 kg
Leergewicht	1260 kg
Nutzlast	240 kg
Brutto-Anhängelast (gebremst/ungebremst)	–/ kg

Maße	
Länge über alles	4380 mm
Breite über alles	1650 mm
Höhe über alles	1260 mm
Überhang, vorn	810 mm
Überhang, hinten	1090 mm
Kleinster Wendekreis-(DU)	– m
Ausladung d. Anhängerkuppl.	– mm

Sonstige Daten	
Höchstgeschwindigkeit	220 km/h mit Hinterachse 1 : 3,42
Autobahn-Geschwindigkeit	– km/h
Kraftstoffnormverbrauch	– l/100 km/wird zur Zeit ermittelt
Ölverbrauch ca.	0,15 l/100 km
Spezifische Motordrehzahl	1730

Zubehör	
Scheinwerfer	35 W/Einbauscheinwerfer; Lichtaustritt 160 mm (DU)
Abblenden	mit Fußumschalter
Standlicht	mit Blinkleuchte kombiniert
Fahrtrichtungs-Anzeiger	Blinkleuchten vorn u. hinten
Öldruckanzeiger	Zeiger-Meßgerät u. Warnleuchte
Ladestromanzeiger	Kontrolleuchte
Geschwindigkeitsmesser	140 mm (DU); 0–240 km/h Meßber.
Drehzahlmesser	140 mm (DU) bis 6000 U/min Meßbereich

Kraft einer D-Zug-Lokomotive mit der spielerischen Eleganz eines englischen Windhundes vereinigt. Da stand dieser Wagen -- drei Meter lange Motorhaube, hellgelbe Schweinsledersitze, funkelnde Armaturen, spiegelnder Lack, sparsamer Chrom, ein Zwitter fast schon zwischen Flugzeug und Auto, ein Düsenjäger der Autobahn, ein technisches und formgestalterisches Wunderwerk.« Sich überschlagendes Journalistendeutsch, sicher, aber typisch für die begeisterte Aufnahme, die dieser Wagen findet. Die Zeitschrift *auto, motor und sport* bescheinigt dem 507, er sei geradezu ein Gedicht und »das Glanzstück der ganzen Ausstellung«, und überhaupt sei der BMW-Stand das »beglückendste Ereignis des Frankfurter Salons«.

Weniger euphorisch fällt das Urteil der Käufer aus. Vor allem sind es sehr viel weniger als erhofft. Die von BMW avisierten Stückzahlen, die Max Hoffman in den USA absetzen soll, werden von diesem radikal heruntergefahren. Auf seine Anregung ist der 507 zwar entstanden, doch nun sieht er Absatzprobleme: Britische und amerikanische Sportzweisitzer la Corvette kosten sehr viel weniger. Auf eine noch geringere Stückzahl als ursprünglich geplant umgerechnet, wird der 507 sehr teuer. Auf dem deutschen Markt -- zu haben ab November 1956 -- bietet ihn BMW für 26.500 Mark an; ein Preis, der vermutlich nicht kostendeckend ist. Zum Vergleich: Ein Jaguar Sportwagen vom Typ XK 140 kostet 1955 knapp 21.000 Mark. Später erhöht sich der Verkaufspreis des 507 auf 28.500, 1958 auf 29.500 Mark.

Die Technik des BMW 502 hat man für den 507 leicht modifiziert. Auf den Doppelfallstrom-Vergasern von Zenith sitzen Sportluftfilter, das Getriebe weist eine Mittelschaltung auf. Der Vollschutzrahmen muß stark verkürzt werden, denn im Unterschied zum 502 mit 2835 mm hat der 507 einen von 2480 mm. Für seine Konstruktion ist Alfred Böning verantwortlich.

Das verkürzte Chassis bedingt, daß man das Getriebe (wie beim 502 ein ZF S 4-17) an den Motor anblockt; bei den Limousinen ist es ein separates Aggregat. Als Zeichen der Sportlichkeit erhält der Roadster ein Sperrdifferential -- immerhin soll der Wagen mit seinen 140 Pferdestärken bis zu 220 km in der Stunde laufen. Diesen Wert erreicht man allerdings, wie die in Bern erscheinende *Automobil-Revue* bei ihrem Test vom 6. August 1959 ermittelt, nur mit dem in der USA-Exportversion angebotenen Hochverdichtungsmotor, der es auf 165 PS bringt. Bei einer 3,42:1-Achsuntersetzung, einer fast völlig glatten (zusätzlichen) Unterbodenverkleidung, aerodynamischen Scheinwerferverkleidungen sowie Continental-Rennpneus mit immerhin 3,5 atü Reifendruck (zur Verminderung des Rollwiderstandes) beträgt die beste Messung tatsächlich 222 km/h. Theoretisch, so errechnet die *AR*, müßten bei einer Drehzahl von 7000 Touren im vierten Gang 262 km/h zu erreichen sein. Allerdings wird empfohlen, nur bis 6500 U/min zu gehen, denn bei 7000 Umdrehungen beträgt die Kolbengeschwindigkeit immerhin 17,5 m/sec. Kurioserweise veröffentlicht die *AR* diesen Test, als der 507 schon nicht mehr gebaut wird.

Eine spezielle Version dieses Wagens für Alexander von Falkenhausen bringt es durch verschiedene Verbesserungen auf ca. 240 km/h. Vermutlich ist der Roadster mit dem 1958 aufgebauten Motor, bestückt mit zwei Doppel-Solex-Vergasern, versehen, der bei 6200 Umdrehungen satte 200 PS bringt.

Für die Serienausführung des 507 werden ab Herbst 1956 150 PS angegeben, und je nach Hinterachsuntersetzung sollen 190, 200 oder 220 km/h Spitze möglich sein. Hinderlich für einen Einsatz im Wettbewerb, für den immerhin eine Abdeckung des Beifahrersitzes und eine Renn-Windschutzscheibe angeboten werden, ist allerdings das hohe Gewicht des 507: Es beträgt leer 1217 kg, mit Betriebsmitteln und zwei Personen an Bord etwa 1400 kg...

Im Windkanal 1956 vorgenommene Modellmessungen zeigen, daß der Luftwiderstand dieses Wagens nicht ideal ist, doch der 507 verfügt über einen guten Abtriebswert. Bei diesen Messungen wird auch eine Rennversion mit entschärfter Frontpartie und einer einsitzigen, stromlinienförmigen Kuppel für den Fahrer getestet. Außerdem denkt man an eine Art Windschott und ein aerodynamisches Leitprofil an der Windschutzscheibe.

Die Hinterachse wird den erreichbaren Geschwindigkeiten angepaßt, erhält Schub- und Zugstreben sowie einen neuartigen Panhardstab, alles zur perfekten Führung der Achse. Für die Lenksäule entwickeln die BMW-Techniker nach englischem Vorbild eine Axialverstellung.

Graf Goertz hat es geschafft, seiner Kreation ein leichtes, graziles Aussehen zu verleihen, und er verzichtet sogar auf einen Nieren-Kühlergrill. Keiner der Herren vom Vorstand erhebt Einspruch.

Ab 1954 arbeitet Graf Goertz in München, nur von Johann König als Modelleur unterstützt. Er bekommt abgeschlossene Räume und untersteht laut Vertrag ausschließlich dem Vorstand; niemand aus der Entwicklung hat ihm dreinzureden. Ein ungewöhnliches Privileg, zumal BMW einen Chefdesigner namens Wilhelm Hofmeister beschäftigt und kurze Zeit später den Karosseriekonstrukteur Kurt Bredschneider einstellt. Goertz als schneller Arbeiter entwickelt seinen Wagen innerhalb kürzester Zeit und arbeitet auch an Entwürfen zu zwei kleineren Limousinen mit der Typenbezeichnung 570 und 580. Diese gedeihen mangels geeigneter Motoren (anfangs wird von einer Halbierung des V8 gesprochen) aber nur bis zum Modellstadium.

Als wesentliche Änderung während der kurzen Bauzeit des 507 wird 1957 der vor der Hinterachse liegende Tank hinter diese, unter den Kofferraum, verlegt, wovon man sich eine günstigere Gewichtsverteilung verspricht. Außerdem lassen sich nun die Sitze um weitere 6 cm nach hinten verschieben. Die Änderung kommt auch dem Gepäckraum zugute. Und der Coupéaufsatz (Hardtop) erhält hintere Ausstellfenster. Auch die Heizung wird 1957 verbessert.

Die letzten Exemplare des BMW 507 stattet man mit vorderen Scheibenbremsen aus. Die Gesamtzahl dieses bis April 1959 hergestellten Zweisitzers beträgt 252 Stück. Heute gilt der BMW 507 als ein gefragtes Sammlerfahrzeug, für das hohe Preise erzielt werden – sofern ein Exemplar auf den Markt kommt.

Der 503, Star auf der Automobilausstellung 1955.

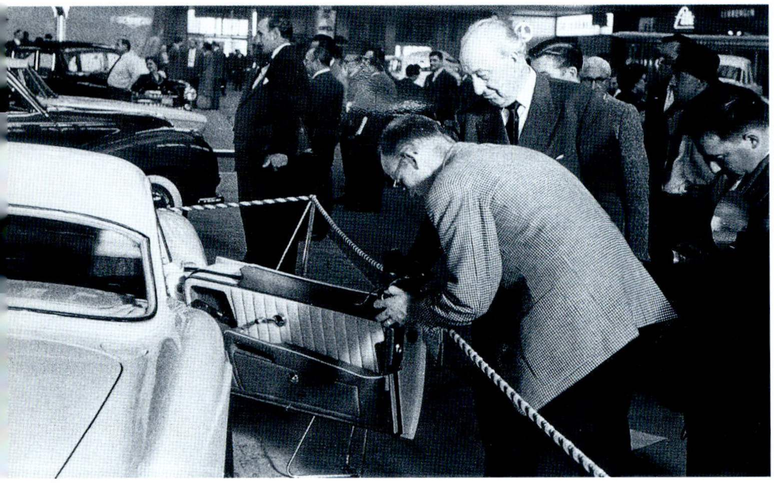

Der BMW 503

Graf Goertz entwirft auch einen großen, viersitzigen Tourenwagen mit Achtzylindermotor, den Typ 503. Dieser Wagen zeigt gesetztere, ruhigere Linien. Man erkennt Ähnlichkeiten mit Michelottis Design für den 505 mit seinem Doppelnieren-Grill und den querliegenden Lufteinlässen.

Der neu eingestellte Karosserieschneider Kurt Bredschneider erhält den Auftrag, einen alternativen Aufbau für den luxuriösen 503 zu entwerfen. Sein Vorschlag einer gemäßigten Pontonlinie sieht dem späteren Wagen recht ähnlich, allerdings kann Bredschneider seinen Vorschlag nicht ausführen -- die Entwicklung des Projektes 503 übernimmt Graf Goertz. Die Arbeiten am Chassis für diesen Wagen besorgt wieder Alfred Böning.

Motorisiert wird der 503 mit dem 3,2-Liter-Achtzylinder mit 140 PS Leistung (dem man das Getriebe 1957 wie beim 507 direkt anflanscht). Der 503 wird als Cabriolet und als Coupé geliefert, und trotz seines relativ hohen Gewichts von 1500 kg läßt sich dieser Wagen auf eine Spitzengeschwindigkeit von 190 km/h bringen.

Der 503 strahlt Würde aus, gilt aber dennoch als sportlicher Wagen. »Ein Auto, das seine edle Rasse hinter beinahe bescheidenen, aber nichtsdestoweniger begeisternden Formen verbirgt,« wie Werner Buck in *auto, motor und sport* schreibt. Unter denen, die ihn sofort bei seinem Erscheinen bestellten, sind die Filmschauspielerinnen Sonja Ziemann, Zsa-Zsa Gabor und Germaine Damar.

Wie der 505 und der 507, wird auch der 503 erstmals auf der IAA in Frankfurt am Main im September 1955 gezeigt. Seine Produktion endet im März 1959; insgesamt werden 412 Stück gebaut.

Es hat übrigens Vorschläge gegeben, den BMW 503 durch Verlängerung seines Radstands zu einer großen Luxuslimousine zu machen, wie einem Rendering zu entnehmen ist.

BMW 503 – das sportlich-elegante Cabriolet und Coupé

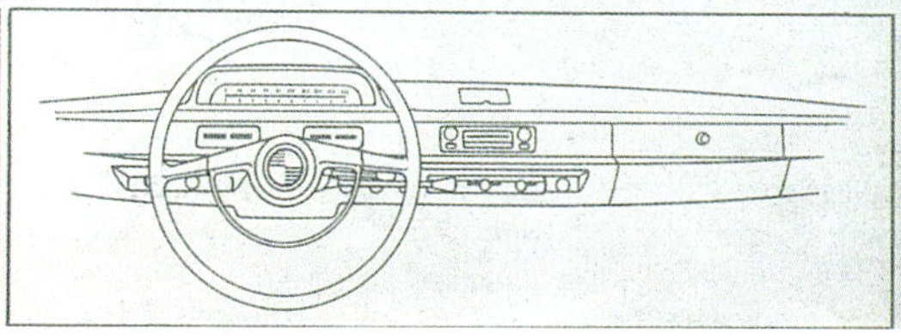

BMW 503

Triebwerk

Motor	
Hersteller und Typ	BMW 503.1
Höchstes Drehmoment	22,6 mkg bei 2000./.4000 U/min
Dauerleistung	140 PS bei 4800 U/min
Kurzleistung	140 PS bei 4800 U/min
Literleistung	43,9 PS/l
Mittl. Arbeitsdruck	8,6 kg/cm2 bei Md max.
Mittl. Kolbengeschwindigkeit	7,5 m/sek bei 3000 U/min
Verdichtungsverhältnis	7,3 : 1
Kurbelverhältnis	3,79
Lage im Fahrzeug	vorn
Aufhängung	4 Punkt/gummigelagert
Schmiersystem	Druckumlaufschmierung
Kühlung	Wasser
Gewicht	207 kg (trocken)
Niedrigst. Kraftstoffverbrauch	230 g/PSh bei 2250 U/min
Zylinder-Anzahl	8
Zylinder-Anordnung	V-förmig/90° Zyl.-Winkel
Zylinder-Gußform	Block/mit Kurbelgeh. vergossen
Zylinder-Werkstoff	Perlitgußbüchse i. Leichtmet.-Block
Zylinder-Bohrung	82 mm
Kolbenhub	75 mm
Gesamthubraum	3186 cm3
Zylinderkopf	2 Leichtmetallköpfe, abnehmbar
Laufbüchsen	nasse Büchsen/spez. Schleuderg.
Ventilsitzringe	vorhanden
Kolbenhersteller	Mahle
Kolben-Werkstoff	Leichtmetall
Kolbenringe	3 Verdichtungs-/1 Ölabstreifring
Pleuel	Doppel-T-Querschnitt
Pleuellager	Dünnblechlager (3-Stoff-Ausf.)
Kurbelwelle	geschmiedet/5 Gleitlager
Kurbelgehäuse	Leichtmetall
Schmieröl-Leitungen	Bohrungen im Gehäuse
Anzahl der Ventile (je Zyl.)	Einlaß: 1/Auslaß: 1
Anordnung der Ventile	hängend
Einlaßventil öffnet bei	22° 30(ZO) vor OT
Einlaßventil schließt bei	57° 30(ZO) nach UT bei 0,5 mm
Auslaßventil öffnet bei	57° 30(ZO) vor UT Ventilspiel
Auslaßventil schließt bei	22° 30(ZO) nach OT
Ventilspiel (warm)	0,25 mm
Ventilsteuerung erfolgt über	Stößel/Stoßstange/Kipphebel

Das attraktive Heck des Cabrios.

Nockenwelle	im Kurbelgehäuse, 5 Gleitlager
Nockenwellenantrieb	Duplex-Rollenkette

Motor-Zubehör	
Kraftstoffförderung	Solex-Membranpumpe
Kraftstofftank-Füllmenge	75 l
Kraftstoffilter	Metallsieb
Ölpumpe	Zahnradpumpe
Ölwanne-Füllmenge	5,5 l
Ölfilter	Hauptstrom-Filter m. auswechselbarem Einsatz
Luftreiniger	mit Ansauggeräuschdämpfer kombiniert
Kühlwasser-Förderung	Wasserpumpe
Zylinderkühlung	auf ganzer Länge
Kühlsystem-Fassungsvermögen	11 l
Kühlerbauart	Rippenrohrkühler

Kühlerwärme-Abführung	Lüfter
Vergaser	Zenith 32 NDIX
Vergaser-Prinzip	Fallstrom
Vergaser-Anzahl	2 Doppelvergaser
Vergaser-Einstellung	
Hauptdüse	2(MA)155
Leerlaufdüse	2(MA)55
Lufttrichter	2(MA)27
Luftkorrekturdüse	2(MA)100
Elektrische Anlage	12 V
Zündung	Batteriezündung
Unterbrecher	0,35 mm Kontaktabst.
Zündverteiler	ZV/LBU R 8 R 2
Zündverstellung	mit Fliehkraft u. Unterdruck-Teillast-Regelung
Zündeinstellung	8° vor OT bei Leerlaufdrehzahl
Zündkerze	Bosch W 225 T 1 od. Beru 225/14
Elektrodenabstand	0,9 mm
Zündfolge	1-5-4-8-6-3-7-2
Anlasser	Bosch EGD 1,0/12 AR 25
Anlasser-Ausführung	Schubschraubtrieb-Anlasser
Anlasser-Betätigung	kombiniert mit Zündschalter
Lichtmaschine	Bosch LJ/GG 200/12/2200
Art der Regelung	Spannungsknickregler
Ladebeginn	bei 940 U/min der KW
Lichtmaschinen-Antrieb	Schmalkeilriemen 9,5(MA)750
Übersetzung	
KW/Lichtmaschinen-Welle	i = 1,76
Batterie	12 V/56 Ah

Kraftübertragung

Kupplung	Fichtel & Sachs H 18
Kupplungs-Art	Einscheiben-Trocken-Kupplung
Schaltgetriebe	ZF; S 4-15
Schaltgetriebe-Art	mech. Stufengetriebe (Sperrsynchronisiert)
Schaltgetriebe-Anordnung	unter den Vordersitzen
Anzahl der Gänge	4 V/1 R
Übersetzungen	3,78/2,35/1,49/1,1 5,38
Geräuscharme Gänge	1. bis 4. Gang
Synchronisierte Gänge	1. bis 4. Gang (Sperrsynchr.)
Schnellgang-Anordnung	–
Schalthebel-Anordnung	an Lenksäule
Schaltungsart	Verschiebeschaltung
Getr.-Geh.-Ölfüllmenge	2,0 l
Kraftübertragung	Gelenkwelle (2 Nadelgelagerte Gelenke)
Treibende Räder	Hinterräder
Ausgleichgetriebe	2 Planeten-Kegelräder
Antrieb der Halbachsen	Hypoid-Kegelräder
Zusatzgetriebe	–
Übersetzung	
Getr.-Drehz./Raddrehz.	i = 3,89
Schubübertragung	durch Federhebel und Lenker

Fahrwerk

Räder und Bereifung, Lenkung

Räderart	Scheibenräder (Stahl)
Anzahl der Räder	4 (+1 Reserverad)
(Zwillingsräder = 1 Rad)	
Anzahl der Reifen	4
Reifengröße, vorn u. hinten	6,00-16(ZO) extra Super Record
Reifenluftdruck vorn u. hinten	1,8 atü, Autobahn 2,2 atü
Felgenart	Tiefbettfelgen
Felgengröße, vorn u. hinten	4,50 E(MA)16
Radaufhängung, vorn	2 Dreieckslenker
Radaufhängung, hinten	Starrachse an Federhebeln und Dreieckslenker
Federung, vorn	Einzelfederung mit einstellbarem Torsionsstab
Federung, hinten	einstellb. Torsionsstäbe
Stoßdämpfer	je 1 Rad Teleskopstoßdämpfer
Radsturz	1°
Spreizung	3,5°
Vorspur	1–3 mm
Nachlauf belastet	3° 20(ZO)
Art der Lenkung	Kegelradgetriebe
Lenkübersetzung	i = 1 : 16,5
Größter Radeinschlag	innen 38°, außen 29°
Lenksäulen-Anordnung	links
Spurstange	3teilig
Kleinster Spurkreis-(DU)	11,2 m

Bremsen

Bremsanlage	Teves-BMW, mit Bremsverstärker
Wirkungsweise d. Fußbremse	hydraul./auf 4 Räder
Wirks. Gesamtbremsfläche	1300 cm2
Bremskraftübertragung	hydraul.
Bremstrommel-(DU)	284 mm
Wirkungsweise d. Handbremse	mech./auf Hinterräder

Allgemeine Daten des Fahrgestells

Radstand	2835 mm
Spurweite, vorn	1400 mm
Spurweite, hinten	1420 mm
Bodenfreiheit mit 2 Pers. bel.	170 mm
Bauchfreiheit	– mm
Fahrgestellgewicht	– kg
Achslast aus Fahrgest.-Gew.	vorn – kg, hinten – kg
Fahrgestelltragfähigkeit	– kg
Rahmenausführung	Kastenrahmen m. Aufbau verschweißt
Schmiersystem	Vorrats-Einzelschmierung
Anhängerkupplung	ohne
Anhänger-Bremsanschluß	ohne

Allgemeines

Achslasten und Gewichte

Zulässige Achslast. vorn	840 kg
Zulässige Achslast, hinten	935 kg
Zulässiges Gesamtgewicht	1775 kg
Leergewicht	1475 kg
Nutzlast	300 kg
Brutto-Anhängelast	
(gebremst/ungebremst)	1000/600 kg

Maße

Länge über alles	4750 mm
Breite über alles	1710 mm
Höhe über alles, bel.	1400 mm
Überhang, vorn	790 mm
Überhang, hinten	1125 mm
Kleinster Wendekreis-(DU)	12 m
Ausladung d. Anhängerkupplg.	– mm

Sonstige Daten

Höchstgeschwindigkeit	190 km/h
Autobahn-Geschwindigkeit	– km/h
Kraftstoffnormverbrauch	11,5 l/100 km
Ölverbrauch ca.	0,15 l/100 km
Spezifische Motordrehzahl	1820

Zubehör

Scheinwerfer	35 W/Einbauscheinw. Lichtaustritt 180 mm (DU)
Abblenden	mit Fußumschalter
Standlicht	mit Nebelscheinwerfer komb.
Fahrtrichtungs-Anzeiger	Blinkleuchten vorn u. hinten
Öldruckanzeiger	Zeiger-Meßgerät u. Warnleuchte
Ladestromanzeiger	Kontrolleuchte
Geschwindigkeitsmesser	140 mm (DU); 0–240 km/h Meßber.
Drehzahlmesser	140 mm (DU); bis 6000 U/min Meßbereich

Rendering von 1954 für einen zum echten Viersitzer verlängerten 503.

Der BMW 3200 CS »Bertone«

Unter der Kurzbezeichnung »Bertone« kennt man jenes Coupé, das auf der Basis des BMW 3200 bei Nuccio Bertone in Turin gestaltet und produziert wird. Die Herstellung des 3200 CS erfolgt in der Zeit von Februar 1962 bis September 1965 in zwei leicht voneinander abweichenden Versionen.

Daß Giorgetto Giugiaro bereits in seinen ersten Berufsjahren für BMW tätig war, ist vielleicht nicht sehr bekannt. Als junger Designer mehr per Zufall in der Branche gelandet und bei Bertone beschäftigt, obliegt es ihm, einen Entwurf für ein viersitziges BMW-Coupé auf Basis des BMW 3200 auszuarbeiten. Dieses Fahrzeug ist dazu ausersehen, die Nachfolge des BMW 503 anzutreten, doch es erreicht wie jener keine nennenswerten Stückzahlen. Nur 602 Exemplare werden gebaut, davon ein kleiner Teil als Serie I mit dem wie beim 502 unter den Vordersitzen gelagerten Getriebe, während der Rest das am Motor angeblockte Getriebe und auch ein Holzarmaturenbrett bekommt.

Viele Teile des 503 finden beim 3200 CS Verwendung, eine Vorgabe, wie sie auch in einer Besprechungsnotiz vom 24. Oktober 1961 vermerkt ist.

Bis Ende des Jahres 1961 sollen für Versuchszwecke und als Vorserie zehn Exemplare entstehen; eins davon ist für den BMW-Stand auf der IAA gedacht. Die Termine sind sehr knapp angesetzt, doch BMW verläßt sich auf Bertones

BMW 3200 CS

Triebwerk

Motor	
Hersteller und Typ	BMW 503/160
Höchstes Drehmoment	25,5 mkg bei 3600 U/min
Größte Nutzleistung	160 PS bei 5600 U/min
Hubraumleistung	50,2 PS/l
Mittl. Arbeitsdruck	8,1 kg/cm2
Mittl. Kolbengeschwindigkeit	14 m/sec
Verdichtungsverhältnis	9 : 1
Kurbelverhältnis	3,79
Lage im Fahrzeug	vorn
Aufhängung	4 Punkt/gummigelagert
Schmiersystem	Druckumlaufschmierung
Kühlung	Wasser
Gewicht	207 kg (trocken)
Niedr. Kraftstoffverbr.	222 g/PSh bei 3100 U/min
Zylinder-Anzahl	8
Zylinder-Anordnung	V-förmig/90° Zyl.-Winkel
Zylinder-Gußform	einzelne Buchsen
Zylinder-Werkstoff	Perlitguß
Zylinder-Bohrung	82 mm
Kolbenhub	75 mm
Gesamthubraum	3186 cm3
Zylinderkopf	2 Leichtmetallköpfe/abnehmbar
Abdichtung Zyl./Zylinderkopf	Diring-Dila
Laufbuchsen	nasse Buchsen
Ventilsitzringe	vorhanden
Kolbenhersteller	Mahle
Kolben-Werkstoff	Leichtmetall
Kolbenringe	3 Verdichtungs-/1 Ölabstreifring
Pleuel	Doppel-T-Querschnitt
Pleuellager	Dünnblechlager (3-Stoff-Ausf.)
Kurbelwelle	geschmiedet/5 Gleitlager
Kurbelgehäuse	Leichtmetall
Schmieröl-Leitungen	Bohrungen
Anzahl der Ventile (je Zyl.)	Einlaß: 1/Auslaß: 1
Anordnung der Ventile	hängend
Einlaßventil öffnet bei	17° vor OT
Einlaßventil schließt bei	52° nach UT bei 0,5 mm
Auslaßventil öffnet bei	52° vor UT Ventilspiel
Auslaßventil schließt bei	17° nach OT
Ventilspiel (warm)	0,25 mm
Ventilsteuerung erfolgt über	Stößel/Stoßstange/Kipphebel
Nockenwelle	im Kurbelgehäuse/5 Gleitlager
Nockenwellen-Antrieb	Duplex-Rollenkette
Motor-Zubehör	
Kraftstofförderung	Solex-Membranpumpe
Kraftstofftank-Füllmenge	75 l
Kraftstoffilter	Metallsieb
Ölpumpe	Zahnradpumpe
Ölwannen-Füllmenge	6 l
Ölfilter	im Hauptstrom mit Papierfilterpatrone
Luftreiniger	im Ansauggeräuschdämpfer
Kühlwasser-Förderung	Wasserpumpe
Zylinderkühlung	auf ganzer Länge
Kühlsystem-Fassungsvermögen	10 l
Kühlerbauart	Rippenrohrkühler
Kühlerwärme-Abführung	Lüfter
Vergaser	Zenith 36 NDIX
Vergaser-Prinzip	Fallstrom
Vergaser-Anzahl	2
Vergaser-Einstellung	
Hauptdüse	2(MA)155/165
Leerlaufdüse	2(MA)50/70
Lufttrichter	2(MA)28
Luftkorrekturdüse	2(MA)110/220
Elektrische Anlage	12 V
Zündung	Batteriezündung
Unterbrecher	0,4 mm Kontaktabstand
Zündverteiler	Bosch ZV/LBU R 8 R 3
Zündverstellung	mit Fliehkraft u. Unterdruck
Zündeinstellung	5° vor OT bei Leerlaufdrehzahl
Zündkerze	Bosch W 225 T 2/Beru 225/14/3

Elektrodenabstand	0,7 mm
Zündfolge	1-5-4-8-6-3-7-2
Anlasser	Bosch EGD 1,0/12 AR 25
Anlasser-Ausführung	Schubschraubtrieb-Anlasser
Anlasser-Betätigung	komb. mit Zündschalter
Lichtmaschine	Bosch LJ/GG 200/12/2200/R 4
Lichtmaschinen-Antrieb	Schmalkeilriemen 9,5(MA)750
Ladebeginn	bei 1080 U/min der KW
Übersetzung KW/Lichtmaschinenwelle	i = 1 : 1,66
Spannung der Batterie	12 V
Batterie	1 Stück, je 56 Ah

Kraftübertragung	
Kupplung	Fichtel & Sachs H 18
Kupplungs-Art	Einscheiben-Trockenkupplung
Schaltgetriebe	ZF S 4-17
Schaltgetriebe-Anordnung	mech. Stufengetriebe, sperrsynchronisiert
Anzahl der Gänge	4 V/1 R
Übersetzungen	3,71/2,27/1,49/1 R 3,49
Geräuscharme Gänge	1. bis 4. Gang
Synchronisierte Gänge	1. bis 4. Gang
Schnellgang-Anordnung	–
Schalthebel-Anordnung	Mitte neben Fahrersitz
Schaltungsart	Verschiebeschaltung
Getr.-Geh.-Ölfüllmenge	1,4 l
Kraftübertragungselement	2 Gelenkwellen
Ausgleichgetriebe	2 Planeten-Kegelräder
Ausgl.-Getr.-Ölfüllmenge	1,6 l
Antrieb der Halbachsen	Hypoid-Kegelräder
Zusatzgetriebe	–
Treibende Räder	Hinterräder
Übersetzung Schaltgetr./Hinterräder	i = 3,9 (auf Wunsch 3,7)
Schubübertragung	Federhebel u. Panhardstab

Fahrwerk

Räder und Bereifung, Lenkung	
Räderart	Scheibenräder (Stahl)
Anzahl der Räder	4 (+1 Reserverad)
Anzahl der Reifen	4
Reifengröße, vorn/hinten	7,00-15 Super Record
Reifenluftdruck, vorn/hinten	2,0/23, atü (n. Belastung)
Felgenart	Tiefbettfelgen
Felgengröße, vorn/hinten	5 J(MA)15
Radaufhängung, vorn	2 Dreieckslenker
Radaufhängung, hinten	Starrachse an Federhebeln u. Panhardstab
Federung, vorn	Einzelfederung mit einstellbaren Torsionsstäben
Federung, hinten	einstellbare Torsionsstäbe
Stoßdämpfer	4 Teleskopstoßdämpfer
Radsturz	1°
Spreizung	3,5°
Vorspur	1 bis 3 mm
Nachlauf	1°
Art der Lenkung	Kegelradgetriebe
Lenkübersetzung	i = 16,5
Größter Radeinschlag	innen 38°/außen 29°
Lenksäulen-Anordnung	links
Spurstange	3teilig

Giugiaro machts möglich: Der BMW 3200 CS, besser bekannt als der »Bertone«.

Bremsen	
Bremsanlage	Dunlop/Teves/BMW
Wirkungsw. d. Fußbremse	vorn Scheibenbremse, hinten Trommelbremse
Wirksame Bremsfläche	vorn – cm2/hinten 628 cm2
Bremskraftübertragung	hydr. mit Kraftverstärker
Bremstrommel-(DU)	284 mm
Wirkungsw. d. Handbremse	mech. auf Hinterräder

Allgemeine Daten des Fahrgestells	
Radstand	2835 mm
Spurweite, vorn	1330 mm
Spurweite, hinten	1416 mm
Bodenfreiheit	175 mm
Bauchfreiheit	30 mm
Kleinster Spurkreis-(DU)	11800 mm
Fahrgestellgewicht	1090 kg
Fahrgestelltragfähigkeit	810 kg
Achslast aus Fahrgestell-Gew.	vorn 710 kg, hinten 380 kg
Fahrgestell-Schmiersystem	Vorrats-Einzelschmierung
Rahmenausführung	Kastenrahmen m. Aufbau verschweißt
Anhänger-Kupplung	–

Allgemeines

Achslasten und Gewichte	
Zulässige Achslast, vorn	950 kg
Zulässige Achslast. hinten	1000 kg
Zulässiges Gesamtgewicht	1900 kg
Leergewicht	1500 kg
Nutzlast	400 kg
Brutto-Anhängelast gebr./ungebremst	1900/400 kg

Maße	
Länge über alles	4850 mm
Breite über alles	1760 mm
Höhe über alles	1470 mm
Überhang, vorn	875 mm
Überhang, hinten	1100 mm
Ausl. d. Anhänger-Kuppl.	–
Kleinster Wendekreis-(DU)	12,5 mm

Sonstige Daten	
Höchstgeschwindigkeit	200 km/h
Kraftstoffverbr. nach DIN 70030	13,5 l/100 km
Ölverbrauch	0,15 l/100 km
Spez. Motordrehzahl	1870 (1825)

Zubehör	
Scheinwerfer	2(MA)45/40 W, Lichtaustritt 180 mm (DU)
Standlicht	im Scheinwerfer
Abblendlicht	asymmetrisch
Fahrtrichtungs-Anzeiger	Blinkleuchten vorn u. hinten
Öldruckanzeiger	Zeiger-Meßgerät
Ladestromanzeiger	Kontrolleuchte
Geschwindigkeitsmesser	Meßbereich bis 220 km/h
Elektr. Drehzahlmesser	am Instrumentenbrett
Diebstahlsicherung	durch Lenkschloß
Scheibenwaschanlage	elektr., komb. mit Wischer
Nebelscheinwerfer	2 im Kotflügel
RÜckfahrscheinwerfer	2 in der Stoßstange

Kapazität. Bertone vermag den Plan auch einzuhalten. Die Serienproduktion setzt im Februar 1962 ein; das Auto, serienmäßig mit Lederpolstern und Scheibenbremsen an den Vorderrädern versehen, kostet ab München 29.850 Mark.
Als Einzelstück für Herbert Quandt entsteht 1963 ein 3200 CS Cabriolet -- ohne Veränderung der Linienführung. Allerdings rüstet man die Technik etwas auf: Der Wagen erhält beispielsweise eine elektrische Verdeckbetätigung und eine Servolenkung. Eine Serienfertigung dieses Cabriolets ist nicht vorgesehen, im Gegensatz zum Vorgänger 503. Auch der offene 3200 CS blieb in Deutschland erhalten.

Bauzeit	Modell	Zyl.	ccm	PS	km/h	kg	DM	GHGStückzahl
1952–54	BMW 501 Limousine	6	1971	65	135	1340	15 150,–	2125
1954–55	BMW 501 A Limousine	6	1971	72	140	1340	14 180,–	
1954–55	BMW 501 B Limousine	6	1971	72	140	1340	12 680,–	
1954	BMW 501 A Coupé	6	1971	72	140	1340	18 100,–	3327
1954	BMW 501 A Cabriolet 2 Türen	6	1971	72	140	1340	18 200,–	
1954	BMW 501 A Cabriolet 4 Türen	6	1971	72	140	1340	18 200,–	
1955–58	BMW 501/6 Limousine	6	2077	72	145	1340	12 500,–	
1955–58	BMW 501/6 Coupé	6	2077	72	145	1340	17 850,–	3459
1955–58	BMW 501/6 Cabriolet	6	2077	72	145	1340	17 950,–	
1954–58	BMW 501 V 8-Limousine	8	2580	95	160	1430	13 950,–	
1958–61	BMW 2,6 Limousine	8	2580	95	160	1430	13 450,–	5914
1961–62	BMW 2600	8	2580	100	162	1440	16 240,–	
1954–58	BMW 502 – 2,6 Liter	8	2580	100	160	1440	17 800,–	
1954–58	BMW 502 Coupé	8	2580	100	160	1440	21 800,–	
1954–58	BMW 502 Cabrio 2 Türen	8	2580	100	160	1440	21 900,–	
1954–58	BMW 502 Cabrio 4 Türen	8	2580	100	160	1440	21 900,–	3117
1958–61	BMW 2,6 Luxus Limousine	8	2580	100	160	1440	16 450,–	
1961–64	BMW 2600 L	8	2580	110	165	1440	18 240,–	
1955–58	BMW 502 – 3,2 Liter	8	3168	120	170	1470	17 850,–	
1958–61	BMW 3,2	8	3168	120	170	1470	17 850,–	2537
1961–62	BMW 3200 L	8	3168	140	175	1470	19 640,–	
1957–61	BMW 3,2 Liter Super	8	3168	140	175	1500	19 770,–	1328
1961–63	BMW 3200 S	8	3168	160	190	1490	21 240,–	
1956–59	BMW 503 Coupé	8	3168	140	190	1500	29 500,–	412
1956–59	BMW 503 Cabriolet	8	3168	140	190	1500	29 500,–	
1956–59	BMW 507 Roadster	8	3168	150	220	1330	26 500,–	253
1962–65	BMW 3200 CS Coupé	8	3168	160	200	1500	29 850,–	603

Kapitel VIII

Sonder-aufbauten

Bei den Karosseriefirmen Autenrieth in Darmstadt und Wendler in Reutlingen entstehen auf den Fahrgestellen der BMW- Sechs- und Achtzylinder einzelne Sonderaufbauten. Ihre Linien differieren von seriennah bis absolut eigenständig.

Autenrieth fertigt ähnlich wie Baur ein Coupé, beläßt ihm auch die klassische Linienführung, nur versetzt man die Scheinwerfer ganz nach außen in die Kotflügelränder. Allerdings meint Franz Trüby, Chefgestalter bei Autenrieth, die hinteren Kotflügel eckiger machen zu müssen, genauso wie er die Radausschnitte dem Trend der Zeit entsprechend modifiziert, während das Karosseriekonzept des Wagens doch von Rundungen lebt... Leider baut Trüby auch die Heckpartie um: Die um den Kofferraumdeckel herumgezogenen Kotflügel werden durch einen neuen, eckigen Kofferdeckel begrenzt. Spätere bei Autenrieth karossierte Fahrzeuge, die in kleinen Serien entstehen, erhalten eine modische Pontonform mit abgerundeten Front- und Heckpartien. Ihr ovaler Kühlergrill entspricht dem Zeitgeschmack, doch sieht die ganze Kombination kaum mehr nach BMW aus.

Wendler produziert außer Karosserien für ein paar BMW 335 in Anlehnung an Alfa-Romeo-Linien Cabriolets und Coupés auf 501- oder 502-Fahrgestellen. Diese Pontonfahrzeuge weisen den BMW-Nierengrill auf, und als Coupé gleichen sie mehr oder weniger dem 503. Chefdesigner bei Wendler ist Helmut Schwandner.

Wendler bot für den 502 Cabriolets an.

Der Loewy-507, 1957 in Frankreich aus Kunststoff karossiert, heute ein amerikanisches Museumsstück.

Fritz Ramseier und seine Carrosserie Worblaufen waren für dieses schlichte Cabriolet verantwortlich, welches fast identisch auch als Coupe (1956?) zu haben war.

Beutler in der Schweiz fertigte klar gestaltete Coupés, teils mit sehr modischem Kühlerschmuck versehen. Mindestens eines dieser Fahrzeuge hat sich bis heute erhalten.

Bei Autenrieth gab es neben gestreckteren, eckigeren 502-Cabriolets und Coupes auch die wohl erste deutsche Panoramascheibe zu sehen, 1955.

Ähnlich wie bei Baur wurden auch zweitürige 502-Cabriolets in reiner Werkslinie angefertigt.

Pontonförmige Autenrieth-Cabriolets in freier Linienführung wurden bis 1962 geliefert.

Ein tiefergelegter 502 in Pontonform?? Laut Papieren ein Nachkriegs-328, de facto ein getunter und in den Fünfzigern neukarossierter 319/1.

Michelotti zeichnete dieses BMW 3200-Coupe, das 1959 auf dem Turiner Stand von Vignale zu bewundern war.

Auch in der Schweiz enstehen Sonderkarosserien auf Basis der großen BMW-Wagen, insbesondere bei Beutler in Thun und Ramseier in Worblaufen. Während sich Fritz Ramseier von der Carrosserie Worblaufen an den typischen, gemäßigten Karosseriestil nach Schweizerart mit schlichten Pontonformen hält, bieten die Gebrüder Beutler in Thun ein amerikanisch aussehendes Coup, an. Sie liefern aber auch eine schlichtere Variante mit klaren, geometrischen Linien etwa in der Art des 503.
Es entstehen aber auch recht exotische Karosserie-Vorschläge für den BMW 501, wie die des Düsseldorfer Ingenieurs Kurt C. Volkhart, Jahrgang 1890. Er wurde als Rennfahrer, Konstruktcur, Versuchsfahrer und vor allem als Bezwinger des Opel-Raketenwagens bekannt. Anfang der fünfziger Jahre, als er an verschiedenen stromlinienförmigen Sonderaufbauten auf VW-Basis arbeitet, schlägt ihm sein Agent Friedrich Scharmer vor, einen BMW 501 zu karossieren. Der Lübecker Schiffsausrüster Scharmer fährt selbst einen 501. Volkhart entwirft eine Limousine und ein Coupé mit stark abgerundeten, durch Flossen akzentuierten Linien. Ein Fastback und eine steil heruntergezogene Haubenpartie zur Reduzierung des Auftriebs erinnern an einen Stromlinienwagen, wie ihn Volkhart schon in den dreißiger Jahren und auch in frühen Nachkriegszeiten getestet hat. Im Juni 1956 sind Volkharts Pläne fertiggestellt, er legt sie BMW vor. Dort gibt man sich gelassen; Verkaufsleiter Oskar Kolk sagt zwar die Lieferung von Fahrgestellen zu, ohne Garantie aber und nur in werksgemäßer Ausstattung, ohne zu aerodynamischen Zwecken geänderten Hinterachsen. In eigener Regie hat Volkhart aber ohnedies keine Möglichkeit, seinen Spezial-BMW zu bauen, und so findet dieses Projekt keine Realisierung.
Ebensowenig ist der von Loewy mit einer Spezialkarosserie versehene 507 bekannt geworden. Der französische Industriedesigner Raymond Loewy ließ sein 1957 entworfenes Einzelstück 1957 aus Kunststoff anfertigen -- man könnte das Auto für einen Vorgänger des Studebaker Avanti halten. Nach einem schweren Verkehrsunfall nur notdürftig repariert, kommt dieses Fahrzeug als Schenkung des Meisters in ein amerikanisches Museum, wo es noch immer steht.
Giovanni Michelotti, in den BMW-Hallen kein Unbekannter, ist auch an der Entstehung des bereits erwähnten V8 Coup,s von Vignale beteiligt; das Fahrzeug wurde 1959 auf dem Turiner Salon gezeigt. Auch dieser Wagen existiert noch.

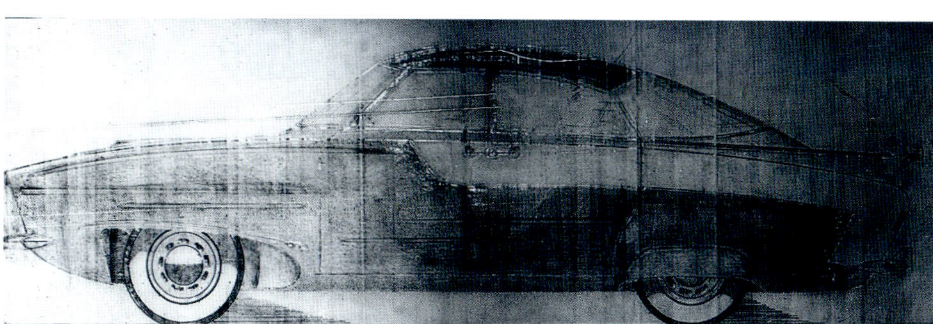

501-Sportcoupé, Entwurf von Kurt C. Volkhart, 1956.

Kapitel IX

Die ungleichen Brüder BMW und EMW

Schon kurz nach Kriegsende wird auch im BMW-Werk Eisenach wieder an die Aufnahme des Automobilbaus gedacht. Die sowjetischen Besatzer lassen sich von ihren Demontageplänen durch die kurzfristige Erstellung von sechs Limousinen abbringen, denn die Aussicht auf neue Autos ist verlockend. Gerhard Dehler berichtet: »... es war wohl im Juli 1945, als zwei Russen in einem Jeep an meinem Haus vorfuhren, um mich zur Kommandantur abzuholen. Das Gespräch mit dem russischen Stadtkommandanten, der sehr gut

Mit der Wartburg im Hintergrund:
Arbeiter- und Bauern-Chic für den Prototypen 343.

Beispiele aus der Entwicklungsarbeit »Ost« zwischen 1949 und 1952.

Der neue Typ 340-2.

Der 340 als Krankenwagen und »Woodie«

Do legst' di niada, Loisl, dös is a Pfundskarren

deutsch sprach, war kurz... Ich möge doch feststellen, was alles gebraucht würde, um den Autobau bei BMW Eisenach wieder in Gang zu bringen. Zunächst sei daran gedacht, fünf Musterfahrzeuge zu bauen, mit denen man im sowjetischen Hauptquartier eine Entscheidung erreichen wollte. Ende August war es dann soweit. Die Musterfahrzeuge waren fertig, unter ihnen auch eine viertürige Limousine vom Typ 326 mit der Karosserie von Ambi-Budd...(es wurde) noch ein sechster Wagen gebaut... und so ging es dann zur Vorführung der Prototypen in das Hauptquartier in Berlin-Karlshorst. Ich hatte zugesagt, in unserem zerstörten Werk zehn Pkw pro Tag herzustellen. Den Lieferbeginn hatte ich auf November 1945 festgelegt... Jeder Wagen wurde in eine Holzkiste verpackt und per Bahn nach Moskau verladen. Meine Hauptaufgabe bestand eigentlich darin, diesen »Reparationsauftrag« mit der höchsten russischen Besatzungsstelle unter Dach und Fach zu bringen, um die Demontage des BMW-Werkes in Eisenach zu verhindern. Wäre dies nicht gelungen, dann hätten die bereits vor dem Werk aufgefahrenen Lastwagen... ihre Ausräumaktion sofort begonnen.«
Die Genehmigung, in Eisenach wieder Autos zu bauen, wird erteilt. In kleiner Auflage entstehen der alte Typ 321, ab 1946 der Typ 326 sowie ab 1949 das Coupé 327/2. Als Nachfolger für die sportlichen BMW 327 und 328 werden später der neuentwickelte Typ 340/1 und der Typ S1 vorgestellt; bei ihnen hat

Prototyp 342 mit und ohne BMW-Niere.

Typ 343, Heckpartie.

man primär das Karosseriedesign modernisiert, während man in puncto Technik das BMW-Baukastensystem anwendet.

Zunächst tragen die Produkte den Markennamen BMW. Da die Eisenacher Autos aber auch in den Export gehen, darf -- wie bereits an anderer Stelle ausgeführt -- die den Münchnern exklusiv geschützte Bezeichnung BMW nicht weiter verwendet und muß geändert werden. So kommt es zu dem

Markennamen EMW: Eisenacher Motoren Werke. Die Verwaltung des Werkes übernimmt die sowjetische Staatsfirma Awtowelo. Auf den ersten Briefbögen firmiert der Betrieb noch als »Automobil-Fabrik der Sowjetischen Aktiengesellschaft für Maschinenbau vormals BMW«, dann als »Staatliche Aktiengesellschaft Awtowelo Werk BMW Eisenach«.

Um im Ausland wettbewerbsfähig zu bleiben, so erkennt man in Eisenach, muß man den alten 326 einem Facelifting unterziehen. Man führt verschiedene Frontpartien nach amerikanischen Vorbildern und testet sie. Schließlich einigt man sich auf ein querformatiges Oval mit exponierten Chromstäben, läßt die Vorderkotflügel weich in die Fronttüren auslaufen und integriert die Scheinwerfer in die Frontpartie. Alles andere bleibt nach Art der BMW 326 Limousine erhalten.

Dieser 1949 vorgestellte Wagen bekommt die Bezeichnung EMW 340/2 und bringt durch den Export -- vorwiegend nach Skandinavien und Holland -- dringend benötigte Devisen herein. Es entstehen auch Kombiwagen in Holz- oder Stahlausführung sowie Ambulanzfahrzeuge. In der EMW-Nomenklatur taucht die Limousine 340-2 auf, ein Lieferwagen 340-3, ein Ambulanzfahrzeug 340-4 und ein Kombinationswagen 340-7, wobei unter den erhaltenen Renderings für Armaturenbretter auch ein Typ 340-8 verzeichnet ist. Alles in allem ein umfangreiches Programm für den Wiederanfang, das aber nur in kleinen Schritten verwirklicht werden kann.

Während BMW im Westen die Vorkriegslinien weitgehend beibehält, wagt man im Osten bei den nächsten Prototypen den Schritt zur Pontonlinie. Einige wie der Prototyp 342 erhalten den klassischen Doppelnieren-Grill, es entstehen aber auch solche mit stark amerikanisierter Front wie der 343 oder mit einem großen Sowjetstern. Vorgestellt werden diese Autos auf der Leipziger Messe 1951. Ihre Technik basiert im wesentlichen auf dem alten Zweiliter-Modell; die Leistung des Sechszylinders gibt Awtowelo mit 55 PS an. Allerdings leistet man sich in der Innenraumgestaltung des EMW ein modernes Armaturenbrett. Beide Wagen erhalten -- wie ihre Vettern im Westen -- nun auch vordere Drehstabfederung, und der 343 wird an der Hinterachse sogar mit Schraubenfedern ausgestattet. Auch eine neuartige Heizung, großartig »Klimaanlage« genannt, wird eingebaut.

Eine maßgebende Rolle in der Entwicklung des EMW spielt der Ingenieur Georg Hufnagel, ein gebürtiger Bayer, der von der Auto Union kommt. Auch er gehört zu denen, die lieber in den Westen gehen möchten, bleibt aber vorerst in Eisenach. Als er sich später bei BMW in München bewirbt, will ihn Szymanowski nicht mehr haben. Hufnagel geht daraufhin zu Ford.

Die Gestaltung der Eisenacher Fahrzeuge, zumindest ab 1952, liegt bis 1986 in den Händen von Hans Fleischer. Er ist Karosseriekonstrukteur, als Designer aber Autodidakt. Es ist interessant, die hier erstmals veröffentlichten Fotos von Karosserieentwicklungen, die Ende der vierziger Jahre ihren Anfang nahmen, mit den Ton- und Holzmodellen zu vergleichen, die zur selben Zeit Szymanowski und Schmuck in München anfertigen.

Im Osten nimmt man moderne Stylingtrends auf, entwirft Stromlinien-Limousinen und versieht sie teils mit amerikanisierten Frontpartien; es entstehen auch an englische Vorbilder (Austin Sheerline, Rolls-Royce Silver Wraith) erinnernde Wagenformen, ähnlich wie Szymanowskis Entwürfe sie ebenfalls zeigen. Auch Coupés sind von vornherein geplant.

Als es wegen des Warenzeichen-Prozesses in Eisenach zu Schwierigkeiten kommt, die sich vor allem im Export auswirken, und BMW in München im Autobau selbst aktiv wird, kommen die Arbeiten zum Stillstand. Die Modelle 342 und 343 bleiben daher nur Prototypen; vermutlich ist nur je ein Exemplar angefertigt worden, was auch von den beiden Sportwagen anzunehmen ist. Auf Geheiß von Ost-Berlin tritt Eisenach das sächsische DKW-Erbe an: Es entsteht der Wartburg mit Dreizylinder-Zweitaktmotor. Die BMW/EMW-Ära gilt im Osten Deutschlands als abgeschlossen.

Kapitel X

Vielseitige Verwendung

Die Verwendung des noblen BMW 501 und 502 beschränkt sich nicht auf geschäftliche oder repräsentative Zwecke. Die Qualitäten dieses bajuwarischen Automobils der Spitzenklasse kommen auch in anderen Bereichen zur Geltung.

Isar 12

Der liebevoll als »bayerischer Barockengel« bezeichnete große BMW erlangt durch die Fernsehserie *Isar 12* aus dem Polizeimilieu einen hohen Bekanntheitsgrad. Tatsache ist, daß die Münchner Polizei die zu einem Vorzugs-Behördenpreis angebotenen BMW-Fahrzeuge, deren Straßenlage nur vom fahrerischen Können ihrer Lenker übertroffen wird, in großer Zahl einsetzt. Noch heute besitzt die Polizei in der bayerischen Landeshauptstadt einen frühen 501 B in Original-Polizeiausstattung, der noch bis vor einigen Jahren für den regulären Einsatz zur Verfügung stand.

Diese Polizeifahrzeuge werden mit Ausnahme eines Blaulichts auf dem Dach, eines Zweitonhorns und eines schwarzen Telefons am Armaturenbrett ohne Extras geliefert, weisen aber eine verstärkte Bosch-Ausrüstung auf. Auch versieht man den Motor mit sogenannten »Funkstreifen-Nocken«, wie EFMO die zur Beseitigung der Stößelschwierigkeiten beim Sechszylindermotor entwickelte Nockenform nennt.

»Isar 12« plus Besatzung mitten im antikisierenden Herzen Münchens aufgenommen.

Krankenwagen

Auch das Bayerische Rote Kreuz wußte die Qualitäten des großen BMW zu schätzen, als es einen Krankentransportwagen (vulgo Kombi) in Auftrag gab. Diese Sonderausführung entstand bei der Karosseriefabrik Heidemann, Nachfolger der Münchner Firma Rupflin. Daß es noch weitere Kombis auf der Basis des 501/502 gab, ist ebenfalls bekannt, so hat beispielsweise die Bonner Firma Christian Miesen drei Exemplare aufgebaut, eines davon für die Berufsfeuerwehr München, ein weiteres für die Verwaltung der Stadt Mondorf/Rheidt. Anläßlich der IAA 1957 hält BMW in einer Pressenotiz fest: »Auf dem Vorführungsstand im Freigelände wird auch ein BMW 501 Sechszylinder mit Krankenwagen-Aufbau gezeigt, karossiert von der Spezialfirma Christian Miesen, Bonn.« Eine Serienherstellung ist aber offenbar nicht geplant.

Auch der Kombiwagenhersteller Binz in Lorch/Württemberg nimmt sich des 502 an. Hier entsteht 1957 ein Krankenwagen, ähnlich denen von Heidemann und Miesen, für das Rote Kreuz, Ortsverband Grafenau.

Schließlich stellt auch die Bremer Karosseriefabrik Conrad Pollmann, ehemaliger Hauslieferant von Borgward, 1958 und 1959 einige spezielle Fahrzeuge auf dem Chassis des BMW 501 F her. Es sind Leichenwagen, deren

1995 ist die Restaurierung eines weiteren Polizei-501 beendet geworden, von der Sparte Mobile Tradition des Hauses BMW in Auftrag gegeben. Dieser am 7. März 1956 zum ersten Mal zugelassene Sechszylinder besitzt als Sonderausstattung zwei Nebellampen nach Art des 502, auch hat er einen Suchscheinwerfer an der Beifahrertür.

Gelegentlich sieht man in München auch einen rot lackierten 502. Er diente der Münchner Feuerwehr einst als Fahrzeug für den Brandmeister, ist verständlicherweise aber inzwischen im Ruhestand.

In vielen Filmen der 50er bis 70er Jahre ist das Münchner Edelprodukt Statist, ob als Polizeiwagen im »Kommissar« oder als Taxi in tränenreichen Melodramen. 1956 in »Die goldene Brücke« mutieren die Bayerischen Motoren Werke sogar zu den Balder-Werken unter Firmenchef Curd Jürgens, der mit Homburg und Paletot angetan einen schwarzen 502 steuert. Ausgiebige Szenen, teilweise im Milbertshofener Werk gedreht, zeigen die »Großwagen«-Fertigungsatmosphäre von damals.

Binz bediente sich für diesen 1957er Krankenwagen des 502-Chassis.

Auch Chr. Miesen lieferte BMW-Krankenwagen.

hinteren Kotflügeln man langgezogene Formen gibt, dem längeren Aufbau des Fahrzeugs entsprechend. Pollmann, gegründet 1926, ist auf diese Umbauten spezialisiert. Das Fahrgestell kostete etwa 12.000 Mark, der Aufbau 8.000. Einige Achtzylinder wurden später ebenfalls zu Bestattungsfahrzeugen umgebaut.

Es gab Besitzer eines 501 oder 502, die nicht davor zurückschreckten, ihre Autos in Pritschenwagen oder Pickups umzubauen. Selbst BMW-Vertretungen sollen sich zu diesem Tun bereitgefunden haben.

Taxi

Insbesondere in der bayerischen Landeshauptstadt liefen zahlreiche 501- und 502-Taxis. Das großzügige Raumangebot dieses Wagens gefiel sowohl den Taxifahrern als auch ihren Kunden, und das angenehme Gefühl, wie ein Vorstandsmitglied in einem großen Achtzylinder chauffiert zu werden, hat viele Taxikunden begeistert.

Ein gut erhaltenes Exemplar existiert heute noch, wenngleich sein Besitzer die Taxikonzession schon vor einiger Zeit abgab. Dem 100 PS starken Motor dieses 2,6 Liter von 1962 hat die hohe Laufleistung nicht viel ausgemacht: Er läuft noch immer seidenweich und durchzugsfreudig wie einst.

In diesem Taxi von 1962 fühlt man sich so richtig aufgehoben.

Albert Heidemann in München fertigte diesen Kombi für das Bayerische Rote Kreuz.

Zugwagen

Mit einem großen V8 auch einen Wohnwagen zu ziehen, stellte bei der Leistung des kräftigen Motors kein Problem dar. Jeden Test dieser Art besteht einer der letzten 2,6 Liter Baujahr 1962 im Besitz der Familie Dethleffs, die in Isny Wohnwagen herstellt. Einen Bericht über eine Campingreise mit dem großen BMW veröffentlichte das *BMW-Journal* im Jahre 1962: »Der Ausflug in die Bergwelt lohnt sich insofern, als die Dethleffs die ersten sind, die die Geröllserpentinen mit einem Wohnanhänger bewältigen. Der legendäre weiße BMW leistet Unwahrscheinliches. Abwechselnd von den drei Familienmitgliedern gesteuert, die ausnahmslos Autofahrer aus Passion und gute dazu sind, schlängelt sich das Gespann durch die Pässe der Inselberge. Oft genug sind es nur pfadähnliche Gebirgswege, die passiert werden müssen... Die drei Allgäuer aus Isny, die ihr unruhiges Wanderblut jedes Jahr immer wieder für Monate in die Welt hinaustreibt und die mit ihrem BMW und ihrem behaglichen Wohnanhänger nichts schöneres kennen, als auf private Entdeckungsreisen zu gehen, trennten sich schweren Herzens von Sardinien.«

Sportliches

Dieses behagliche Reiseauto mit seinem großen Platzangebot beweist sein Potential auch in motorsportlichen Einsätzen. Erste Erfolge erzielt Ernst Loof, der 1953 bei der Tour de Belgique (1230 km) zusammen mit seinem Copiloten Hans Wencher unter 163 Fahrzeugen Sieger der 2-Liter-Klasse wird. Auch die 500-Kilometer-Dauerprüfungsfahrt auf dem Nürburgring beendet Loof als Sieger in der 2-Liter-Klasse, ebenso wie er die Geschwindigkeits- und Bergprüfung gewinnt.

1954 nimmt das Team Loof/Wencher an der ADAC-Winterrallye teil und gewinnt sowohl in der 2-Liter-Klasse als auch in sämtlichen anderen Kategorien. Die Taunus-Zuverlässigkeitsfahrt über eine Strecke von 145,4 km wird ebenfalls auf einem BMW 501 gewonnen; das Team Loof/Wencher, Glöckler/Schorsch Meier und Scheube/ Ostermann kommt auf 268,6 Punkte und erhält dafür drei Goldmedaillen.

Auch für die 7. Pfälzer Zuverlässigkeitsfahrt melden zwei 501 mit den Fahrern Loof/Wencher und Kraus/Behringer. Als schnellste Tourenwagen (944 Kilometer in 9 Stunden und 53 Minuten) erhalten sie zwei Goldmedaillen.

Auf der Rallye Solitude siegen 1954 ebenfalls zwei BMW. Hier sind es die Fahrer Baumeister/Dolderer und Schlaich/Essig, die Goldmedaillen nach Hause bringen. Unter 200 Startern gewinnen sie die Klasse für Produktions-

Ein Leichenwagen auf 501-Chassis, mehrere Exemplare 1958/9 bei Pollmann, Bremen aufgebaut.

Tourenwagen bis zwei Liter, außerdem erhalten sie den Teampreis. Baumeister/Dolderer bekommen auch den ADAC-Cup des Gaues Württemberg zuerkannt sowie einen Sonderpreis der Firma Bosch.
Auch die 16. Rallye Wiesbaden wird ein Erfolg für BMW: In der 2-Liter-Klasse belegen 501-Fahrer die Plätze 1, 2 und 3. Das Katschbergrennen und -- wie im Vorjahr -- das Tourenwagenrennen auf dem Nürburgring werden von BMW ebenfalls gewonnen, außerdem bekommen sie den Robert-Bosch- und den Dunlop-Preis. Im Gesamtklassement belegt BMW die Ränge 2. und 3. Dazu gibt es einen Ersten Preis im Concours d'Elégance sowie das Goldene und das Silberne Band von Wiesbaden.
In Schönheitswettbewerben kommt der 501/502 immer wieder zu Ehren, und viele finden wie in Bad Neuenahr in Zusammenhang mit einer Rallye statt. In den Klassen bis 2 Liter und von 2,1 bis 2,6 Liter gewinnen hier 1954 Dr. Schwind/W.Gutbrod mit ihrem 501 die Rallye, zweite werden Alfons Vossen und W. Danz, den dritten Preis sichern sich H. J. Zimmer und H. Schelter, alle auf 501. Beim Concours d'Eégance erhalten vier BMW 501 als Limousinen, Cabriolets und Coupés vier Goldmedaillen, und der neue BMW 502 gewinnt hier gleich zwei Preise.
Beim nächsten Concours d'Elégance, veranstaltet vom Essener Automobilclub e.V., werden die Klassen ungewöhnlicherweise nach Anschaffungskosten eingeteilt. Die Klasse für geschlossene Wagen bis 15.000 Mark gewinnt ein 501 A, die Klasse für Cabriolets über 15.000 Mark ein 501 A in offener Ausführung.
Bei der 16. Internationalen Tulpen-Rallye gewinnt ein BMW 501-Team drei Goldmedaillen gegen ein Feld von 16 Werksteams. Fahrer sind hier Meier/Wagner, Kraus/Behringer und Loof/Wencher.
1955 entscheidet der Schweizer Champion Artur Heuberger das Nationale Bergrennen in Steckborn für sich. Er fährt einen serienmäßigen 502 und erreicht in seiner Klasse gegen ein starkes Feld die beste Durchschnittsgeschwindigkeit aller Tourenwagen.
Alex von Falkenhausen nimmt 1955 mit einem serienmäßigen 502 in der Sportwagenklasse an der Rallye Cannes teil: Als einziger seiner Klasse erreicht er das Ziel. Diese Rallye führt über eine schwierige Strecke in den französischen Alpen, wobei es zwei spezielle Bergprüfungen gibt.
1956 erzielen Wolfgang Gutbrod und Dr. Heinz Schwind bei der Internationalen Rallye Sestriere in Italien den Preis für den besten Tourenwagen über 2 Liter.
1957 gewinnt Heuberger die Klasse der Tourenwagen über 2 Liter in der (letzten) Mille Miglia und den 28. Platz in der Gesamtwertung. Zwei serienmäßige 502 waren am Start, und sie fahren mit 123,7 km/h die schnellste Zeit aller 222 Tourenwagen.
Auch die Rallye Akropolis wird für BMW ein Erfolg. Bei der Internationalen Deutschland-Rallye erzielt das Team v. Zedtlitz/Hahn einen Sieg in der Klasse für Tourenwagen über 2,6 Liter und wird Gesamtsieger der Veranstaltung.
1958 finden wir auf der Rallye Monte-Carlo einen 3,2 Liter 502, gefahren von Walter/Nathan/Glöckler, der als einziger der in München gestarteten Teilnehmer in der vorgeschriebenen Zeit in Monte-Carlo eintrifft.
Die Sportchronik verzeichnet zahlreiche weitere Erfolge mit dem großen BMW im In- und Ausland. Hans Stuck absolvierte am Steuer eines 507 sogar diverse Bergrennen. 1963 wird schließlich der letzte sportliche Einsatz des großen V8 gemeldet.

Industrie- und Bootsmotoren

Entsprechend einer schon vor dem Kriege geübten Praxis werden aus dem 501 wie aus dem 502-Aggregat auch Boots- und eine ganze Reihe von Industriemotoren abgeleitet.
Direktor Hanns Grewenig hat auch Kontakte nach Bonn geknüpft, um die Möglichkeiten für einen Auftrag von der Bundeswehr -- damals »Amt Blank« -- zu prüfen. Am 2. Juni 1954 hält er in einem Rundschreiben fest:
»Es werden voraussichtlich in der nächsten Zeit Anfragen über Verwendung unserer 6- und 8-Zylinder-Motoren als Aggregat-Motoren kommen.«Auch an einem Vielstoffmotor wird bei BMW intensiv arbeitet.
1958 erscheint der Typ 401 als Bootsmotor, erster einer ganzen Reihe von Sondertriebwerken mit dem Prefix 4. Er basiert auf dem 3,2 Liter V8 mit 140 PS. Eine Reihe weiterer Motoren folgt, so auch der 403 als Industriemotor und der 404 (der indessen auf dem kleinen Typ 107 vom BMW 700 basiert). Die Leitung dieser Konstruktionen obliegt Alfred Böning, der für die Entwicklung einige seiner bewährten Mitarbeiter aus dem Kobü einsetzt, unter anderem Kurt Hofmann und Hermann Behringer.

Was wurde aus ihnen?

Die Entwicklungsgeschichte der BMW-Modelle 501 und 502 ist zugleich ein Teil der Lebensgeschichte vieler Männer, deren Arbeit voranstehend beschrieben wurde. Es ist deshalb interessant zu erfahren, was aus ihnen wurde, als die Zeit des großen BMW vorüber war.
Beginnen wir mit Oberingenieur Peter Szymanowski, dem Schöpfer der barocken Gewandung des 501. Sein langes Berufsleben führte ihn, wie Zeugnisse dokumentieren, durch manches ehedem berühmte Unternehmen. So arbeitete er bei der Karosseriefabrik Louis Gaertner in Bremen, anschließend bei Schebera in Berlin, wo unter anderem Aufbauten für die Siemens-Automobiltochter Protos hergestellt wurden, und bei der Nationalen Automobil Gesellschaft (NAG) unter dem Dach der AEG, wo er innerhalb kurzer Zeit den Karosseriebau revolutionierte. Bei diesen Firmen führte er auch Ansichts- oder Entwurfszeichnungen aus; Szymanowski war also nicht nur Karosseriebauer, sondern hatte auch künstlerisches Talent.
1954 ist er als Direktor aus den Diensten der Bayerischen Motoren Werke ausgeschieden, ausgestattet mit einem Beratungsvertrag, der bis 1955 galt. Danach verblieben Szymanowski noch drei Lebensjahre.
Wegen seiner angegriffenen Gesundheit waren ihm für den Rest seines Lebens nicht die Annehmlichkeiten eines Pensionärdaseins beschieden. Mehrfache Klinik- und Krankenhausaufenthalte halfen nicht; er litt schwer und starb im Jahre 1958.
Als Marginalie ist anzumerken, daß Szymanowski privat keinen BMW fuhr: Er besaß einen DKW, vermutlich wegen seinen guten und langjährigen Beziehungen zu ehemaligen Kollegen von der Auto Union. Und sein letztes Fahrzeug war, wie uns ein altes Foto zeigt, ein VW-Käfer.

Alfred Böning, geboren als Kind deutsch-schweizerischer Eltern, wuchs in Italien auf, kam dann nach Schwaben und schließlich nach München. Er war begeisterter BMW-Fahrer und besaß eine 1936 zugelassene Cabriolimousine vom Typ 315 in Sonderausstattung mit Sitzen und Seitenverkleidungen aus bestem Leder, die zu seinem Leidwesen kurz nach Kriegsende von einer Münchner Behörde requiriert und nicht zurückgegeben wurde. Ab 1952 stand ihm ein Mercedes-Benz 220 als Dienstfahrzeug zur Verfügung, dem nach einem »Barockengel« später ein BMW 2500 folgte.

Als Konstrukteur arbeitete Böning eine Zeit lang bei NSU an einem dreirädrigen Fahrzeug nach Art des Morgan, danach zählte es bei BMW zu einer seiner ersten Aufgaben, für den Dreirad-Lieferwagen F76 Rahmen und Aufbau zu entwerfen. Seine vielseitigen Interessen gehen aus zahlreichen, erhaltengebliebenen Skizzen hervor, etwa für ein Räumfahrzeug mit Kranaufbau nach dem Kriege, wie er auch die Idee für ein BMW-Fahrrad aus Gußteilen (für das er schon damals eine Klappkonstruktion vorsah) hatte, das es auch mit Anhänger geben sollte. Die Entwicklung des schwimmfähigen Geländewagens VCL in den sechziger Jahren geht ebenfalls auf Bönings Konto, und er fertigte auch Skizzen für einen Stadtwagen an.

Dieser schöpferische Techniker hatte auch einen Hang zur feinen Küche gehabt, wie die vielen Entwürfe für raffinierte Küchenmaschinen erkennen lassen, die sich in seinem Nachlaß befinden. 1962 wurde er zum Oberingenieur und Leiter der Entwicklungsabteilung für Fahrwerk und Getriebe sowie zum Leiter der Motorradabteilung ernannt. 1974 trat Böning in den Ruhestand, versehen mit dem Titel eines Abteilungsdirektors Entwicklung Fahrwerk und Getriebe. Die letzten zehn Jahre seines Lebens genoß er in seinem Haus im Münchner Stadtteil Nymphenburg.

An der Entstehung der Automobile, denen das Thema dieses Buches gewidmet ist, haben natürlich viele weitere Menschen mitgewirkt, denen Anerkennung gebührt. Vorrangig wären hier die beiden »Pole« des Münchner Werks in den Aufbaujahren zu nennen: Kurt Donath und Hanns Grewenig. Donath kam aus dem Flugmotorenbau und war ein reiner Techniker, von dessen Hand manche Skizze zum Kobü wanderte. Grewenig, von 1945 bis Mitte 1957 kaufmännischer Vorstand von BMW, hatte vor dem Kriege bei Opel gearbeitet.

Donath ging wie Grewenig 1957 in Pension und verlebte in seinem Haus am Starnberger See noch etliche Jahre; erst 1973 meldete die Presse sein Hinscheiden. Hanns Grewenig verstarb bereits 1961.

Kurt Deby, einer der maßgebenden Männer der ersten Stunde, gebührt das Verdienst, für das Werk sehr nützliche Kontakte mit den amerikanischen Besatzungsbehörden gepflegt zu haben. Als Betriebsleiter ermöglichte er in schwerer Zeit so manches, was eigentlich als unmöglich galt...

Der Name Fritz Fiedlers taucht im Verzeichnis des Vorstands 1948 auf. Er hat BMW bis zum Herbst 1956 gedient; weitere sechs Jahre stand er dem Werk anschließend freiberuflich zur Verfügung. Ohne Fiedlers profundes technisches Wissen wäre der 501 wohl kaum so schnell auf die Räder gekommen. Aus seiner Arbeit resultieren viele Patente, wie sie auch Szymanowski und Böning angemeldet haben. Fiedler starb 1972.

Auch Wilhelm Hofmeister muß in diesem Zusammenhang erwähnt werden, denn seine Zusammenarbeit mit Peter Szymanowski hat dem 501 viele Impulse gegeben. Dem Karosserie-Spezialisten Hofmeister hat BMW viel zu verdanken, denn in seiner Regie entstand die Linie der »Neuen Klasse« und damit der Grundstein nachfolgender BMW-Generationen. Hofmeister verstarb in den siebziger Jahren.

Nicht zuletzt wollen wir auch an die vielen Meister, Konstrukteure und sonstigen Mitarbeiter von Entwicklung und Design denken, deren intensive Arbeit dazu beigetragen hat, daß die BMW AG mit ihrem ersten Nachkriegs-Auto wieder positive Schlagzeilen machte. Einige von ihnen konnte der Autor noch aufsuchen, ihre Namen finden Sie im Anhang.

Sammler, Clubs und Restaurateure

Daß ein prägnantes Automobil wie der BMW 501 und der 502 bei vielen Liebhabern heute in guten Händen ist, verwundert nicht. Wer sich einmal für dieses zeitlose und auf seine Art dennoch für die Nachkriegsjahre zeittypische Auto entschieden hat, versucht natürlich, seinen »Oldtimer« gut über die Runden zu bringen.

Waren nach dem Ende der Produktion Anfang 1964 viele 501 und 502 als Gebrauchswagen verschlissen worden oder fielen dem Streusalz der späten Jahre zum Opfer, so fanden sich nur wenig später Liebhaber dieser klassischen BMW-Fahrzeuge zusammen und gründeten Clubs.

So entstand zum einen der BMW Veteranenclub Deutschland e.V., zum anderen der BMW V8 Club. Auch in der Schweiz und in anderen Ländern organisierten sich BMW-Liebhaber.

Bei der BMW AG fanden diese Markenclubs schon früh verständnisvolle Unterstützung, zumal neben dem Gebäude der Hauptverwaltung, dem berühmten »Vierzylinder« am Petuelring, 1972 auch ein Museum entstand, das eine größere Sammlung interessanter BMW-Produkte beherbergt. Neben vielen anderen Exponaten findet man hier den Typ 505 und die Staatslimousine. Sehr bekannt ist das 502-Chassis mit dem mehrfarbig lackierten »Vollschutzrahmen«, das schon in den sechziger Jahren im alten Verwaltungsgebäude an der Lerchenauer Straße als Blickfang diente.

Seit 1994 werden die Aktivitäten des Hauses in bezug auf historische Fahrzeuge in einer Sparte koordiniert, die als »Mobile Tradition« firmiert. Sie organisiert und unterstützt große Clubtreffen und Rallye-Veranstaltungen, koordiniert Ersatzteil-Nachfertigungen und ist für das Firmenarchiv wie auch für das hauseigene Museum zuständig.

Für die Erhaltung und Restaurierung historischer BMW-Fahrzeuge engagieren sich zahlreiche Enthusiasten, besonders in Süddeutschland. Durch Teilebeschaffung und -nachfertigung haben sie sich einen guten Namen gemacht. Auch der Hersteller der (Werks-)Cabriolets und Coupés, die Karosseriefirma Baur in Stuttgart, zeigt ein starkes Interesse an den damaligen Produkten und bietet einen umfangreichen Restaurierungsservice an. Besonders engagiert haben sich einige Marken-Enthusiasten in Japan, wo eine private Firma namens BMW Collection die seltensten Modelle älterer

BMW Produktion besitzt. Manche der ehemaligen BMW-Zulieferer leisten sich den Luxus eines Wagens der Reihe 501/502, der Ausstattungsteile ihres Hauses zeigt. Und im Deutschen Museum in München findet man ein faszinierendes Stück Handarbeit, ein Modell des 501 aus Holz, dessen Detail-Finish jedem Automodellhersteller Ehre machen würde. Das Modell ist ein Produkt der Lehrwerkstatt bei BMW.

A propos Modelle: Schon in den fünfziger und sechziger Jahren boten diverse Hersteller kleine und große Miniaturen der Limousinen aus Blech oder Kunststoff an. Das schönste aller BMW-Modelle jedoch steht im Werk, genauer: im Münchner Forschungs- und Entwicklungszentrum (FIZ). Es handelt sich um jenes hölzerne 502-Modell, das Johann König 1952 für den Vorstand anfertigte. Auf dem Schreibtisch des Chefdesigners Chris Bangle erinnert es heute an einen großen und bedeutenden Markstein der facettenreichen BMW-Geschichte.

VERKAUFEN
DM
VERKAUFEN
54
DM

Anhang: Daten und Fakten

Preise

Preisentwicklung der BMW-Fahrzeuge

Jahr	501	501 A	501 B	501 V8	501 Sechs zyl.	502 2,6	502 3,2	3,2 Super	2,6/ 2600	2,6 Luxus/ 2600 L	3,2/ 3200 L	3,2 S 3200 S	503	507	505	3200 CS
1951																
1952	15 150															
1953	15 150															
1954	13 170	13 900	12 400			17 800										
1955				13 950		16 450	17 850									
1956				13 950 14 450	12 500 F 9150	16 450 16 950 F 11 100	17 850 18 350 F 12 500						29 500	26 500	F 12 900	
1957				13 950		16 950	18 350									
1958																
1959									13 450		19 768 (17850)					
1960							18 850	21 240	15 450	17 450	21 240 (18 850)					
1961									15 450	17 450	18 850	21 240				
1962																29850
1963																
1964																
1965																

F = Fahrgestell

Aufwendungen für Entwicklung und Versuch in DM (1948-1955)

1948	272.000,--
1949	987.000,--
1950	1.832.000,--
1951	2.594.000,--
1952	3.490.000,--
1953	3.400.000,--
1954	3.600.000,--
1955	4.680.000,--

Umsätze Werk München-Milbertshofen in DM (1948-1955)

1948/9	24.198.000,--
1950	36.486.000,--
1951	57.511.000,--
1952	63.011.000,--
1953	79.795.000,--
1954	94.440.000,--
691955	138.251.000,--

Verkaufszahlen BMW Automobile (ohne Isetta)

Insgesamt		davon Export		
Jahr	Stück	DM	Stück	DM
1952	47	627.000	1	13.000
1953	1.530	19.203.000	368	3.952.000
1954	2.965	32.352.000	466	4.380.000
1955	5.031	57.004.000	798	8.211.000
1956	3.775			

Belegschaftsentwicklung im Jahresdurchschnitt BMW Werk München-Milbertshofen

Ende 1945	859
Ende 1946	984
Ende 1947	1.056
Ende 1948	1.227
Ende 1949	2.208

Patente und Gebrauchsmuster

Außer den nachstehend genannten Patenten, Geschmacks- bzw. Gebrauchsmustern im Zusammenhang mit der Entwicklung des BMW 501 wurde eine große Zahl weiterer Patentanmeldungen vorgenommen. Viele dieser Unterlagen sind heute jedoch verschollen, zumal sich das Deutsche Patentamt ursprünglich in Berlin und zeitweilig in Darmstadt befand, bevor es sich in München etablierte.
Es sollen zusätzliche Patente im Karosseriebereich auch unter fremden Namen angemeldet worden sein, was heute jedoch nicht mehr nachprüfbar ist.

Patent 809037 vom 23. Juli 1951
Szymanowski: Blinklichteinrichtung zur Richtungsanzeige bei Kraftfahrzeugen, insbesondere bei Kraftwagen.
Patent 813495 vom 13. September 1951
Haller: Drehstabfederung für die Vorderräder von Kraftfahrzeugen.
Patent 848916 vom 8. September 1952
Szymanowski und Hofmeister: Windlaufsäule für Karosserien von Kraftfahrzeugen.
Patent 849362 vom 15. September 1952
Hopf: Reibungskupplung für Kraftfahrzeuge.
Patent 860757 vom 22. Dezember 1952
Wolff: Vorrichtung zur Vorwärmung der Kühlflüssigkeit eines Kraftfahrzeuges.
Patent 868117 vom 23. Februar 1953
Fiedler: Unabhängige Aufhängung der gelenkten Vorderräder von Kraftfahrzeugen.
Patent 870647 vom 16. März 1953
Fiedler: Aufhängung einer starren Hinterachse an Kraftfahrzeugen.
Patent 888081 vom 27. August 1953
Keiner: Teleskopfederung, insbesondere für Kraftfahrzeuge.
Patent 895410 vom 2. November 1953
Dr. Suppe: Warneinrichtung für die Zentraldruckschmierung bei Kraftfahrzeugen.
Patent 897810 vom 23. November 1953
Fiedler: Vorderradabfederung von Kraftfahrzeugen.
Patent 898851 vom 3. Dezember 1953
Szymanowski und Hofmeister: Scharnier für Kraftfahrzeugtüren, insbesondere solche für geschlossene Wagenkasten.
Patent 903177 vom 1. Februar 1954
Fiedler: Vorderradabfederung von Kraftfahrzeugen.
Patent 812509 vom 11. Februar 1954
Haller: Lenkung für Kraftfahrzeuge.
Patent 822482 vom 25. März 1954
Haller und Böning: Lenkgetriebe für Kraftfahrzeuge.
Patent 915068 vom 15. Juli 1954
Dr. Suppe: Schaltung für die elektrische Lichtanlage in Kraftfahrzeugen.
Patent 916024 vom 2. August 1954
Dr. Suppe: Elektrische Schaltung für die Innenbeleuchtung von Kraftfahrzeugen.

Patent 919987 vom 8. November 1954
Fiedler: Lenkvorrichtung für Kraftfahrzeuge.
Patent 913027 vom 4. April 1955
Dr. Suppe: Schaltvorrichtung zu einer elektrischen Warnanlage für die Zentralschmierung bei Kraftfahrzeugen.
Patent 931214 vom 4. August 1955
Dr. Suppe: Schaltung für Parkleuchten an Kraftfahrzeugen.
Patent 933433 vom 22. September 1955
Flemming: Bremsbacken aus Leichtmetall für Innenbackenbremsen von Kraftfahrzeugen.
Patent 941173 vom 5. April 1956
Fiedler: Anordnung und Lagerung von Bedienungsorganen für Kraftfahrzeuge.
Geschmacksmuster 1601386 vom 15. August 1949
Anordnung eines Lautsprechers in Personenkraftwagen (in Rückenmitte Vordersitzlehne, versenkt, unsichtbar).
Geschmacksmuster 1601385 vom 15. August 1949
Kofferklappengriff für einen im Heck von Personenkraftwagen angeordneten Kofferraum
(Griff gleichzeitig Kennzeichenbeleuchtung).
Geschmacksmuster 1627710 vom 2. Juni 1950
Ausbildung des Radgehäuses an Karosserien für Personenkraftwagen (Kofferraumdeckel).
Geschmacksmuster 1631307 vom 22. Juli 1950
Schwingachslenkung für Kraftfahrzeuge.
Geschmacksmuster 1619929 vom 4. August 1950
Vorrichtung zum Verstellen der Rückenlehne von Kraftfahrzeugsitzen (schwenkbare Fondsitze).
Geschmacksmuster 1613512 vom 9. August 1950
Fensterkurbel zur Betätigung der Fenster in Kraftfahrzeugtüren.
Geschmacksmuster 1616411 vom 27. September 1950 Vorrichtung zum Verstellen von Kraftfahrzeugsitzen (Federnder Sperrhebel).
Geschmacksmuster 1623674 vom 14. April 1951
Vorrichtung zur Spannungsregelung von Drehstabfedern bei Kraftfahrzeugen (Neue Ansprüche lt. Patentanmeldung 455956).
Geschmacksmuster 1629409 vom 29. August 1951
Befestigung des Rücklehnenpolsters von Kraftfahrzeugsitzen (Priorität in Anspruch genommen für die Internationale Automobilausstellung Frankfurt am Main 19.4.1951).
Geschmacksmuster 1629408 vom 29. August 1951
Befestigung des Vorderradschutzbleches von Kraftfahrzeugen (Priorität in Anspruch genommen für die Internationale Automobilausstellung Frankfurt am Main 19.4.1951).
Geschmacksmuster 1630651 vom 15. September 1951
Brustleiste für Kraftfahrzeugtüren, insbesondere solche für geschlossene Wagenkasten (Priorität in Anspruch genommen für die Internationale Automobilausstellung Frankfurt am Main 19.4.1951).
Geschmacksmuster 1631715 vom 17. Oktober 1951
Sicherungsvorrichtung für Klappenverschlüsse an Kraftfahrzeugen (Innenliegender Betätigungshebel für Kofferklappe) - (Priorität in Anspruch genommen für die Internationale Automobilausstellung Frankfurt am Main 19.4.1951).
Geschmacksmuster 1631716 vom 17. Oktober 1951
Abstützstreben für Klappen, insbesondere für Kofferklappen und Motorhauben für Personenkraftwagen.
Ferner Geschmacksmuster 1600198, 1600114, 1626561.

Who is Who bei BMW

Aufgeführt sind, soweit zu ermitteln, die Namen der Personen, die bei BMW an der Entstehung des 501/502 beteiligt waren oder in anderen Bereichen bei BMW und ihren Zulieferern, vor allem im Karosseriebereich, zu jener Zeit mit dieser Baureihe zu tun hatten. Die Angaben erheben keinen Anspruch auf Vollständigkeit.

Bairlein, Franz; Konstrukteur.
Beck, Kurt; Karosseriebauer im Versuch BMW Eisenach, später BMW München. †
Behringer, Hermann; Konstrukteur. *1905
Bertram, Georg; Designer. †
Black, Willy; 1954-1956 Entwicklungsvorstand.
Bock, Reinhold; Konstrukteur.
Böning, Alfred; Chefkonstrukteur. 1931-1974 bei BMW. *1907 †1984
Bönsch, Helmut Werner; Leiter Qualitätskontrolle; Direktor bei BMW 1958 - 1973. *1907 †1996
Bräuning, Paul; Fertigungsingenieur.
Bredschneider, Kurt; Karosseriekonstrukteur, auch Design.
Büch, Konrad; Konstrukteur.

Cap, Helmut; Versuchsfahrer.

Deby, Kurt; Betriebsleiter, zeitweilig auch Rennleiter. †
Della Torre, August; Karosseriebaumeister, ab 1953 bei BMW. *1907
Dittmann, Heinz; Leiter der Kundendienstschule.
Donath, Kurt; 1949-1957 Vorsitzender des Vorstands. *1902 †1973

Eckinger, Peter; Texter in der BMW Werbeabteilung.
Eppelein, Heinrich (Heinz); Motorenkonstrukteur.
Ertl, Alfred; Modelleur.

Falkenhausen, Alexander Freiherr. v.; Motorenkonstrukteur. *1907 †1989
Fiebach; Verkauf.
Fiebig, Alfons; Konstrukteur.
Fiedler, Fritz; Konstrukteur, Entwicklungschef. 1932-1945 und 1949-1964 bei BMW. *1899 †1972
Fleischer, Hans; Karosseriekonstrukteur in Eisenach, Designer. †1986
Flemming, Rudolf; Konstrukteur, Versuchsingenieur, Kundendienst. Bei BMW 1931-1973. *1910 Eisenach †1993 München
Franzel, Bruno; Karosseriekontrolle, seit 1949 bei BMW. †
Gorf, Wilhelm; Karosseriebauer im Versuch BMW Eisenach, später BMW München.

Grewenig, Hanns; 1949-1957 im Vorstand. *1891 †1973 München
Grohmann, Kurt Peter; Elektrotechnik.

Haller, Andreas; Konstrukteur.
Hoepner, Carl Theodor; Presse- und Öffentlichkeitsarbeit. †1972
Hofmann, Kurt; Motorenkonstrukteur.
Hofmeister, Wilhelm; Karosseriekonstrukteur, Assistent von Szymanowski, später Chefdesigner. Ab 1939 bei BMW. *1910 Hildesheim †
Hopf, Josef; Versuchsleiter Motoren.
Hossfeld, Karl-Wilhelm; ab 1936 Karosseriebauer im Versuch BMW Eisenach, später BMW München.
Huber, Manfred; Elektrotechnik. Bei BMW 1951-1988.
Hufnagel, Georg; Karosseriekonstrukteur bei BMW Eisenach.

Ischinger, Leonhard; Motorenkonstrukteur. *1912 †1990

Jardin, Ferdinand; Motorenkonstrukteur.
Jordan, Rudolf; Meßraum.

Kaiser; Einkauf.
Kauderer, Erwin; Sattlermeister bei Baur, seit 1952 bei BMW.
Keiner, Lothar; Konstrukteur.
Kermer, Ludwig; Leiter der Versuchswerkstätte.
König, Johann; Modelleur. Ab 1952 bei BMW.
Kolk, Oskar; Verkaufschef Inland, Ersatzteildienst.
Krüger, Dr. Dr. Walter; Verkaufschef Export.

Lang, Paul; Gebrauchgraphiker, 1952-1956 bei BMW.
Lewandowski; Karosseriekonstrukteur.
Loof, Ernst; Konstrukteur, Versuchsfahrer. 1938-1945 bei BMW Eisenach; 1954-1956 bei BMW München. *1900 †1956

Mangoldt-Reiboldt, Hans-Karl v.; 1947-1949 im Vorstand. *1896 †1971
Maurer, Karl; Motorenkonstrukteur. 1936-1946 bei BMW Eisenach, 1952-1972 bei BMW München. *1904
Mitte; Karosseriekonstrukteur.

Neureiter, Johann; Karosseriekonstrukteur, seit 1952 bei BMW. †
Oberschmid, Anton; Elektrowerkstatt. *1907

Palm, Erich; Designer. †
Passon; Designer. †
Peter, Dr.; Konstrukteur, ab 1948 Versuchsingenieur Motorentechnik.
Pilz; Verkauf.
Poppitz, Otto; Verkauf, Kundendienst. †1956

Rauschert, Hermann; BMW-Archiv.
Rech, Karl; Motorenkonstrukteur. *1900 †1985
Reich, Hans; Designer.
Roesch; Patentwesen.
Rümler, Erich; Motorenkonstrukteur.

Sander; Karosseriekonstrukteur.
Schäfer, Karl; Motorenkonstrukteur. †verm. um1957
Schaepe, Konrad; Karosseriekonstrukteur.
Schlabrendorf, Ernst Wilhelm Graf v.; Konstrukteur. †1959
Schleicher, Rudolf; 1922-1927 und 193?-1945 Konstrukteur, Versuchschef, bis 1962 Berater †1990.
Schmuck, Karl; Chefmodelleur, seit 1938 bei BMW.
Schneider; Assistent bei Szymanowski.
Schwanz, Udo (Otto?); Karosseriebauer im Versuch BMW Eisenach, später bei BMW München.
Seidel, Heinrich; Konstrukteur.
Siedler, Albert; Fertigungsingenieur, ab 1934 bei BMW Eisenach, 1949-1980 bei BMW München.
Stab; Motorenkonstrukteur.
Star; Karosseriekonstrukteur.
Steiner, Rudolf; Technische Prüfung BMW München.
Suppe, Dr. Franz; Chef Elektroentwicklung. †
Szymanowski, Peter; Karosseriekonstrukteur und Design, Direktor. 1938-1945 BMW Eisenach, 1948-1954 BMW München. *1889 †1958

Trötsch, Fritz; Verkaufschef.

Ullrich, Fritz; Karosseriebauer, 1938-1945 1949-1951, 1952-1954 und 1956-1958 BMW München. *1918 München

Werner, Ernst; Planungschef.
Wilhelm, Franz; Verkauf.
Wille, Wilhelm; Assistent des Vorstands.
Wolff, Eberhard; Konstrukteur, Versuchsleiter, zeitweilig Rennleiter. †

Zuchs; Einkauf.

Verschleißteilliste und Lagervorschlag List of wear and tear parts - Suggestion for store keeping **BMW** Personenkraftwagen **Typ 501/6** 2,077 Ltr. 6 Zylinder 72 PS **Typ 501/8** 2,58 Ltr. 8 Zylinder 95 PS 4 Takt - Otto FEG - Archiv	Verschleißteil-Liste *List of wear and tear parts* ES-P-BMW 2-2,5/1 Baujahr: 1955 – 1957 Firma: Bayerische Motorenwerke AG Ort: München 13

Bezeichnung der Erzeugnisse und Benennung der Ersatzteile *Name of products and description of spare parts*	Typformel und Bestellzeichen *Type formula and order number*	Vorgeschlagene Menge für *Suggested quantities for* 10 Fahrzeuge - *Vehicles*	20	50	100
Motor - Engine Typ 501/6					
Zündverteiler, entstört **Ignition distributor,** *radioshielded*	**VJUR 6 BR 28**	1	1	2	3
Kontaktträger mit Kontakt - *Contact carrier with contact*	ZKT 67/1 Z	2	4	6	12
Unterbrecherhebel mit Kontakt *Contact breaker lever with contact*	ZUH 9 Z 12 Z	2	4	6	12
Kondensator - *Capacitor*	ZKO 29 Z 66 Z	2	2	4	6
Verteilerläufer mit Entstörwiderstand *Distributor rotor with resistor suppressor*	ZVVT 5 Z 4 Z	2	2	4	8
Verteilerscheibe - *Distributor cap*	ZVS 73 Z 10 Z	2	2	4	6
Schleifkohle mit Feder zur Verteilerscheibe *Center brush for distributor cap*	NSK 2/1 Z	2	2	4	6
Unterdruckversteller - *Vacuum controller*	ZSV 22 Z 8 Z	2	3	4	6
Zündspule - Ignition coil	**TK 12 A 3**	2	4	6	10
Zündkerze - Spark plug	**W 225 T 2** Elektrodenabstand 0,9 mm *Gap between electrodes 0.9 mm*	36	60	120	200
Zündkerze mit Widerstand **Spark plug with resistor suppressor**	**W 225 RT 2** Elektrodenabstand 0,9 mm *Gap between electrodes 0.9 mm*	36	60	120	200
Kerzenstecker - Plug connector	**KEEA 4 J 1 Z**	6	12	18	30
Motor - Engine Typ 501/8					
Zündverteiler - Ignition distributor	seit Juni - *since June 1955* **ZV/LBUR 8 R 2**	1	1	2	3
Kontaktträger mit Kontakt - *Contact carrier with contact*	ZVKT 4 Z 1 Z	2	4	8	16
Unterbrecherhebel mit Kontakt *Contact breaker lever with contact*	ZUH 9 Z 14 Z	2	4	8	16
Kondensator - *Capacitor*	ZKO 29 Z 66 Z	2	2	4	6
Verteilerläufer (Verteilerstecker) - *Distributor rotor*	ZVVT 7 Z 3 Z	2	2	4	6
Verteilerscheibe mit Deckel - *Distributor cap with cover*	ZVVS 7 Z 1 Z	2	2	4	6
Schleifkohle mit Feder zur Verteilerscheibe *Center brush with spring for distributor cap*	NSK 2/1 Z	2	2	4	6
Unterdruckversteller - *Vacuum controller*	ZSV 22 Z 25 Z	2	2	4	6

Printed in Germany - Imprimé en Allemagne

ROBERT BOSCH GMBH STUTTGART

VDT 15. 7. 1958
Ausgabe ES-P-BMW 2-2,5/2 vom 15. 8. 1955 ungültig

Bezeichnung der Erzeugnisse und Benennung der Ersatzteile *Name of products and description of spare parts*	Typformel und Bestellzeichen *Type formula and order number*	Vorgeschlagene Menge für / *Suggested quantities for* **10** Fahrzeuge - *Vehicles*	**20**	**50**	**100**
Zündverteiler - Ignition distributor	bis Mai - *until May 1955* **ZV/LBUR 8 R 1**	—	—	—	—
Kontaktträger mit Kontakt - *Contact carrier with contact*	ZVKT 4 Z 1 Z	2	4	8	16
Unterbrecherhebel mit Kontakt *Contact breaker lever with contact*	ZUH 9/6 Z	2	4	8	16
Kondensator - *Capacitor*	ZKO 29 Z 66 Z	2	2	4	6
Verteilerläufer (Verteilerstecker) - *Distributor rotor*	ZVVT 7 Z 3 Z	2	2	4	6
Verteilerscheibe - *Distributor cap*	ZV 2/2883 Z	2	2	4	6
Schleifkohle mit Feder zur Verteilerscheibe *Center brush for distributor cap*	NSK 2/1 Z	2	2	4	6
Unterdruckversteller - *Vacuum controller*	ZSV 22 Z 22 Z	2	3	4	6
Zündspule - Ignition coil	**TK 12 A (10/2)**	2	4	6	10
Vorwiderstand zur Zündspule **Series resistance for ignition coil**	**ZWJ 11 Z 3 Z**	1	2	3	5
Zündkerze **Spark plug**	**W 225 T 1** Elektrodenabstand 0,9 mm *Gap between electrodes 0.9 mm*	40	64	128	200
Zündkerze mit Widerstand **Spark plug with resistor suppressor**	**W 225 RT 1** Elektrodenabstand 0,9 mm *Gap between electrodes 0.9 mm*	40	64	128	200
Kerzenstecker - Plug connector	**KEEA 6 J 2 Z**	8	16	24	32
Lichtmaschine - Dynamo	**LJ/GJM 160/12/1800 R 15**	1	1	2	3
Kohlebürste + *Carbon brush* +	WSK 35 L 4 Z	4	6	10	20
Kohlebürste — *Carbon brush* —	WSK 35 L 2 Z	4	6	10	20
Druckfeder für Kohlebürste - *Spring for carbon brush*	LJSF 1 L 1 X	4	8	12	20
Anker mit Kugellager - *Armature with ball bearing*	LJAN 14 L 91 Z	1	2	3	4
Erregerwicklung - *Field winding* Spule 1 - *Coil 1*	LJWC 5 L 1 Z	1	1	2	2
Spule 2 - *Coil 2*	LJWC 5 L 2 Z	1	1	2	2
Reglerschalter - *Regulator and cut-out*	RS/UA 160/12/38 RS/UA 160/12/15 früher - *formerly*	2 —	3 —	5 —	10 —
Anlasser für Motor - for Engine Typ 501/6	**EGD 1/12 AR 6**	1	1	2	3
Starter für Motor - for Engine Typ 501/8	**EGD 1/12 AR 25**	1	1	2	3
Kohlebürste - *Carbon brush*	DSK 35/5 Z	12	24	60	100
Feder für Kohlebürste - *Spring for carbon brush*	WBF 554/2 X	6	12	20	40
Anker - *Armature*	DAN 125/2 Z	1	1	2	3
Erregerwicklung - *Field winding* Spule 1–4 - *Coil 1–4*	DWC 107 L 31 Z	1	1	2	2
Getriebe mit Ritzel, Zähnezahl = 9, Modul = 2,5 *Drive with pinion, number of teeth = 9, module = 2.5*	DGT 15/1 Z	2	4	10	20
Magnetschalter auf dem Polgehäuse für - *for* .. AR 6 *Solenoid switch on the yoke* für - *for* .. AR 25	SSM 120 L 17 Z SSM 120 L 16 Z	1 1	2 2	3 3	4 4
Lagerbuchse im Antriebslager *Bearing bush for driving end bearing*	WMB 651/35 X	5	10	15	20
Scheinwerfer - Headlamp	**LE/YF 180 A 5**	2	4	6	10
für - *for* Holland	**LE/YF 180 A 15**	2	4	6	10
Glasscheibe (Streuscheibe) für - *for* .. A 5	LEFE 32 L 1 X	6	10	14	20
Glass lens für - *for* .. A 15	LEFE 32 L 6 X	6	10	14	20
Dichtring zur Glasscheibe - *Packing ring for glass lens*	LENR 1 L 5 X	6	10	14	20

Bezeichnung der Erzeugnisse und Benennung der Ersatzteile *Name ot products and description of spare parts*	Typformel und Bestellzeichen *Type formula and order number*	Vorgeschlagene Menge für *Suggested quantities for* 10	20	50	100
		Fahrzeuge - *Vehicles*			
Spiegel (Reflektor) - *Reflector*	LERF 14 L 10 X 791 (LERF 14 L 10 Z aufbrauchen *to be used up)*	2	4	6	10
Deckelring mit Einstellschrauben *Rim with adjusting screws*	LEDE 25 L 92 Z (LEDE 25 L 2 Z aufbrauchen *to be used up)*	2	4	6	10
Zierring zum Deckelring - *Ornament ring for rim*	LEMR 34 L 1 Z (LEMR 34 L 1 X aufbrauchen *to be used up)*	2	4	6	8
Sperrfeder für Tragring *Locking spring for supporting ring*	LEBF 6 L 8 X 314	6	12	24	32
Lampenfassung mit Anschlußplatte *Bulb holder with connecting plate*	LEFA 13 L 9 Z	1	1	2	3
Bügelfeder zum Halten der Lampenfassung *Clip spring for bulb holder*	LEBF 5 L 2 X 314	1	2	3	5
Biluxlampe - *Bilux bulb* 12 V 35/35 W	NGL 528/1 Z (Nr. 7327)	2	4	6	10
oder - *or*					
Scheinwerfer mit asymmetrischem Abblendlicht **Headlamp** *with asymmetrical dimming light*	**LE/YF 180 B 5 R**	2	4	6	10
Glasscheibe (Streuscheibe) - *Glass lens*	LEFE 97 L 1 X	6	10	14	20
Dichtring zur Glasscheibe - *Packing ring for glass lens*	LENR 1 L 5 X	6	10	14	20
Spiegel (Reflektor) - *Reflector*	LERF 56 L 5 Z	2	4	6	10
Deckelring mit Einstellschrauben *Rim with adjusting screw*	LEDE 25 L 92 Z	2	4	6	10
Zierring zum Deckelring - *Ornament ring for rim*	LEMR 34 L 1 Z	2	4	6	8
Sperrfeder für Tragring *Locking spring for supporting ring*	LEBF 6 L 8 X 314	8	16	24	32
Anschlußkapsel (Lampenfassung) - *Bulb holder*	LEMK 8 L 2 Z	1	1	2	3
Biluxlampe - *Bilux bulb* 12 V 45/40 W	NGL 582/1 Z (Nr. 7951)	2	4	6	10
Rückstellschalter für Blinker - Return switch for blinker	**SH/WR 3/2**	1	1	2	3
Blinkgeber - Blinker unit	**SH/BVA 12/3**	1	2	3	5
Relais für Lichthupe - *for by-pass light signal* **Relay**	**SH/SE 20/2**	—	—	1	2
Bosch-Horn Elektropneumatisches Zweiklanghorn *Horn, electropneumatic horn, two-tone system*	**HO/ESA 12 x 2 B 7** bestehend aus - *consisting of* 1 HO/ESA 12 B 8 1 HO/ESA 12 B 9 1 SH/SE 16/1	1	2	3	5
Wagenheizer-Motor - Car heater motor	**KM/RCA 10/12/4000 R 2**	1	1	2	3
Kohlebürste - *Carbon brush*	WSK 56 Z 1 Z	2	4	6	10
Feder für Kohlebürste - *Spring for carbon brush*	WSF 400/109 X	2	4	6	10
Anker - *Armature*	KMAN 5 Z 96 Z	1	1	2	3
Teile bei Radioentstörung **Parts for radio interference suppression**					
Entstörstecker für Zündkerzen für **6 Zylinder** Motor *Suppressor plug for spark plugs for* **6 cylinder** *engine*	EM/W 10/11	6	12	18	24
Entstörstecker für Zündkerzen für **8 Zylinder** Motor *Suppressor plug for spark plugs for* **8 cylinder** *engine*	EM/W 10/14	8	16	24	32

Bezeichnung der Erzeugnisse und Benennung der Ersatzteile *Name of products and description of spare parts*	Typformel und Bestellzeichen *Type formula and order number*	Vorgeschlagene Menge für *Suggested quantities for* 10	20	50	100
		Fahrzeuge - *Vehicles*			
Entstörkondensator für Zündspule Klemme 15 *Suppressor capacitor for ignition coil terminal 15*	EMKO 9 Z 9 Z	1	2	4	6
Entstörkondensator für Lichtmaschine Klemme D + *Suppressor capacitor for dynamo terminal D +*	EMKO 19 Z 3 Z	1	2	4	6
Entstörkondensator für Reglerschalter Klemme 51 *Suppressor capacitor for regulator and cut-out terminal 51*	EMKO 9 Z 9 Z	1	2	4	6
Teile bei UKW-Empfang **Parts for ultra-high frequency reception**					
Zündkerze mit Widerstand für **6 Zylinder** Motor **Spark plug with resistor suppressor** *for* **6 cylinder** *engine*	**W 225 RT 2** Elektrodenabstand 0,9 mm *Gap between electrodes 0.9 mm*	36	60	120	200
Zündkerze mit Widerstand für **8 Zylinder** Motor **Spark plug with resistor suppressor** *for* **8 cylinder** *engine*	**W 225 RT 1** Elektrodenabstand 0,9 mm *Gap between electrodes 0.9 mm*	48	80	160	240
Entstörmuffe für Zündverteiler *Screening sleeve for ignition distributor*	EM/W 5/12	1	2	3	5
Entstörkondensator für Zündspule Klemme 15 *Suppressor capacitor for ignition coil terminal 15*	EMKO 9 Z 9 Z	1	2	4	6
Entstörkondensator für Lichtmaschine Klemme D + *Suppressor capacitor for dynamo terminal D +*	EMKO 15 Z 10 Z	1	2	4	8
Entstörkondensator für Reglerschalter Klemme 51 *Suppressor capacitor for regulator and cut-out terminal 51*	EMKO 15 Z 12 Z	2	4	8	12
Entstörkondensator für Reglerschalter Klemme D + *Suppressor capacitor for regulator and cut-out terminal D +*	EMKO 15 Z 10 Z	2	4	8	12
Verbindungskabel - *Connecting cable*	WEA 439 Z 2 Z	3	6	9	12
Drosselkondensator für Reglerschalter Klemme DF *Combined choke and capacitor for regulator and cut-out terminal DF*	EM/SD 3/1	1	2	3	5
Für Polizeiwagen mit Sprechfunk					
Lichtmaschine - Dynamo	**LJ/GKM 300/12/1450 AR 42**	1	1	2	3
Kohlebürste + *Carbon brush +*	WSK 35 L 6 Z	4	6	10	20
Kohlebürste — *Carbon brush —*	WSK 35 L 5 Z	4	6	10	20
Feder für Kohlebürste - *Spring for carbon brush*	WSF 621/1 X	4	8	12	20
Anker mit Kugellager - *Armature with ball bearing*	LJAN 19 E 3 Z	1	1	2	3
Erregerwicklung - *Field winding* Spule 1 - *Coil 1*	DWC 239 L 14 Z	1	1	2	2
Spule 2 - *Coil 2*	DWC 239 L 2 Z	1	1	2	2
Spule 3 - *Coil 3*	DWC 239 L 3 Z	1	1	2	2
Spule 4 - *Coil 4*	DWC 239 L 4 Z	1	1	2	2
Reglerschalter - *Regulator and cut-out*	RS/UAM 300/12/1	2	3	5	10
Fremderzeugnisse **Products made by other manufacturers**	**Entsprechende Bosch-Erzeugnisse** **Corresponding Bosch products**				
Batterie - Battery 12 V 56 Ah	BA/12/56/1	1	2	3	6
Licht-Zugschalter - Lighting switch	SH/LZ 1/1	—	1	2	3
Fuß-Abblendschalter Foot-operated anti-dazzle switch	SH/NF 2/3	—	—	1	2
Bremslichtschalter - Stop light switch	SH/LO 2/1	1	1	2	3

BOSCH Service-Liste

P-BMW 3,2/1-3

BMW Personenkraftwagen 502

Baujahr: 1956–1960

BMW 2,6	BMW 2,6 Luxus	BMW 3,2 Luxus	BMW 3,2 Super
2,58 Ltr.	2,58 Ltr.	3,168 Ltr.	3,168 Ltr.
95 PS	100 PS	120 PS	140 PS

8 Zyl. – 4 Takt – Otto – V-Form

Firma: Bayerische Motorenwerke AG

Ort: München

Erzeugnisse und Ersatzteile *Products and spare parts*	Bestellzeichen *Order number*
Zündverteiler – **Ignition distributor**	**ZV/LBUR 8 R 2**
Kontaktsatz – *Contact set*	ZVKT 4 sort 2
Kondensator – *Capacitor*	LMKO 1 Z 26 Z
Verteilerläufer mit Entstörwiderstand *Distributor rotor with resistor suppressor*	ZVVT 7 Z 3 Z
Verteilerkappe – *Distributor cap*	ZVVS 7 Z 1 Z
Schleifkohle mit Feder zur Verteilerkappe *Center brush with spring for distributor cap*	NSK 2/1 Z
Unterdruckversteller – *Vacuum controller*	ZSV 22 Z 25 Z
Zündspule – **Ignition coil**	**TK 12 A (10/2)**
Vorwiderstand zur Zündspule **Series resistor for ignition coil**	**ZWJ 11 Z 3 Z**
Zündkerze – **Spark plug**	
für Typ / *for type* — ab Motor-Nr. / *from engine No. onwards*: BMW 2,6 (Luxus) 14074 BMW 3,2 Luxus 21467 BMW 3,2 Super 30644 Sonderausführung für Österreich (2,5 Ltr.) ab Motor Nr. 15072 *Special type for Austria (2.5 l) from engine No. 15072 onwards*	**W 225 T 2** oder – *or* **W 225 RT 2**
Elektrodenabstand – *Gap between electrodes*	0,9 mm
für Typ / *for type* — bis Motor Nr. / *up to engine No.*: BMW 2,6 (Luxus) 14073 BMW 3,2 Luxus 21466 BMW 3,2 Super 30643	**W 225 T 1** oder – *or* **W 225 RT 1**
Elektrodenabstand – *Gap between electrodes*	0,9 mm
Entstörstecker für Zündkerzen **Suppressor cap for spark plugs**	
seit Juli – *since July 1958*	**EM/W 1/13**
bis Juni – *until June 1958*	**EM/W 10/13**
oder – *or* **Kerzenstecker** – **Plug connector**	**KEEA 6 J 2 Z**
Unterdruckversteller für Drosselklappenbetätigung **Vacuum controller** *for throttle valve operation*	**ZSV 22 Z 42 Z**
Lichtmaschine – **Dynamo**	**LJ/GJM 160/12/1800 R 15**
Kohlebürstensatz – *Set of carbon brushes*	WSK 35 sort 2
Druckfeder für Kohlebürste *Spring for carbon brush*	LJSF 1 L 1 X
Anker mit Kugellager *Armature with ball bearing*	LJAN 14 L 91 Z

Erzeugnisse und Ersatzteile *Products and spare parts*	Bestellzeichen *Order number*
Erregerwicklung — Spule 1 – *Coil 1* *Field winding* — Spule 2 – *Coil 2*	LJWC 5 L 1 Z LJWC 5 L 2 Z
Reglerschalter – **Regulator and cutout**	**RS/UA 160/12/38**
bis Juni – *until June 1957*	**RS/UA 160/12/15**
Anlasser – **Starter**	**EGD 1/12 AR 25**
Kohlebürstensatz – *Set of carbon brushes*	DSK 35 sort 1
Druckfeder für Kohlebürste *Spring for carbon brush*	WBF 554/2 X
Anker – *Armature*	ALAN 21 L 1 Z
Erregerwicklung – *Field winding*	DWC 107 L 31 Z
Getriebe mit Ritzel – *Drive with pinion* Zähnezahl = 9, Modul = 2,5 *Number of teeth = 9, module = 2.5*	ALGT 31 L 1 Z
Magnetschalter – *Solenoid switch*	SSM 120 L 16 Z
Lagerbuchse für Antriebs- und Kollektorlager *Bearing bush for driving and commutator end bearing*	WMB 651/35 X
Einbau-Scheinwerfer seit 1958 mit asymmetrischem Abblendlicht **Flush-fitting headlamp** *since 1958 with asymmetrical dimming light*	**LE/YF 180 B 5 R**
Glasscheibe (Streuscheibe) – *Lens*	LEFE 97 L 1 X
Dichtring zur Glasscheibe *Packing ring for lens*	LENR 1 L 5 X
Spiegel (Reflektor) – *Reflector*	LERF 56 L 5 Z
Deckelring mit Einstellschrauben *Rim with adjusting screws*	LEDE 25 L 92 Z
Zierring mit Schraube *Ornamental rim with screw*	LEMR 34 L 1 Z
Sperrfeder für Tragring *Locking spring for retaining plate*	LEBF 6 L 15 X 314
Lampenhalter – *Bulb holder*	LEMK 8 L 2 Z
Zweidrahtlampe 12 V 45/40 W *Double-filament bulb*	NGL 582/1 Z (Nr. 7951)
Schutzgehäuse – *Protection housing*	LEGE 47 L 1 Z 314
+ Steckdose – *Plug socket*	LEEA 44 L 1 Z
Einbau-Scheinwerfer bis 1957 mit symmetrischem Abblendlicht **Flush-fitting headlamp** *until 1957 with symmetrical dimming light*	**LE/YF 180 A 5** für – for Holland **LE/YF 180 A 15**
Glasscheibe (Streuscheibe) – *Lens* für – *for* . . A 5 für – *for* . . A 15	 LEFE 32 L 1 X LEFE 32 L 6 X
Dichtring zur Glasscheibe *Packing ring for lens*	LENR 1 L 5 X

+ Besonders bestellen – *To be ordered separately*

ROBERT BOSCH GMBH STUTTGART — VDT 1. 3. 1960

Typenkarte P-BMW 3,2/1-2 vom 1. 4. 1958 und Verschleißteilliste ES-P-BMW 3,2/1 vom 1. 3. 1958 ungültig
Type chart P-BMW 3.2/1-2 of 1. 4. 1958 and list of wear and tear parts ES-P-BMW 3.2/1 of 1. 3. 1958 invalid

Erzeugnisse und Ersatzteile *Products and spare parts*	Bestellzeichen *Order number*
Spiegel (Reflektor) - *Reflector*	LERF 14 L 10 X 713
Deckelring mit Einstellschrauben *Rim with adjusting screws*	LEDE 25 L 92 Z
Zierring mit Schraube *Ornamental rim with screw*	LEMR 34 L 1 Z
Sperrfeder für Tragring *Locking spring for retaining plate*	LEBF 6 L 8 X 314
Lampenfassung mit Anschlußplatte *Bulb holder with terminal plate*	LEFA 13 L 9 Z
Bügelfeder für Lampenfassung *Clip spring for bulb holder*	LEBF 5 L 2 X 314
Zweidrahtlampe 12 V 35/35 W *Double-filament bulb*	NGL 528/1 Z (Nr. 7327)
Schutzgehäuse - *Protection housing*	LEGE 47 L 1 Z 314
Einbau-Nebelscheinwerfer (nicht für BMW 2,6) **Flush-fitting fog lamp** *(for general use, except BMW 2.6)*	**LE/YNE 105/1**
Glasscheibe (Streuscheibe) - *Lens*	LEFE 42 L 1 X
Dichtring zur Glasscheibe *Packing ring for lens*	LENR 1 L 2 X
Spiegel (Reflektor) - *Reflector*	LERF 40 L 1 Z
Deckelring - *Rim*	LEDE 40 L 1 X 831
Sperrfeder für Tragring *Locking spring for retaining plate*	LEBF 11 L 4 X 314
Lampenfassung mit Anschlußplatte *Bulb holder with terminal plate*	LEFA 13 L 4 Z
Bügelfeder für Lampenfassung *Clip spring for bulb holder*	LEBF 5 L 2 X 314
Glühlampe - *Bulb* 12 V 35 W	NGL 195/1 Z (Nr. 7309)
Schutzgehäuse - *Protection housing*	LEGE 73 L 1 Z
Dichtring zwischen Gehäuse und Karosserie *Packing ring between housing and car body*	LENS 7 L 1 X
Rückfahrscheinwerfer (auf Wunsch) **Reversing lamp** *(by request)*	**LE/RA 3/9**
Lichtfenster - *Lens*	LEFE 20 L 7 X
Dichtrahmen - *Packing frame*	LENF 12 L 1 X
Spiegel mit Lampenfassung und Anschlußplatte *Reflector with bulb holder and terminal plate*	LERF 13 L 94 Z
Zierrahmen - *Ornamental frame*	LEMF 1 L 2 X 831
Glühlampe - *Bulb* 12 V 25 W	NGL 340/1 Z (Nr. 7582)
Rückstellschalter für Blinker **Return switch for blinker**	**SH/WR 3/2**
Blinkgeber - **Blinker unit**	**SH/BVD 12 B 4**
früher - *formerly*	**SH/BVA 12/3**
Relais - **Relay**	
für Lichthupe - *for by-pass light signal*	**SH/SE 20/2**
für Nebelscheinwerfer - *for fog lamp*	**SH/SE 21/2**
Bosch-Horn elektropneumatisch **Horn,** *electropneumatic*	**HO/ESA 12 B 1** und - *and* **HO/ESA 12 B 2**
Relais für Horn - **Relay for horn**	**SH/SE 16/1**

Erzeugnisse und Ersatzteile *Products and spare parts*	Bestellzeichen *Order number*
Wischermotor - **Wiper motor**	**EMOB 07-00-55-09**
Wischerzubehör **Accessory set for windshield wiper**	
2 Wischarme - *Wiper arms*	EMOB 10-20-48-07
2 Wischblätter - *Wiper blades*	EMOB 10-20-42-00
2 Wischgummi - *Wiper rubbers*	EMOB 10-22-25-22
Winkelgetriebe - *Bevel gear*	EMOB 09-10-14-06
Verbindungsstange *Connecting link bar*	EMOB 09-20-30-26 und - *and* EMOB 09-20-30-11
Hebel - *Lever*	
links - *left-hand*	EMOB 09-20-38-05
rechts - *right-hand*	EMOB 09-20-36-05
Konusschraube - *Conical screw*	EMOB 00-90-05-01
Gummilager - *Rubber bearing*	EMOB 00-95-30-00 und - *and* EMOB 00-95-30-01
Gummifassung - *Rubber holder*	EMOB 00-13-26-01
Teile bei Radioentstörung **Parts for radio interference suppression**	
Entstörstecker für Zündkerzen *Suppressor cap for spark plugs*	EM/W 1/13 (an Stelle von - *instead of KEEA 6 J 2 Z)*
Entstörkondensatoren *Suppressor capacitors*	
für Zündspule Klemme 15 *for ignition coil terminal 15*	EMKO 9 Z 17 Z
für Lichtmaschine Klemme D+ *for dynamo terminal D+*	EMKO 19 Z 3 Z
für Reglerschalter Klemme B+ *for regulator and cutout terminal B+*	EMKO 9 Z 17 Z
Teile bei UKW-Empfang **Parts for ultra-high frequency reception**	
Zündkerze mit Widerstand **Spark plug with resistor suppressor**	siehe Seite 1 bei Zündkerzen *see page 1 (spark plug)*
Entstörkondensatoren *Suppressor capacitors*	
für Zündspule Klemme 15 *for ignition coil terminal 15*	EMKO 9 Z 17 Z
für Lichtmaschine Klemme D+ *for dynamo terminal D+*	EMKO 21 Z 1 Z
für Reglerschalter Klemme B+ *for regulator and cutout terminal B+*	EMKO 21 Z 2 Z
für Reglerschalter Klemme D+ / 61 *for regulator and cutout terminal D+/61*	EMKO 21 Z 1 Z
Verbindungskabel *Connecting cable*	WEA 439 Z 2 Z
Entstördrossel - *Suppressor filter*	EM/SD 3 A 1

Erzeugnisse und Ersatzteile *Products and spare parts*	Bestellzeichen *Order number*
Fremderzeugnisse **Products made by other manufacturers**	**Entsprechende BOSCH-Erzeugnisse** **Corresponding Bosch products**
Batterie - *Battery* 12 V 56 Ah	BA/12/56/1
Blink-Parkleuchten (Hella BL 10/29-4) *Combined blinker and parking lamps*	-
Glühlampen - *Bulbs* 12 V 15 W	NGL 362/1 Z (Nr. 7533)
12 V 2 W	NGL 893/1 Z (Nr. 3796)
Brems-Schluß-Blinkleuchten bis 1958 (Hella SB 29-2 r (I)) *Combined stop, tail, and blinker lamps until 1958*	-
Glühlampe - *Bulb* 12 V 20/5 W	NGL 372/1 Z (Nr. 7241)
Brems-Blinkleuchten seit 1959 (Hella BBL 29 r (I)) *Combined stop and blinker lamps since 1959*	-
Glühlampe - *Bulb* 12 V 15 W	NGL 362/1 Z (Nr. 7533)
Schluß-Rückstrahlleuchten (Hella SR 29) *Combined tail and back-reversing lamps* (Hella SR 29)	-
Glühlampe - *Bulb* 12 V 5 W	NGL 877/1 Z (Nr. 5007)
Kennzeichenleuchte *Number-plate lamp*	-
Glühlampe - *Bulb* 12 V 5 W	NGL 877/1 Z (Nr. 5007)
Deckenleuchte - *Dome light*	-
Motorraumleuchte (Hella 30/18) *Engine compartment lamp*	-
Glühlampe - *Bulb* 12 V 15 W	NGL 362/1 Z (Nr. 7533)
Instrumentenleuchten *Instruments lamps*	-
Glühlampe - *Bulb* 12 V 2 W	NGL 1361/1 Z (Nr. 3898)
Zünd-Anlaßschalter *Combined ignition and starter switch*	-

Erzeugnisse und Ersatzteile *Products and spare parts*	Bestellzeichen *Order number*
Licht-Zugschalter *Pull-push light switch*	-
Schalter für Nebelscheinwerfer *Switch for fog lamp*	SH/TZ 1/1 ohne Knopf - *without knob*
Schalter für Wischermotor *Switch for wiper motor*	-
Fuß-Abblendschalter *Foot-operated anti-dazzle switch*	SH/NF 2/3
Türkontaktschalter - *Door operated switch*	-
Bremslichtschalter - *Stop-light switch*	SH/LO 2/1
Horn-Kontaktring (an Lenksäule) *Contact ring for horn (on steering column)*	-
Schalter für Lichthupe (an Lenksäule) *Switch for by-pass light signal (on steering column)*	-
Sicherungsdose, 12fach *12 fold fuse box*	-
Steckdose für Handleuchte *Socket for inspection lamp*	VM/DH 2/1
Stecker für Handleuchte *Plug for inspection lamp*	LEA 13/2 Z

Printed in Germany - Imprimé en Allemagne

Technische Angaben über das Fahrzeug - *Technical Data concerning the Vehicle*

Motor Typ	BMW 2,6	BMW 2,6 Luxus	BMW 3,2 Luxus	BMW 3,2 Super
Kraftstoff	Benzin			
Nennleistung in PS	95	100	120	140
bei Drehzahl/min	4800	4900	4800	4800
Hubraum in Ltr.	2,58	2,58	3,168	3,168
Bohrung in mm	74	74	82	82
Hub in mm	75	75	75	75
Verdichtung	7 : 1	7,5 : 1	7,2 : 1	7,3 : 1
Zylinderzahl	8	8	8	8
Zylinder-Anordnung	V-Motor 90°			
Zündfolge	1 - 5 - 4 - 8 - 6 - 3 - 7 - 2			
Ventilanordnung	parallel hängend im Zylinderkopf			
Arbeitsverfahren	4-Takt-Otto			
Kühlung	Wasser			

Geschwindigkeit bei n = 4800 U/min an KW

	BMW 2,6 (Luxus)	BMW 3,2 Luxus
im 1. Gang	45 km/h	45 km/h
im 2. Gang	75 km/h	75 km/h
im 3. Gang	115 km/h	115 km/h
im 4. Gang	160 km/h	170 km/h

Zündung

Antriebsart	Kupplung
Befestigung	Klemmhebel
Drehzahlverhältnis KW: Zünder	1:0,5
Zündeinstellung vor O T	8°
Verstellung Fliehkraft	40°
Unterdruck	12°
Kerzenanordnung	schräg seitlich

Lichtmaschine

Antriebsart	Keilriemen
Befestigung	Schwenkarm
Drehzahlverhältnis KW: Lichtmaschine	1:1,71

Anlasser

Befestigung	2-Lochflansch
Ritzel	9 Zähne, Modul 2,5
Zahnkranz	112 Zähne

Stichwortverzeichnis

Danksagung

Informationen und/oder Abbildungen stellten dem Autor dankenswerterweise zur Verfügung:

Kurt Abenthum, München; Heinz Baur, Karl Baur, Karosserie Baur GmbH, Stuttgart (19); Gottfried Bieber, München; Frau Böhringer, Archiv Binz GmbH, Lorch;Dr. Klaus Böning, München; Werner Böning, München (4); Ruth Böning, München (2); Kurt Chiptschirsch, Wuppertal; Prof. Dipl.-Ing. Patrick Deby, München; Gerhard Dehler, Allmannshausen; Ing. Heinz Dittmann, München (3); Verkehrsmuseum Dresden, Frau Krautz (8); Christian Eich, Richard Gerstner (1) BMW Mobile Tradition; Automobilwerk Eisenach GmbH i.L., Herr Simon, Herr Stück (8); Herr Falke, Feuerwehr München;Fichtel & Sachs AG (Sachs Handel GmbH) Schweinfurt, Herr Richter;Herr Flach, Archiv Müller Weingarten AG; Hans Fleischmann, Gilching (22);Dagobert Flemming, Düsseldorf (1);Bruno Franzel †, München; Herr Guggenberger, München; Hartmut Happich, Gebr. Happich GmbH, Wuppertal; Herr Heidkamp, Christian Miesen GmbH, Bonn; Peter Heuschneider, München; Karl-Wilhelm Hossfeld, Soyen (3); Dipl.-Ing. Manfred Huber, München (3); Herr Leyrer, Archiv Behr Automobiltechnik Stuttgart (2);Dipl.-Ing. Lutz J. Janssen, BMW AG (3); Rudolf Jordan, München;Erwin Kauderer, Burgkirchen (9);Leslie Mark Kendall, Los Angeles Natural History Museum (1);Horst Knöbel, Rheda-Wiedenbrück (4);Johann König, Günding (3); Heinz D. Landzettel, Mainburg-Geisenfeld; Paul Lang, München (7);Gisela Mattes, ZF Unternehmensarchiv Friedrichshafen; Karl Maurer, Gilching (3); Assessor Gerhard Mordhorst, ADAC-Bibliothek München;Hans Pömmerl, München (2); Stadtarchiv München; Taxi-Vereinigung München, Frau Jäger; Konrad Neureiter, München (4); Kraftfahrdienst Polizei München, Herr Hobelsberger und Herr Trauner; Pressestelle Polizeipräsidium München, Herr Schierer; Peter Schmidbauer, Degerndorf; Manfred Rennen, BMW AG (8); Thomas Reinhold, Fulda (4); Bayerisches Rotes Kreuz, Kreisverband München, Frau Walz; Paul Rosche, BMW M GmbH (1); Friedrich Scharmer, Lübeck † (1); Frau Schillinger + Herr Paul, BMW Museum München; Herr Stopper, Unternehmensarchiv Robert Bosch GmbH (7); Dipl.-Ing. Hans Strassl, Deutsches Museum München; Dr. Hans-Peter Szymanowski, München (1); Sieglinde Szymanowski, Rothenburg o. d. Tauber; August Della Torre, München; Fritz Ullrich, München (3);Arnold Walz, Stuttgart (2); Hermann Wenzelburger, Scharnhausen; Ing. Franz Wilhelm, München; Henning Zaiss, Darmstadt (2); Peter Zollner, BMW Archiv (13).

Weietere Abbildungen stammen aus dem Archiv des Autors, der auch exclusiv für dieses Buch produziertes Fotomaterial zur Verfügung stellte (32).